"十四五"国家重点图书出版规划项目

王安石文化研究丛书

包伟民◎主编

王安石与故里临川

饶媛兰 高琦◎著

江西人民出版社
Jiangxi People's Publishing House
全国百佳出版社

图书在版编目（CIP）数据

王安石与故里临川/饶媛兰，高琦著.--南昌：江西人民出版社，2022.6
（王安石文化研究丛书/包伟民主编）
ISBN 978-7-210-13983-6

Ⅰ.①王… Ⅱ.①饶… ②高… Ⅲ.①王安石（1021-1086）—人物研究②临川区—地方史—史料 Ⅳ.①K827=441②K295.64

中国版本图书馆CIP数据核字(2022)第093664号

王安石与故里临川
WANG ANSHI YU GULI LINCHUAN

饶媛兰　高琦　著

策 划 组 稿：王一木
责 任 编 辑：陈才艳
封 面 设 计：上尚设计

出版发行

| 地　　　　址：江西省南昌市三经路47号附1号 |
| 网　　　　址：www.jxpph.com |
| 电 子 信 箱：jxpph@tom.com　web@jxpph.com |
| 编辑部电话：0791-86898873 |
| 发行部电话：0791-86898815 |
| 承　印　厂：南昌市红星印刷有限公司 |
| 经　　　　销：各地新华书店 |

开　　本：787毫米×1092毫米　1/16
印　　张：15
字　　数：220千字
版　　次：2022年6月第1版
印　　次：2022年6月第1次印刷
书　　号：ISBN 978-7-210-13983-6
定　　价：88.00元
赣版权登字—01—2022—258

——————————————

版权所有　侵权必究
赣人版图书凡属印刷、装订错误，请随时与江西人民出版社联系调换。
服务电话：0791-86898820

序

在我家乡浙江宁波美丽的东钱湖畔，有一个小小的神祠——忠应庙，供祀的就是北宋名臣王安石（1021—1086）。据说清代雍正初年的浙江总督李卫（1688—1738）曾"闻鄞县有王安石祠，大怒，严檄毁烧"。李卫并非科甲正途出身，识字不多，据袁枚（1716—1798）的记载，此人公务之余经常"召优俳人季麻子说汉唐杂事，遇忠贤屈抑，佥壬肆志，辄呜咽愤骂，拔剑击撞"。看来他并不真正了解王安石，只是受后世流俗之见的影响，因此才下令毁烧王安石祠。可是鄞县（今宁波鄞州区）境内几处奉祀王安石的祠庙，并非是民间为了祈福求神的淫祠野庙，而是因为王安石于庆历七年（1047）至皇祐二年（1050）出知鄞县期间，政绩斐然，深得吏民爱戴，在其去任以后，地方人士为了怀念王安石而设立的纪念性设施，所以人称"他处庙可废，而鄞庙独不可毁"。雍正《宁波府志》有载："王荆公祠，县东八十步。"估计在地方人士的阳奉阴违之下，李卫那个毁庙的禁令并没有被认真执行。

早年我到东钱湖瞻仰忠应庙，想到此事，深感民意之不可违，得以了解历史上的伟人贤士，其嘉惠于地方，在政绩功业之外，更重要的还在于其特立独行之精神之感召力。王安石出知鄞县不过短短三年，修水利，助农桑，兴学校，其对当地民风民俗的影响，润物于无声，却从此成了鄞县这个浙东滨海小邑地方文化传统中的重要因子，历时弥久。至今当地仍然存留有不少与王安石相关的历史遗迹。

因为忠应庙之故，我就存有一念，在王安石的家乡抚州应该有更多的王安石史迹，理当观览瞻仰，却久未能成行。终于在2020年元月，与几位朋友一起参加抚州王安石国际学术研究中心成立仪式，得以遂愿。

两宋时期江西人才辈出，临川、南丰、庐陵、信州，群星璀璨，王安石则是其中无可置疑的魁首。人才的成群产生当然不可能突兀而起，而是地方社会经济文化发展的结果。家乡的土壤培育了这些名人贤士，名人贤士更以其功烈回馈家乡，在家乡的文化传统中留下不可抹去的影响。地方士民日常饮食起居，尽管常常浸润于无声之中而不自知，其受惠于先贤者莫大焉。如果主事者能够积极发掘，多方传播，则可期待事半功倍之效。至于王安石，实为中国历史上屈指可数的重要人物，并非局限于抚州一地，更具有全国性的影响。

2021年正值王安石诞辰千年，抚州地方政府组织各种纪念活动，王安石国际学术研究中心更延聘学者，编撰出版了这套《王安石文化研究丛书》，令人欣喜。

我虽然以宋代历史为自己的主要学术领域，对于王安石研究的学术史却并不熟悉，难以阐发这套《王安石文化研究丛书》的意义，只能谈几句自己粗浅的看法。这四册书的作者都生活、工作于抚州，对地方先贤有一种他人所不可得的感情与体悟，流露于笔端，表达于语辞，这无疑是本套丛书的主要特点。他们对地方文献的搜寻与掌握，对与王安石相关的口传资料的发掘，也多有他人所不能及者，可以为后来的研究者提供方便。四册书的主题设计，涉及王安石的文学、品节及其兄弟家人等等，也颇为全面。当然，由于各位作者并不是以王安石及其时代的文史研究为业，我们或许应该从阐发王安石这位先贤的地方文化意义的视角，来理解本丛书的主旨。

包伟民

2021年11月18日于杭州小和山

前言

历史从哪里开始,精神就会从哪里产生。

抚州临川素有"才子之乡""文化之邦"的美称。这里孕育了众多的文化名人,他们为中华民族的历史发展和社会进步作出了重要的贡献。

王安石就是一位从临川走出去的乡贤,并自称为"王临川"。

王安石在《先大夫述》中云:"王氏,其先出太原,今为抚州临川人。"又在《大中祥符观新修九曜阁记》中云:"临川之城中,东有大丘,左溪水,水南出而北并于江。城之东,以溪为隍,吾庐当丘上。"王安石文中清楚地表明:我是抚州临川人,祖宅位于盐埠岭。

"回首江南春更好,梦为蝴蝶亦还家。"(《忆江南》)"曲城邱墓心空折,盐步庭闱眼欲穿。"(《过山即事》)王安石在诗句中强烈地表达:抚州临川是我一生的魂牵梦绕之地。

王安石缱绻临川,情系临川,这是他的亲情所致,这是他的孝道使然。

山峰耸立,挺立的是脊梁;家族勃兴,昂扬的是精神。树有根,水有源。王安石及其家族与抚州临川有着割不断、摧不垮的血脉渊源。血脉相通,文脉相连,"临川基因"是支撑王氏家族在赣东大地上开枝散叶、枝繁叶茂的精神支柱。

2021年是王安石诞辰一千周年。他作为"千古风流人物"中的真豪杰、"一世之伟人",其变法图强的革新精神、才华卓绝的诗文成就、睿智深邃的哲学思想、正直高洁的做人品德,永远彪炳于史册,传颂于人间。

基于此,我们怀着对乡贤的珍爱之心、尊崇之心,编写了《王安石与故里临川》一书,以表达我们对王安石千年诞辰的一份纪念之情。

此书的最大特点就是披露了许多鲜为人知的信息文献资料，加以评述，多角度多层面地展示王安石与故里临川的渊源关系及精神风貌，是一部集资料性、学术性、研究性为一体的著作。在结构上分为四章十二节，严谨紧凑，层次分明。在内容上分为四大板块：一是充分利用收集到的王氏家族的族谱资料，从王安石的家族渊源、支派繁衍、王氏才俊、结亲吴氏等方面阐述王安石家族的历史发展；二是从王安石与临川的亲缘关系、多次归里、结谊亲友、诗文故乡等方面展示王安石与临川割不断的家乡情怀；三是从王安石家族后裔在抚州域内聚居的分布状况、建村历史、宗庙祠堂、古迹遗存等方面阐述王安石家族后裔的枝繁叶茂及祭祀文化。新发现的几则祭祀礼仪、祝文、家规等文献具有一定的文化艺术价值和文学价值；四是从故里临川的乡人学者缅怀纪念荆公、学习研究荆公、展馆讲解、名人题颂等方面展示对荆公的景仰之情。认定清代金溪人蔡上翔所著《王荆公年谱考略》是我国古代研究王安石的一部重要学术专著。近几十年，故里临川的几项重大的纪念活动和学术研究活动，所取得的丰硕研究成果，精彩纷呈，让人耳目一新。

尊崇与敬畏是最好的缅怀，传承和前行是最好的纪念。王安石是故里临川人民的荣耀，故里临川人民永远怀念王安石。我们相信，一定能够把王安石的文化遗产发掘好、保护好、传承好，使之进一步发扬光大。

目录

第一章　临川王氏家族 ………… 001

第一节　自太原迁居临川………… 001
第二节　临川王氏才俊 ………… 020
第三节　结亲金溪吴氏………… 050

第二章　明月照我还故里 ………… 066

第一节　王安石多次探亲故里临川……… 066
第二节　王安石与临川乡贤的交谊 ………… 079
第三节　王安石诗文中的家园情怀 ………… 097

第三章　枝繁叶茂赣抚地 ………… 113

第一节　抚州域内王氏家族聚居地 ………… 113
第二节　王氏家族宗祠及祭祀活动 ………… 127
第三节　与王安石相关的遗迹遗存 ……… 160

第四章　乡人缅怀王荆公 ………… 171

第一节　临川历代乡贤对王安石的评颂… 171
第二节　王安石研究会的成立及研究活动　187
第三节　熙丰楼里说荆公 ………… 204

参考文献 ………… 230

后记 ………… 232

第一章 临川王氏家族

临川王氏家族是由山西太原迁居抚州临川盐埠岭后繁衍发展起来的。山西太原王氏是魏晋隋唐时期最负盛名的世家大族之一，起步于曹魏，显赫于两晋，特别是在东晋末年，更是跃居琅琊王氏等名门望族的前列。刘宋时期太原王氏遭到血腥屠杀，渐渐没落，直至隋唐时期再次兴起，继续活跃在历史舞台上，成为当时的名门望族。从山西太原迁居临川盐埠岭的临川王氏，开始只能算得上是寒门，直到王安石父兄时代，他们通过科举之路，获取功名，致身仕途，凭着自身的才华、能力、品德渐渐地获得当时士大夫的赞誉，逐渐成为北宋时的名门望族。

第一节 自太原迁居临川

临川王氏是由山西太原王氏迁居临川盐埠岭。王安石在为父亲王益所作的《先大夫述》中云："王氏，其先出太原，今为抚州临川人，不知其所以徙。"[1] 王安石的表舅兼好友曾巩在为王安石父亲王益撰写的墓志铭《尚书都员外郎王公墓志铭》也提道："王氏，其先为太原，世久迁徙。今家抚州之临川。"[2] 从王安石与曾巩的文章中，我们可以确定临川王氏其先祖乃是世家大族山西太原王氏。

---

[1] 王安石：《王安石文集》，刘成国点校，中华书局2021年版，第1227页。
[2] 曾巩：《曾巩集》，陈杏珍、晁继周点校，中华书局1984年版，第598页。

一、临川王氏先祖——太原王氏

天下王氏出太原。太原王氏真正成为世家大族是从东汉末年王柔、王泽兄弟开始的。王柔曾担任过"护匈奴中郎将",王泽熟读儒家经典,曾任代郡太守、雁门太守等职,兄弟两人一文一武,守望相助,成为东汉山西太原一带的地方望族,并开创了太原王氏文武兼修、崇文尚武的家风。这笔无形的精神财富对王氏后人产生了极大的影响,尤其对王泽的儿子王昶事业发展更是起到了不可替代的作用。

王昶,字文舒,王泽之子,年轻时就以才德闻名于乡里,并与东汉大司徒王允的儿子王凌交好。在王凌的举荐下,王昶开始踏入仕途,进入曹丕幕府,担任"太子文学"一职。在此期间,王昶结识了司马懿。这是一位对其命运乃至整个太原王氏影响极大的人物。司马懿掌权后,王昶深得器重,奏请伐吴,在江陵取得重大胜利,被升任征南大将军、开府仪同三司,并且获得京陵侯爵位,一跃成为雄踞一方的军国重臣。正元二年(255),王昶参与平定"淮南三乱"中毋丘俭、文钦的反叛大军。为表彰王昶为司马家族建立的功勋,司马昭上表朝廷,封王昶为骠骑大将军、守司空,位列三公。

王昶在魏晋时期结识司马氏,通过自己的能力才干逐步登上了位极人臣的三公高位,太原王氏家族亦在他的带领下步入了名门望族之前列。王昶死后,他留给太原王氏子孙们的不仅仅是尊贵的侯爵门第,还有他在亲身经历魏晋之际风云诡谲的政治斗争中总结出的为人处世的经验,告诫子孙后代在家族中要以孝悌为先,在治国上要以儒家的仁义道德为本。王昶的儿子王浑、孙子王济都谨记其教诲,为官讲究四平八稳,明哲保身,做事从不激进冒险,任何事情都以家族的利益为先,尽量不让自身卷入复杂的政治斗争中,只是默默地发展着自身家族势力。这种处世之道,保障了太原王氏在西晋时期成为朝野上下公认的世家大族。

东晋时期,太原王氏凭借"五世盛德"在当时的世家大族中依然享有很高的声望。然而真正将太原王氏带入鼎盛的则是王述、王坦之父子。

王述,字怀祖,年幼丧父,一直与母亲生活在一起。父亲王承在仕

途上虽未显达就英年早逝,但却是享誉当时的大名士:

> 承少有重誉,而推诚接物,尽弘恕之理,故众咸亲爱焉。渡江名臣王导、卫玠、周凯、虞亮之徒皆出其下,为中兴第一。①

王承的声誉对其儿子王述的仕途有着极大的帮助。王述凭着父亲是江东名士的威望,在东晋上流社会中牢牢地占据了一席之地。王述年少时就继承父亲的爵位,之后又结交朝中执掌朝廷大权的庾氏,升官很快,由征虏将军庾冰的长史转任临海太守,后又迁建威将军。永和十年(354)为扬州刺史,加封征虏将军,后进都督扬州、徐州之琅琊诸军事、卫将军、并冀幽平四州大中正,续任扬州刺史。还与当时其他大世族联姻,将女儿嫁给陈郡大世家谢氏的谢万,让孙子迎娶当时权倾朝野的桓温之女。通过结交和联姻,从而巩固了太原王氏在东晋时期的世家地位。

王坦之,字文度,弱冠之时与郗超并享盛名,时人谓之:"盛德绝伦郗嘉宾,江东独步王文度。"② 王坦之继承了祖父王承的淡泊简朴的家风,学术上崇尚儒学,反对当时盛行的清谈之风。他在政治上亦不畏权势,当时权倾朝野的桓温野心勃勃,不满足做像王导那样的首辅大臣。在东晋面临生死存亡的紧急关头,王坦之挺身而出,联合谢安,以太原王氏、陈郡谢氏两大家族的势力为后盾,对桓温采取安抚和抵抗兼用的手段,迫使桓温不敢对东晋司马氏下手。经过王坦之与谢安的不懈努力,东晋王朝渡过了一场危及国祚的危机,太原王氏的势力在之后的晋孝武帝一朝也顺势达到了顶峰。然而,盛极必衰的社会规律在太原王氏这一大家族身上也免不了发生。之后的太原王氏在"斗族"中自相残杀,元气大伤,加上又与当时的大军阀刘裕有矛盾,在刘宋政权建立时惨遭迫害,到南朝时期,江东的太原王氏就渐渐地默默无闻了。

隋唐时期的太原王氏已经不复有魏晋时期的辉煌。究其原因,一是因为太原王氏在东晋时期曾渡江南下,后来中途又逃回北方,他们在北方的

---

① 周祚绍:《历代王氏家族》,山东人民出版社1997年版,第87页。
② 周祚绍:《历代王氏家族》,山东人民出版社1997年版,第92页。

势力与一直在北方发展的其他门阀望族"荥阳郑氏、河东裴氏、京兆韦氏、兰陵萧氏、博陵崔氏"相比，呈现根基不稳的现象，在政治上处于劣势。二是魏晋时期盛行的"门阀政治"到了隋唐时期逐渐被"科举政治"所取代，作为门阀政治的代表，自然慢慢地衰落下去，其家族亦呈现逐渐向全国各地迁徙的趋势。

二、临川王氏迁徙始末

唐玄宗后期，手握重兵的安禄山在天宝十四载（755）十一月趁唐朝政治腐败、军事空虚之机与史思明发动叛乱，次年十二月叛军攻陷都城长安，唐玄宗被迫逃亡成都。这场叛乱史称"安史之乱"。安史之乱历时八年，安禄山的叛军所到之处，大肆烧杀抢掠，大量的百姓流离失所，无家可归，甚至妻离子散。更为严重的是，此后中原地区陷入了长达百年的藩镇割据的混乱状态。为了生存，中原百姓不得不逃离他们祖祖辈辈生活的故土，背井离乡，逃亡到相对安宁的南方地区。这次因逃离战争引起的灾难而发生的大规模人口南迁，迁徙路线比"晋室南迁，衣冠南渡"更多样化，一部分人选择进入蜀地作为安身之地，另一部分人选择留在湖北荆州至湖南常德一带，还有一部分人则沿着运河进入太湖流域，他们之中有些人顺着长江进入鄱阳湖以南的江南丘陵地带。

抚州，古称临川，正好处在鄱阳湖以南，这里地理环境极其优越。全境东南西三面环山，东南有武夷山脉，西南有雩山山脉，整个地势南高北低，由南向北渐次向鄱阳湖平原地区倾斜。江西的第二大河流抚河古称汝水，是鄱阳湖水系主要河流之一，其发源于武夷山脉西麓广昌县驿前镇的血木岭，途经广昌、南丰、南城，在临川与临水合并向北注入鄱阳湖，在此形成了广阔肥沃的冲积平原。抚州秀丽的自然风光，便利的交通，平静的生活，广袤而肥沃的土地，吸引着南迁的中原人停留在这里繁衍生息。唐僖宗乾符元年（874），爆发了唐末规模最大、范围最广的一次农民起义，战争波及大半个唐王朝。这次的战火烧到了黄淮河、长江中下游地区及珠江流域。唐中和五年（885），危全讽担任抚州刺史，采取保境安民的政策，对外结交镇南节度使钟传，将女儿嫁给钟传的儿子、袁州刺史钟匡时为妻,并与吉州刺史彭玕、虔州刺史卢光稠建立友好关系;对内劝课农桑,招徕商旅,发展社会经济。他在抚州主政27年,苦心经营,一边招怀叛军,安顿逃难百姓,整顿社会秩序;一边修州衙,筑城墙,创庙学,大力兴办儒学,使得各行各业都百废俱兴,百姓生活安定,抚州的经济也得到快速发展,成为远近闻名的"名邑"。危全讽的保境安民措施也吸引了大量的流民及一些大家族来到抚州安家落户。

居住临川盐埠岭的临川王氏本属于山西太原王氏的一分支,由于唐末中原战乱,为避战乱一路南迁至临川。王安石与曾巩都提到了临川王氏本属太原王氏,而"不知其所以徙""世久迁徙",则说明了临川王氏从山西太原迁居临川时间比较久远,具体哪一年迁居临川,因何原因举家迁徙也无确切的记载。但我们可以从现存的一些资料当中推测出一个大概的迁徙时间和迁徙原因。王安石在《先大夫述》中写道:"王氏,其先出太原,今为抚州临川人,不知始所以徙。其后有隐君子某,生某,以子故赠尚书职方员外郎。职方生卫尉寺丞某,公考也。公讳某,始字损之,年十七,以文干张公咏,张公奇之,改字公舜良。"①舜良,指王安石的父亲王益,王安石在此文中提到隐君子、尚书职方员外郎、卫尉寺丞、王益四代,从隐君子算起到王安石这一代,临川王氏在临川盐埠岭居住最少已经有五代了。

据抚州东乡上池《王氏族谱》记载:王安石曾祖王明(刘成国老师考证王安石曾祖父为王德明)的祖父王简:"字文大,齐伟多智,遍察堪舆,识抚之胜,即属盐埠岭,遂僻宅家焉。"②根据族谱记载,王简生一子王廷辑。王廷辑生有二子,分别为王明与王正。王明生三子,分别为王用之、王贯之、王质。王用之生五子,王贯之生六子,王质之生一子。王安石父亲王益是王用之的长子。按此谱记载,到了王安石这一辈,临川王氏家族从太原迁居抚州临川应该是六代了。王安石在《先大夫述》中提到的隐君子有可能就是上池族谱提到的王廷辑。在族谱中记载王廷辑字昌瑞,赠太常博士。根据王安石在《先大夫述》中的描述与上池《王氏族谱》记载,

---

① 王安石:《王安石文集》,刘成国点校,中华书局2021年版,第1227页。
② 东乡黎溪乡上池《王氏族谱》,2007年重修,现藏于东乡县黎圩镇上池村。

再结合中国历史上几次人口从北向南迁移的大背景，我们大致可以推断临川王氏从山西太原迁徙临川的时间应该在安史之乱以后、晚唐以前。

东乡上池《王氏族谱》中提到王简"齐伟多智"并且爱好"堪舆"。《史记》将堪舆家与五行家并行，本有仰观天象、俯察地理之意，后世专门称看风水的人为"堪舆家"，因此堪舆在中国民间也被称为风水。作为一位精通堪舆的人，必须具有上知天文、下懂地理的渊博学识。在迁徙过程中，王简作为一位"齐伟多智"的堪舆者，为了家族以后的发展，对将要定居下来的地方，肯定会从政治、经济、文化等诸多因素考虑家族生存发展问题，既要避开战乱，保证整个家族能够很好地生存繁衍下去，同时还要注重"风水"，保佑子孙后代兴旺发达。因此，风景秀丽、物产丰富、人文昌盛的临川盐埠岭便成了王简最后选中的安居之地。

临川地处江南，山清水秀，人口稠密，自东汉设县以来，逐渐成为江南经济比较发达的地区，同时还是该地区的政治、文化中心。隋文帝开皇九年（589），临川郡改名为抚州，临汝县改名为临川县，抚州府衙、临川县衙均设置在此。抚州城的东南面有一座城门，名为清风门，因为历来是卸盐之地，人们就将这座城门叫盐埠门。距离盐埠门不远处有一座小山坡，为抚州城中香楠峰的一个余脉。盐埠门就在这座小山坡的坡脚下，这个小山坡便顺理成章地被称为盐埠岭。王简将家安置于盐埠岭的高坡上，整个宅院背靠香楠峰，东南面是盐埠岭码头，视野极其开阔。地理位置及周边环境极其符合王简心目中的福地要求。王安石《大中祥符观新修九曜阁记》中描写了盐埠岭故居具体情况，文中提道："临川之城中，东有大丘，左溪水，水南出而北并于江。城之东，以溪为隍，吾庐当丘上。"从王安石对盐埠岭故居的描述，可以看出盐埠盐埠岭依山傍水，环境清幽。

盐埠岭的北面不远处是抚州城内州学岭，东晋大书法家王羲之的故居所在地。东晋成帝咸和四年（329），王羲之携母亲、妻儿来临川担任刺史，将家安置在临近抚河、视野开阔的城东高地州学岭上。唐昭宗天复二年（902），刺史危全讽在王羲之故宅建文宣王庙，即孔子庙，俗称夫子庙，成为抚州儒学之始。宋代的州学就是在此基础上发展起来的。《抚州市地方志》载庆历三年（1043），朝廷诏令天下立学，州守马寻于是在文宣王庙后建学，称为"州学"。元代称为路学，明清时期称为府学，此地亦成为抚州教育发源地。

盐埠岭的东南面则是从南向北逶迤而去的悠悠汝水，宽阔的河面上时不时地有沙鸥翱翔，大小的船只在河面上繁忙地穿梭往来，盐埠门前的码头到处都是忙忙碌碌的身影。江中心静静地卧着一座名为"扁担洲"的小岛，小岛的南岸有一条用石块砌成的水坝，名为"千金陂"。它像一条巨龙卧在水中，将急流而下的江水在此分流，将河水引入灌溉区，是古代抚州人民运用勤劳和智慧修建的一个大型水利工程。千金陂始建于唐咸通九年（868），距今已有约1200年的历史。2019年，千金陂被列入第六批世界灌溉遗产名录。

隔江10余公里处的东面则是灵谷峰。灵谷峰亦称灵谷山，位于金溪、临川的交界处是临川城东一座名山古迹。主峰海拔300余米，一年四季，整个山峰都是郁郁葱葱的松柏和浓荫中常见的清涧流水。晴天时山峰翠绿，一碧如洗，雨天时则烟雨蒙蒙，起伏的山峰亦笼罩在朦胧的烟雾中，若隐若现。每当五月，满山遍野的映山红更是争相怒放，千姿百态，姹紫嫣红。它们一簇簇、一团团地沿着山峰延绵展开，在苍翠的绿色中点缀着一抹令人心醉的红，令人向往。

元嘉八年（431），谢灵运任临川内史。在临川任上，谢灵运除了考察山川地形、体察百姓疾苦、为消除水患灾害兴修中洲圩堤外，闲暇之余仍喜好游山玩水。《宋史·谢灵运传》说他到临川之后，"在郡游放，不异永嘉"。灵谷峰的松间明月、巨石清泉、幽谷回音都让谢灵运流连忘返。他曾多次来到灵谷峰游览，每次都沉浸在灵秀的水光山色之中，每到一处，吟咏一番，并据景命名，至今灵谷峰仍然保留了他开辟的十大盛景。灵谷峰亦因谢灵运命名的十景而更加扬名江南。

地处江南，山清水秀、四季分明的临川，由于受到战争波及不多，再加上土地肥沃，逐渐成为勤劳人民喜爱的人间乐土，不管是文人墨客，还是平民百姓在这里都能找到他们想要的生活。从魏晋南北朝开始到隋唐五代，一大批文化名人宦游临川，给临川这块热土播下文化的种子。

如东晋著名书法家王羲之，南朝宋时期著名山水诗人谢灵运、文学家荀伯子，唐代大书法家颜真卿、诗人戴叔伦等先后来到临川，被临川秀丽的山水风光所吸引，留下了不少赞美临川山水、人文景观的佳作，对北宋时期临川文化的繁荣与发展产生了重大的影响。

北宋时期，临川已经经济繁荣，文化昌盛，王安石在《抚州通判厅见山阁记》中描写了抚州当时地大物博、人民生活富裕的场景："抚之为州，山耕而水莳，牧牛马，田虎豹，为地千里，而民之男女以万数者五六十，地大人众如此。"①曾巩在《拟岘台记》中对抚州秀丽风光进行如下描述："州之东，其城因大丘，其隍因大溪，其隅因客土以出溪上，其外连山高陵，野林荒墟，远近高下，壮大闳廓，怪奇可喜之观，环抚之东南者，可坐而见也。"②

为了有利于子孙后代的发展，"齐伟多智"的王简将家族从太原迁徙到被初唐四杰王勃盛赞为"邺水朱华，光照临川之笔"的临川。他的子孙后代在临川这块沃土上繁衍生息，若干年后，终于培养出一代伟人王安石。

三、临川王氏之谱系

据东乡上池《王氏族谱》记载：

简：字文大，奇伟多智，遍察堪舆，识抚之胜，概属盐埠岭，遂辟宅居焉，葬曲城山，娶邱氏，生子廷辑。

廷辑：字瑞昌，赠太常博士，娶杨氏，子：明、正。

明：字克明，改字永泰，号静节先生……葬灵峰谷东后月塘，娶邓氏，葬刀峰峡，子三：用之、贯之、质之，居明珠峰西上池③。

从族谱中可以看出，临川王氏最早迁居临川的先祖是王简。王简只

---

① 王安石：《王安石文集》，刘成国点校，中华书局2021年版，第1454页。
② 曾巩：《曾巩集》，陈杏珍、晁继周点校，中华书局1984年版，第291页。
③ 东乡黎溪乡上池《王氏族谱》，2007年重修，现藏于东乡县黎圩镇上池村。

生一子王廷辑。王安石在《先大夫述》中提到的瘾君子应该就是王廷辑。王廷辑生子二，长子王明，次子王正，临川王氏家族是由王明这一支繁衍下来的，因而临川王氏族谱大都以王明为一世祖。下面对临川王氏家族人员的梳理仅从王明开始。

（一）曾祖王明与祖父王用之三兄弟

临川王氏一世祖王明，字永泰，王安石的曾祖父。生于后晋天福九年（944），即南唐保大二年，卒于宋真宗大中祥符六年（1013），享年70岁。卒后赠太师、中书令兼尚书令，并被追封为英国公。王明虽然一生从未踏入仕途，但在临川却颇有名望，是位德高望重、深受世人尊敬之人。苏颂在为王安石撰写的《新除右谏议大夫参知政事王安石封赠三代·曾祖》中提到其"江右之秀，德器素高；义训之传，世风自远。荣名不显于当世，义善乃流于后昆"①。据东乡上池《王氏族谱》记载，王明生子三人，长子王用之，次子王贯之，幼子王质之。

1. 王用之，王明长子，王安石的亲祖父，生于周显德六年（959），卒于明道二年（1033），享年74岁。曾任职卫尉寺丞，后赠太师中书令兼尚书令，追封卫国公，葬于临川县东约10公里的灵谷峰东后月塘。娶妻谢氏，谢氏为人慈善，处世大方得体，一生勤俭持家，上孝公婆，下爱子孙，在对待叔侄上更是照顾有加。曾巩应王安石的邀请在为其祖母谢氏撰写《永安县君谢氏墓志铭》中对其品德做了一个高度概括："余既与夫人之诸孙游，而尝得拜于堂上，见其色和，其容谨，闻其言俭而勤，退而闻其为妇顺，为母慈，知其所以享其福禄者，其宜也已。"②谢氏后因子孙显耀被封为永安县君。王用之生子五人，分别是长子王益字舜良，即王安石的父亲，次子王盛字舜茂，三子王盟字舜光，四子王盈字舜丰，幼子王孟字舜尧，曾任楚州司理参军。

2. 王贯之，王明次子，王安石的二叔祖，生于开宝元年（968），卒于宋天圣六年（1028），宋咸平三年（1000）进士，是临川王氏家族的第

---

① 刘成国：《王安石年谱长编》，中华书局2018年版，第13页。
② 曾巩：《曾巩集》，陈杏珍、晁继周点校，中华书局1984年版，第614页。

一位进士。先后任职汉州军事推官,大理寺丞,大名府大名县知县,沂州、真定府通判,保州、深州、齐州知州。不久,提点刑狱淮南,兼劝农事,因兴修水利有功,受朝廷赐书嘉奖,后因得罪宰相丁谓被贬监池州顺安镇酒税,终累官至尚书主客郎中。娶妻张氏,合葬真州扬子县万宁乡铜山之源。生六子二女,长子王盖,次子王盍,三子王盘,四子王盥,五子王益,幼子王盒,长女嫁朝奉郎殿中丞江都杨公适,次女嫁右侍禁知循州兴宁县事海陵周彦先。

3. 王质之,王明幼子,用之、贯之弟。从小聪慧好学,六岁就能写诗文,可谓博学多才,生性淡泊名利,对仕途并不感兴趣,多次辞退征召,终其一生未出仕,一直隐居在临川金峰(现属东乡县)耕读自娱,享年56岁,娶妻周氏,皆葬于延寿乡七十八都乌石岗。王质之生一子王尽。金溪月塘《王氏族谱》记载:"幼聪慧,六岁能文,博通经史,屡召不就,隐居金峰,葬乌石岗。生子一,王尽。"①谱中还记载一则轶事:王质之幼年非常聪明,在其周岁时,还不会说话。一次,母亲抱他到后花园游玩,不小心丢失了一只金耳环。当时并未察觉,傍晚时分回到家中,发现一只金耳环丢失,正着急不知是在哪里丢失时,小质之在一旁拉扯母亲衣角,用手指后花园,口中咿咿呀呀地说着令人听不懂的话。母亲看到小质之一脸着急,但并不理解他话中的意思,后来见其一直指着后花园并拉着她往后花园走,无奈之下只好顺其意来到后花园,在白天游玩的地方发现了丢失的金耳环。这时候大家才明白了小质之刚才要表达的意思是他知道金耳环落在哪里,他可以带大家找到它。大家看到小质之如此聪慧,都暗暗地称奇。

(二)王安石父亲王益及其叔父

1. 王益,字舜良,王用之长子,王安石父亲。宋淳化四年(993)生,大中祥符八年(1015)进士及第。王益第一任官职是建安主簿,建安县一些人见王益年轻,开始有点轻视他,并没把这位主簿放在眼里。后来

① 金溪琉璃乡月塘村《王氏五修族谱》,2006年重修,现藏金溪琉璃乡月塘村。

在其精心治理下，民风得到极大改善，这些人才收起轻慢之心，建安县得以大治。宋真宗天禧五年（1021），王益任临江军判官，为官治理严明，诸豪大姓及属吏都很忌惮他。为了将王益排挤出临江军，这些地方豪族官吏买通上司，最终将王益调任新淦①。王益到新淦不久，又将新淦县治理得政事通达，人心和顺。任职期满后，王益改任大理寺丞，知庐陵县，同样，该县大治。之后调任新繁县县令，以恩德信义治理民众。天圣八年（1030）以殿中丞身份知韶州，明道二年（1033），父亲王用之病卒，携家眷回临川丁忧。《广东省名宦志》记载："天圣八年，王益以殿中丞知韶州。三年以忧去。"②景祐三年（1036）服除，携带王安石赴京师。景祐四年（1037），通判江宁府。王安石在《忆昨诗示诸外弟》："明年亲作建昌吏，四月挽船江上矶。"③回忆了当年随父亲赴江宁任职情景。宝元二年（1039）二月二十三日，王益因病卒于江宁官任上，享年46岁。

王益先娶徐氏，生子二人，长子王安仁字常甫，次子王安道字中甫。徐氏病故后，王益续娶金溪吴氏，封仁寿县君。生五子三女，五子分别是王安石字介甫，王安国字平甫，王安世字庆甫，王安礼字和甫，王安上字纯甫。生三女，长女王文淑适虞部员外张奎，次女适西安令朱明之，幼女适江东提刑沈季良。

2. 王盛，王用之次子，王安石二叔，字舜茂。任重庆府南川县尉，娶邓氏，生二子一女，长子王安妥字宁甫，次子王安禄字光甫。嘉祐六年（1061），王盛逝世，享年64岁。

3. 王盟，王用之三子，王安石三叔，字舜光。葬临川雷霆石，生二子，长子王安聩，次子王安乐。皇祐三年（1051）王盟去世，享年52岁。

4. 王盈，王用之四子，王安石四叔，字舜丰。任宜兴县尉，葬烟山，生一子，王安中字正甫，登进士，官至御史中丞。

5. 王孟，王用之五子，王安石五叔，子舜尧，王益幼弟。生于宋咸平三年（1000），卒于元丰五年（1082），享年83岁。生一子，王安浔，

---

① 今新干。
② 傅林辉：《王安石世系传论》，长江文艺出版社2000年版，第32页。
③ 王安石：《王安石文集》，刘成国点校，中华书局2021年版，第206页。

曾任滁州司理参军。

6. 王盖，子舜民，王贯之长子，王安石堂叔。王盖从小性情刚直，为人诚实守信，尊重长辈，关爱兄弟，长大后更是精通武略，立志保家卫国，在重文轻武的北宋时期毅然选择行伍。康定二年（1041），宋仁宗深感西夏强盛，封夏竦为陕西经略安抚使，韩琦、范仲淹为副使，共同负责迎战西夏事务。韩琦主持泾原路，范仲淹负责鄜延路。王盖奉诏跟随韩琦出征西夏。韩琦欲派大将任福、桑怿等大举进攻西夏。王盖深知西夏兵强马壮，劝韩琦不可贸然进攻，宜据险设伏，掐住西夏退兵之路。韩琦不听劝，在没有完全了解敌军的情况下派任福率轻骑出发，不料，在好水川中西夏埋伏，任福战死，宋军几乎全军覆没。王盖在此次战争中亦身受重伤，伤好后又跟随狄青再次上沙场杀敌，以战功升殿前太尉，兼官谏议大夫。享年61岁，葬长寿乡七十八都乌石岗，娶妻陈氏，生一子，王安福。

7. 王盍，字舜先，王贯之次子，王安石堂叔。王盍进士及第，任南阳都尉，葬真州扬子县铜山，生二子，长子王安祥，次子王安定。

8. 王盘，字舜宾，王贯之三子，葬南丰长源岭，生一子，王安寿。

9. 王盥，字舜洪，王贯之四子，登进士，终仕开封府参军，葬新城柯原，生一子，王安蓄。

10. 王益，字舜虞，号师锡，王贯之五子，王安石堂叔。王益从小在寡母与兄长的教育下长大，深知母亲的不易，从小就极其孝顺，母喜则喜，母悲则悲，很少考虑自己的感受。在外求学期间，每次回家，都是按照母亲的喜好购买一些物品让母亲高兴。王安石在《叔父临川王君墓志铭》道："余叔父讳师锡，字某，少孤，则致孝于其母，忧悲愉乐不主己，以其母而已。"① 王益不仅孝顺母亲，对兄弟姐妹也是尊敬爱护，对待乡人、同窗恭敬温和，他们都极其愿意与其交往。然而，王益命运多舛，虽然有才，但却数次举进士而未第，年37岁殁。王安石在其墓志铭中感叹："其不幸而蚤死也，则莫不为之悲伤叹息。"② 王益娶妻朱氏，生一男一女，子

---

① 王安石：《王安石文集》，刘成国点校，中华书局2021年版，第1611页。
② 王安石：《王安石文集》，刘成国点校，中华书局2021年版，第1611页。

王公甫，后定居真州。王益去世时，儿女皆尚幼。至和元年（1054），葬于真州扬子县万宁乡铜山之源父亲墓旁。

11. 王盒，字舜清，王贯之幼子，官楚州宝应主簿，葬尽安乡，生子一，王安重。

12. 王尽，字舜荣，王质之的儿子，王安石三叔，一直跟随父亲隐居金峰，一生未出仕，死后亦葬金峰，娶妻曾氏，生二子，长子王安和，次子王安瑞。

（三）王安石及其兄弟

1. 王安仁，字常甫，王益长子，徐氏所生，王安石同父异母长兄。生于大中祥符八年（1015），《临川县志》载："其七岁好学，毅然不知戏笑，读书二十年，学行卓然，江淮间争以为师。"[①]皇祐元年（1049）冯京榜进士。皇祐三年（1051）始，以进士下科补任宣州司户参军，不久转运使派其任职江宁府监盐税。同年卒，享年37岁。第二年，葬江宁牛首山父亲王益墓旁。王安仁无子，只生二女。

2. 王安道，字中甫，王益次子，徐氏所生，王安石的同父异母二兄。生于宋天禧元年（1017），卒于皇祐四年（1052），享年36岁。仕终衡州教授，居金陵，生一子。[②]

3. 王安石，字介甫，号半山，封荆国公，王益三子，金溪吴氏所生。宋天禧五年（1021）十一月十三日辰时出生于王益任所临江军判官官舍维崧堂内。

庆历二年（1042），王安石登杨寘榜进士第四名，授淮南节度判官。任满后，王安石放弃了京试入馆阁的机会，调任鄞县知县。王安石在鄞四年，兴修水利、扩办学校，初显政绩。皇祐三年（1051），王安石任舒州通判，勤政爱民，治绩斐然。熙宁二年（1069），宋神宗任命王安石为参知政事，跻身执政之列。熙宁三年（1070），王安石任同中书门下平章事，位同宰相，在全国范围内推行新法，开始大规模的变法运动。

---

① 傅林辉：《王安石世系传论》，长江文艺出版社2000年版，第39页。
② 金溪县琉璃乡月塘村《王氏五修族谱》，2006年重修，现藏金溪琉璃乡月塘村。

熙宁七年（1074）春，天下大旱，饥民流离失所。监安上门郑侠反对变法，绘制流民图献给神宗，并上疏论新法过失，力谏罢相王安石。神宗对变法也产生了怀疑。王安石请求辞去宰相职务，改任观文殿大学士、知江宁府。

熙宁八年（1075）二月，王安石再次拜相。复相后的王安石得不到宋神宗更多支持，加上变法派内部分裂严重，新法很难继续推行下去。熙宁九年（1076），长子王雱病故，王安石极度悲痛。十月，心力交瘁的王安石辞去宰相，退隐江宁。

元祐元年（1086）四月，王安石在江宁病逝，享年66岁，获赠太傅，葬江宁半山园。绍圣元年（1094），章惇拜相执政，王安石得以配享神宗庙庭，谥号"文"。政和三年（1113），宋徽宗追封王安石为舒王，配享孔庙。

王安石娶妻金溪吴氏，生三子三女，长子王雱，字元泽，次子早夭，幼子王旁，长女鄮女早夭，次女适蔡卞，幼女适吴安持。

4.王安国，字平甫，王益四子，王安石大弟。生于宋天圣八年（1030）。从小聪慧过人，学问渊博，于书无所不通，于词无所不工。熙宁元年（1068），王安国赐进士及第，封西京国子教授。熙宁四年（1071），王安国为崇文院校书。熙宁六年（1073）十一月，为著作佐郎秘阁校理。熙宁九年（1074）逝世，享年47岁。元丰三年（1080）葬于钟山，王安石为其作墓志铭。王安国娶妻曾氏（曾巩妹），生二子五女。长子王旂，次子王旃，长女适叶涛，次女适曾纡，三女适张竞辰，四女适李宗，幼女适刘天保。

5.王安世，字庆甫，王益五子，王安石二弟。出生于景祐元年（1034），卒于嘉祐四年（1059），享年25岁，葬和州历阳县张家庄。曾任太平州当涂县主簿，娶妻下泽张氏，葬尽安乡战坪，生一子，王元汲。

6.王安礼，字和甫，王益六子，王安石三弟。生于景祐二年（1035）。嘉祐六年（1061）登王俊民榜进士，入河东唐介幕。治平三年（1066）王安礼调池州司户参军。熙宁年间，曾任著作佐郎崇文院校书、馆阁校勘、后知润州。元丰二年（1079）以太常少卿知江宁府事。元丰三年（1080）进翰林学士知开封府。元丰四年（1081）以翰林学士为尚书右丞。元丰五年守尚书左丞。元丰七年（1084）以端明殿学士知江宁府。元祐中，加资政殿学士,历知扬州、青州、蔡州。绍圣二年(1095)卒,享年62岁。王安礼娶北宋大臣谢绛女为妻,生二子二女,长子王防,次子王枋。

7. 王安上,字纯甫,王益幼子,王安石幼弟。生于景祐三年(1036),卒于崇宁二年(1103)。熙宁十年(1077)十月,王安上任提点江东刑狱,治所由饶州改为江宁。元丰二年(1079)因乌台诗案被贬为乐清县令。娶妻段氏,同葬荆公山飞凰,生二子二女,子王旅、王旟。

8. 王安中,又名王沆,字正甫,王安石四叔王盈长子。庆历六年(1046),王沆登贾黯榜进士,官至御史中丞,生子一,王施。

9. 王安福,字集甫,王安石堂叔王盖独子,以荐举对策赐举进士及第,官历淮西主簿、襄阳通判、知大冶知府、湖广转运廉访使等职。娶妻江宁夏氏,生子二,长子王元淑,定居真州;次子王元滨,定居金溪。

(四)王安石子孙

1. 王雱,子元泽,王安石长子。庆历四年(1044),王雱出生于王安石鄞县任上。王雱从小聪明好学,治平四年(1067)登徐安世榜进士。熙宁七年(1074),王雱为右正言,天章阁待制兼侍讲,以疾随安石赴江宁。熙宁八年六月,王雱加龙图阁学士。熙宁九年(1076)七月,王雱病逝于汴京。享年33岁。赠左谏议大夫。由王安上护送葬江宁。王雱娶妻萧氏,生一女,长大后适通直郎吕安中。王雱逝世后过继堂弟王勇儿子王棣为子。据《金陵新志》记载:"雱子棣字义仲,显谟阁学士,右中大夫、开德府路经略安抚使。建炎三年,金人攻澶渊,死于城守,诏赠资政殿大学士。"王棣生一子一女,子王珌[1]。

2. 王旁,王安石次子,生卒年不详,娶妻庞氏,生有一子一女,子王桐,一女嫁给郑久中。据刘成国考证,王安石犯有心疾的儿子应该是次子王旁,而不是长子王雱。只因后人攻击王安石才蓄意将犯有心疾的王旁事迹安在才华横溢的王雱身上,以此达到攻击王安石的目的。王旁从小就犯有心疾,此心疾类似于间歇性的精神病。魏泰的《东轩笔录》卷七记录了

---

[1] 刘成国:《王安石年谱长编》,中华书局2018年版,第35页。

一段有关王旁因心疾与妻子庞氏终日争吵之事，王荆公认为儿媳无辜受到牵连，决定让其夫妻二人和离，另许他人。王旁虽有心疾，但亦有文采，会写诗，王安石曾特意为王旁的诗题字，此首《题旁诗》收录于《临川先生文集》卷七十一："旁近有诗云：'杜家园上好花时，尚有梅花三两枝。日莫欲归岩下宿，为贪香雪故来迟。'俞秀老一见，称赏不已，云绝似唐人。旁喜作诗，如此诗甚工也。"①王旁因身体原因，无论在仕途、学问上亦一直是默默无闻。

熙宁九年（1076）十月，王安石辞相，以镇南节度使、同平章事判江宁府。为了次子王旁往后的生活考虑，熙宁十年（1077），王安石为王旁向朝廷讨封勾当江宁府粮料院，以此俸禄养家糊口。王安石为此上《添差男旁勾当江宁府粮料院谢表》曰："臣某言：近辄冒昧陈乞男旁勾当江宁府粮料院一次，伏蒙特恩添差者。去寄卧家，犹尸厚禄，祈荣及嗣，更荷殊私。中谢。伏念臣汗马之劳，初无可纪；舐犊之爱，乃敢有言。颜虽腆以知惭，心固甘于获谴。"②从谢表中得知，王旁因恩荫曾任职江宁府粮料院一职。

王旁生一子王桐，王桐生二子，王璹、王珏。

（五）临川王氏女子及女婿

1. 王贯之长女王氏，王安石的堂姑，嫁给江都杨公适为妻。

杨公适生于宋咸平三年（1000），自幼聪明好学，被父亲同僚兴元府君主客郎中王贯之看中，将长女适其为妻。入仕后，因为勤政爱民，深受百姓爱戴，被称为"能吏"，并被上司举荐，"自太庙斋郎更九官，而以殿中丞知兴元府成固县事"。③治平元年（1064）归，因疾卒于楚州，葬江都东兴乡北原，享年65岁。

王氏嫁给杨公适，生五子四女，五子分别是湜、洙、治、涤、浮。杨湜曾任宿州符离县尉，其他四子都考中进士。其一女嫁给太常少卿吕璹。

---

① 王安石：《王安石文集》，刘成国点校，中华书局2021年版，第1247页。
② 王安石：《王安石文集》，刘成国点校，中华书局2021年版，第1058页。
③ 王安石：《王安石文集》，刘成国点校，中华书局2021年版，第1679页。

吕璹，字季玉，仁宗景祐元年（1034）进士，历守潮、怀二州，皆有善政。吕璹有五子，分别为谅卿、和卿、温卿、惠卿、升卿。

2. 王贯之次女王氏，王安石堂姑。23 岁时，嫁给尚书刑部侍郎周嘉正之子周彦先。周彦先，字师古，以郎中君荫补三班奉职，监泗州浮桥，又监楚州船场，为扬州、泰州巡检，不久又被推荐为瀛、莫等州军沿边巡检。后因触怒边将被贬为广州清远县盐场，未赴，被转运使留下来监察市舶，后迁兴宁县令。周彦先原娶尚书工部侍郎盛京之女，生四子：涛、洵、侑、渥。盛氏病逝后，续娶王氏，生一子周澥，六年后周彦先卒于兴宁任上，年仅 42 岁。

王氏为人端庄贤淑，待人接物和气大方，无论是近亲还是远房表亲，只要他们上门寻求帮助，她都竭尽所能去帮助。王安石在《王夫人墓志铭》中写道："夫人心庄而行厉，气和而色婉，抚接内外亲疏皆有恩意，而于人终身不校。"[1] 嘉祐四年（1059），病逝于长子秘书省著作郎周涛任职的梁县，享年 48 岁，葬海陵城北。

3. 王文淑，王益长女，王安石大妹，封长安县君。生于天圣三年（1025）。景祐四年（1037），王益任职江宁通判，携家眷上任，第二年，即宝元元年（1038），将长女王文淑嫁给枢密直学士、尚书工部侍郎、江宁知府张若谷长子、尚书比部郎中张奎为妻。

王文淑为人温婉宽厚，赡养公婆、侍候姑侄尽心尽力，世人皆赞其贤良淑德。王安石赞其曰："为妇而妇，为妻而妻，为母而母，为姑而姑，皆可誉叹，莫能间毁。"[2] 元丰三年（1080），王文淑逝世于颍州子觊官舍。享年 56 岁，葬江州德化县某乡某里之原。生二子二女，长子觊，次子𫖮，长女不慧，次女嫁给龚原。

王文淑才华极高，王安石赞其"工诗善写，强记博闻，明辨敏达，有过人者"[3]。《全宋诗》载："王文淑，临川人，安石妹，年十四，嫁比部

---

[1] 王安石：《王安石文集》，刘成国点校，中华书局 2021 年版，第 1730 页。
[2] 王安石：《王安石文集》，刘成国点校，中华书局 2021 年版，第 1708 页。
[3] 王安石：《王安石文集》，刘成国点校，中华书局 2021 年版，第 1708 页。

郎中张奎，博闻强记，工诗善书。"①王安石在三个妹妹中，最欣赏大妹的才华，加上年龄相近，两人诗词唱和最多。《临川先生文集》就收录了《示长安君》《和文淑》《次韵张氏女弟咏雪》等王安石写给大妹王文淑的唱和诗。

4. 王安石二妹，嫁给衢州西安县令天长朱明之。朱明之，字昌叔，江都人（今江苏扬州），生卒年不详。仁宗皇祐元年（1049）进士。初官著作佐郎，进崇文院校书。曾知秀州，后迁两浙监司。官至大理少卿。王安石非常看重朱明之的才华，与朱明之夫妻之间感情也非常深厚。他们之间经常有书信、诗词往来，《临川先生文集》中就有十多首诗歌是王安石写给朱明之的，如《次昌叔韵》《九日登东山寄昌叔》《寄朱昌叔》等。

5. 王安石三妹，嫁给沈季长。沈季长，字道原，扬州真州人。生于天圣五年（1027），举进士。历越州司法参军，南京国子监教授、直讲。迁天章阁侍讲兼直舍人院，兼集贤校理、管勾国子监公事，同修起居注。初为淮南节度判官。哲宗元祐初，权发遣南康军，改权发遣秀州事。元祐二年（1087）卒于官，享年61岁。有文集十五卷，诗传二十卷，已佚。

6. 鄞女，王安石长女，庆历七年（1047）四月生。因出生于鄞县任上，故名鄞女。鄞女生而颖异，深得父母喜爱。庆历七年六月十四日，因病不幸夭亡。鄞女不幸夭折，王安石非常痛心，为了悼念此女，亲自为其撰写墓志铭："鄞女者，知鄞县事临川王某之女子也。庆历七年四月壬戌前日出而生，明年六月辛巳后日入而死，壬午日出葬崇法院之西北。吾女生惠异甚，吾固疑其成之难也。"②从墓志铭中，我们可看出王安石非常疼爱此女，对其不幸早夭，深感痛心。皇祐二年（1050）三月，王安石鄞县任满，在离任之际，想到即将离开此地，今生可能再也不会回到此地，因而特意到崇法院与鄞女告别，托崇法院灵照守墓，并写下《别鄞女》诗："行年三十已衰翁，满眼忧伤只自攻。今夜扁舟来诀汝，死生从此各西东。"③表达自己的哀思之情。

---

① 傅宗璇：《全宋诗》，北京大学出版社1991年版，第7362页。
② 王安石：《王安石文集》，刘成国点校，中华书局2021年版，第1739页。
③ 王安石：《王安石文集》，刘成国点校，中华书局2021年版，第572页。

7. 吴氏女子，王安石次女，嫁给宰相吴充次子吴安持为妻，被封为蓬莱县君。吴安持，福建浦城人，王安石同僚吴充次子。宋神宗熙宁七年（1074），为太子中允。元丰八年（1085），知滑州，旋知苏州。哲宗元祐三年（1088），为都水使者。后迁工部侍郎，终天章阁待制。

吴氏女子擅长写诗，感情细腻且多愁善感，与父亲王安石的书信往来中充满了对亲情的思念。现存吴氏女子思念父母的诗有"西风不入小窗纱，秋风应怜我忆家。极目江南千里恨，依然和泪看黄花"①一首，写得可谓是凄恻哀婉，充满了对千里之外双亲的思念。王安石对这位多愁善感的女儿更是关心备至，为了安慰女儿，接连和诗二首，其中《次吴氏女子韵二首》之一："孙陵西曲岸乌纱，知汝凄凉正忆家。人世岂能无聚散，亦逢佳节且吹花。"②劝导女儿"人世岂能无聚散"，哪怕再亲的亲人最终还是曲终人散，不如各自"亦逢佳节且吹花"。

8. 蔡氏女子，王安石幼女，嫁给蔡卞。蔡卞，字元度，福建仙游人。北宋大臣、书法家。熙宁三年（1070），蔡卞与胞兄蔡京同科举登进士第。第二年，被授任江阴主簿。元丰五年（1082），蔡卞任国子直讲、崇政殿侍讲，后提为起居舍人、同知谏院、侍御。元丰八年（1085），宋哲宗即位，改任礼部侍郎，出使辽国，受厚礼接待。绍圣元年（1094）为中书舍人，兼国史修撰。绍圣四年（1097），蔡卞擢尚书左丞，官至枢密院事。宋徽宗继位，蔡卞被陈瓘等谏官所劾，降为少府少监，到池州（治今安徽贵池）居住。政和七年（1117），蔡卞告假返乡祭祖，逝于途中，享年70岁，赠太傅，谥文正。

蔡氏女子性格开朗，受父亲影响很深，对政治非常感兴趣，积极支持变法。蔡卞亦支持王安石的新法，其妻常常成为蔡卞政治上的高参，他们既是夫妻，又是政治上的同道者和新法支持者。对于蔡氏女子的政治能力，历代文人对其是冷嘲热讽。《宋史·蔡卞传》攻击蔡卞是以夫人马首是瞻之人，"卞居心倾邪，一意以妇公王氏所行为至当"③。他们的攻击，

---

① 傅林辉：《王安石世系传论》，长江文艺出版社2000年版，第115页。
② 王安石：《王安石文集》，刘成国点校，中华书局2021年版，第507页。
③ 脱脱：《宋史·蔡卞传》，中华书局1977出版，第13730页。

也从侧面说明蔡氏女子的聪慧和极高的政治才华。

临川王氏从王简到王明祖孙三代都没有人出仕，但他们作为山西太原王氏一支，先祖的荣耀及文武兼修、崇尚儒学的家风，还是让这支在战火中艰难迁徙到临川的王氏牢记于心，成为耕读世家。祖孙三代的坚守，终于使得临川王氏从先世衰微无闻，转而至从第四代王贯之始起家为吏，再到王安石兄弟达到鼎盛。

第二节　临川王氏才俊

以王安石为代表的临川王氏在宋初几十年，家世并不显赫，只能算是殷实的农民家庭。但崇尚儒学、以天下为己任的临川王氏一直坚持耕读，终于在宋真宗咸平三年（1000），王安石的叔祖王贯之登进士第，成为临川王氏的第一位进士。之后，在短短的几十年中，王安石父亲王益，王安石及其兄弟王安仁、王安国、王安礼，儿子王雱等先后考中进士。一时间，临川王氏一跃成为北宋最负盛名的名门望族之一，在北宋跌宕起伏的政坛风云中展示了他们的政治抱负及才华，在中国历史上留下了不可磨灭的一笔。本节对临川王氏成就较为突出者作简要介绍。

一、王氏第一位进士王贤

王贤（968—1028），字贯之，王安石的二叔祖，生于宋太祖开宝元年（968）。此时天下初定，百废待兴，科举制度盛行，让下层平民有了进入仕途的通道，亦给临川王氏带来了进入上层社会的机会。作为殷实的耕读之家，聪明好学的王贯之成了临川王氏家族的希望。王贯之不仅勤奋好学，而且对父母极为孝顺，对兄长亦是尊敬有加，小小年纪就为乡人所赞誉。王安石在为其撰写的墓志铭中赞道："公少力学，以孝悌称于乡里。"①

宋真宗咸平三年（1000），王贯之不负众望，登陈尧咨榜进士，是年36岁，成为临川王氏家族中的第一位进士。

---

① 王安石：《王安石文集》，刘成国点校，中华书局2021年版，第1651页。

王贯之进入仕途后,以"能吏"起家。曾巩曾在为王安石祖母谢氏撰写的《永安县君谢氏墓志铭》曰:"王氏由工部之叔父、尚书主客郎中、赠太常少卿讳观之始起家为能吏,遂追荣其父讳某为尚书职方员外郎,至于工部父子,遂皆进于朝为闻人,其世浸大。"① 王贯之进士及第后被征召为汉洲军事推官。在汉洲担任军事推官时,由于能力强、有才华,办事极为稳妥,上司非常欣赏他,认为小小的军事推官实在是埋没了其才华,因而极力向上级推荐。不久,王贯之升为大理寺丞,任大名府大名县知县,之后又通判忻州真定府。他在任真定府(今河北正定县)通判时,能够处理好与上司的关系,取得上司的信任。上司王嗣宗对王贯之的建议基本上是言听计从,并将真定府的大小事宜都交给王贯之处理。真定府在王贯之的治理下迅速安定下来,老百姓逐渐过上了安稳幸福的生活。王贯之为官公正廉明,爱民如子,真定府的老百姓对其极其爱戴,尊称王贯之为"长者"。

王贯之一生基本上都在地方任职,在真定府任职一年后,升迁到保州任知州。之后,又调任到深州、齐州担任知州。在任期间,劝农桑、修水利,勤政为民,深得百姓爱戴,二州之人皆曰:"公爱我。"不久,王贯之又调淮南任提点刑狱,在审理案件时,宽以待民,使许多犯错之人得以改邪归正。在此期间,他把督促农业生产作为当时最紧急的事务,经常不顾身体劳累,下乡考察农田水利设施,发现许多水利设施已经年久失修、沟壑堵塞,于是引导百姓对淤塞的沟渠进行修缮疏通。这次大规模兴修水利,使得近百万荒废农田得到灌溉,当年的农业得以大丰收。天子因此事特赐书表彰。

王贯之不仅治政能力强,心胸亦极为宽广。当初考中进士时,有一位同年常陵公,非常嫉妒王贯之的才华,常常暗中给他使绊子。偏偏凑巧的是,这位常陵公后来成了王贯之的下属。当时常陵公心里非常忐忑,担心王贯之因自己以前对其刁难而报复,平常做事更加兢兢业业,此人虽然心胸不宽广,但办事能力倒也不错,工作基本上没有出现过纰漏。

---

① 曾巩:《曾巩集》,陈杏珍、晁继周点校,中华书局1984年版,第614页。

王贯之在朝廷考核官员业绩时，不计较以前恩怨，据实推荐了他。由于王贯之的推荐，常陵公最终得以升迁。王贯之心胸如此坦荡，不仅赢得世族同僚的称赞，也成为临川王氏子孙学习的榜样。

王贯之对待贪官污吏则是严惩不贷。在他调任提点淮南刑狱之前，当朝宰相丁谓托他照顾当地的两名官吏。这两个人在淮南胡作非为，贪赃枉法，老百姓对此二人是非常憎恨，但因他们是宰相丁谓的人，后台较硬，前几任官员都不敢招惹，这使得他们越发猖狂。王贯之到任后，了解其二人恶行，暗地里不动声色地搜集了二人的罪证，在证据确凿的情况下毫不犹豫地向朝廷揭发了二人的罪行，使他们得到应有的惩罚，为淮南除掉一大恶势力。因此，王贯之得罪了宰相丁谓，丁谓更是千方百计寻找机会报复他。由于王贯之为官清正廉洁，办事认真严谨，丁谓一直找不到理由对付他，最终找了一个下属犯事连坐的借口，将王贯之贬到池州安顺镇，做了一个监酒税的小官。

宋仁宗继位，王贯之才得以重新任用，调任到滁州，后又移知兴元府。天圣六年（1028），王贯之因病去世，享年60岁。

二、王安石父亲王益

王益（993—1039），字舜良，王用之长子，王安石父亲。宋淳化四年（993）出生。王益小时候，家境还是比较殷实。二叔王贯之博学多才，孝顺父母长辈，尊重兄长，关爱晚辈，让小王益从小就对其极其崇拜。王益8岁那年，王贯之考中进士，成为临川王氏第一个通过科举进入仕途的人。之后，王贯之在官场上不畏权势、清正廉洁、一心为民的事迹更是像一股春日暖风吹进王益的心田。年轻的王益心情澎湃，决心要以其叔父为榜样，努力读书，博取功名，进入仕途，实现自己的理想抱负。功夫不负有心人，大中祥符八年（1015），王益考中进士，是年22岁。之后，王益被派到建安任主簿，由于办事果断，上任不到几个月的时间，就成了县令的得力助手。

建安主簿任满，王益调临江军任通判。在临江军通判任上，王益为官正直，对临江军的一些官员不遵守朝廷法度、胡作非为的行为非常不满。

无论是上司还是下属，只要他们做事不公或有违法行为，王益都要极力劝说与揭发；遇到一些处理不当的事，亦要引经据典，据理力争。曾巩在《尚书都官员外郎王公墓志铭》中说道："公至，以义折正二千石，使不能有所纵，以明惮吏，使不敢动摇。"①王益不仅为官正直，在处理一些政务时亦讲究策略。曾经有一下层官吏因对上司的做法不满，上书指责谩骂，王益看到后，将其按压下来，并未呈送上去。由于王益的冷处理，一场冲突就这样悄无声息地化解了。

临江军位于赣江边上，江边有个渡口名为萧滩渡，两岸百姓商贾过往都要靠渡口的渡船。由于往届官员的不作为，往返的船只已经年久失修，渡船上的木板多处腐烂，遇上天气不好，江上起风时根本不敢出船，严重影响了百姓的出行生活。王益得知后，召集手下重新安排人员打造新的渡船，将原有的老旧渡船更换掉，并将萧滩渡口也重新修葺一番，整个渡口码头焕然一新，大大方便了两岸百姓出行。不久，王益调任新淦县任县令。在新淦任上，王益依然坚持自己的为官之道，勤政爱民，不久，新淦县在其治理下政治清明，百姓丰衣足食，呈现一派祥和的气象。

宋仁宗天圣元年（1023），王益因政绩斐然，上司信任推荐，改大理寺丞，调庐陵知县。在短短的两年时间里，王益将庐陵县治理得井井有条，受到百姓的爱戴和上司的欣赏。天圣三年（1025）王益移新繁县，改殿中丞，以恩信治民。

据《新繁县志》卷五《职官政迹篇》记载：

> 宋王益，字损之，年十七，以文谒张公咏，奇之，改字舜良。祥符八年进士，后以殿中丞为繁，始至有犯法，乡所素嫉也。公条以奸，上府流恶处，自后待人一以恩信。终不更笞一人。修学校，礼师儒，与梅挚等唱和诗赋。②

从《新繁县志》我们可以看出，王益到新繁上任不久，就发现有一

---

① 曾巩：《曾巩集》，陈杏珍、晁继周点校，中华书局1984年版，第598页。
② 傅林辉：《王安石世系传论》，长江文艺出版社2000年版，第31页。

批恶霸横行乡里，为非作歹，当地百姓又恨又怕，真正是敢怒不敢言。为了使这些恶霸受到应有的惩罚，还百姓一片清明，王益派人搜集他们犯罪证据，在证据确凿的情况下将这些嚣张的恶霸逮捕归案，并根据犯罪情节的轻重加以惩戒，对罪恶深重的则流放到苦寒之地，从犯则从轻发落，让其改过自新，重新做人。在王益恩威并重的治理下，新繁县的社会治安很快就稳定下来，百姓不再担惊受怕。同时，王益倡"减刑狱、兴学校、倡风化"，仅三年时间，新繁县的社会风气得到较大改善，百姓一提到王益这位"父母官"也是交口称赞。为了纪念这位济世安民、清正廉洁的知县，南宋建炎年间，新繁知县沈居中在东湖之南建三贤堂、绘三贤像纪念乡人梅挚和有功绩于新繁的唐代李德裕和北宋王益，祭祀这三位为新繁做出卓绝贡献的先贤。

新繁县三贤堂王益雕像（右一）

新繁县城有个东湖，是李德裕任新繁县令时所开凿，池塘清浅，夏季满池荷花盛开，风光绮丽。王益在新繁任县令时常到东湖游玩，著有《新繁县东湖瑞莲歌》，盛赞瑞莲盛世，抒发情怀，全诗为：

火云烁尽天幕平，水光弄碧凉无声。

荷华千柄拂烟际，杰然秀干骈双英。
天敕少昊偏滋荣，宵零仙露饶金茎。
袅袅飘风起天末，绿华珰珮来琤琤。
觥觞式宴资击赏，何人捴藻飞笔精。
越国亭亭八百里，木兰泛咏称明媚。
争如锦水派繁江，孤根擢翠花分腻。
紫清合曜流霞辉，楚台无梦朝云飞。
韩虢佳人新侍宠，温泉宫里赐霞衣。
赫赫曦阳在东井，珍房萃作皇家庆。
流火初晨复毓灵，连璧更疑唐杰盛。
眇观熙政接元和，嘉谷重荣田野歌。
高宗昔庆刘仁表，五色卿云世甚少。
我今取喻进德流，优哉祥莲出池沼。
草莱泥滓俱弃捐，致君事业殊商皓。
归作皋夔稷禹臣，同心一德翊华勋。①

王益的这首诗令远在他乡的梅挚十分感动，他感念家乡有王益这样一位"父母官"，于是撰写一首长诗《和王益新繁县东湖瑞莲歌》，其中写道："三年鼠窃例皆然，以薪救火火弥盛。自公枑车政克和，载途鼓腹腾讴歌，歌公用心日皎皎，不独于今古应少。"② 在诗中梅挚盛赞王益短短几年里将新繁县由"三年鼠窃例皆然"治理成"政克和"，其政绩令百姓讴歌称颂。王益在治理新繁时尽心尽力，大概是从古到今也是少有的吧。

天圣七年（1029），王益知新繁任满入京，第二年以殿中丞身份任韶州知州。韶州位于广东省北部，地处五岭山脉南麓。王益初到之始则"束黠吏以绳墨，制强宗以斧斤"，政绩斐然。余靖在《武溪集》卷五《韶州新修州衙记》中记载：

---

① 傅璇琮：《全宋诗》，北京大学出版社1991年版，第1991页。
② 傅璇琮：《全宋诗》，北京大学出版社1991年版，第2036页。

> 皇上即位之八年，以今尚书外郎太原王君守其土。下车之始，纲目咸振，束黠吏以绳墨，制强宗以斧斤，威声一驰，境内之禁。然后险者倾，疮者平，痼者愈，魇者醒，仆者起，昧者明。①

从《韶州新修州衙记》的记载中，可以了解到王益一到韶州，着手整顿社会风气，引导百姓习文讲礼，整顿官场作风，对豪门强宗的恃强凌弱则强势镇压。在王益教化引导和恩威并重的治理下，老百姓不再蒙昧无知，豪强大户亦不敢像以前那样嚣张跋扈，官场风气得以改善。"自岭海服朝廷，为吾置州守未有贤公者"②，一时之间政治清明，王益因此在岭南名声大振。

王益在韶州为官三年，改建兵营，修建仓库，修缮驿站，修建坊道，将韶州治理得井井有条，展示了其杰出的治政能力。王益任职期间，韶州还差一点发生兵变，但由于王益沉着冷静，最终机智地化解了这场兵变危机。王益这种临危不乱的气度及谋略使得很多人深感佩服。

明道二年（1033），王益因父亲王用之病逝，回临川丁忧。景祐三年（1036）守孝期满，王益携带王安石兄弟赴京师候职。景祐四年（1037），王益通判江宁府，此时正好是枢密直学士、尚书工部侍郎张若谷知府事，次年，将长女王文淑嫁给江宁知府张若谷的儿子张奎。宝元二年（1039）二月二十三日，王益因病逝世于江宁任上，享年46岁。

王益不仅是一位"为官一任，造福一方"的好官，同时也是一位博学多才的文人。王安石在《先大夫集序》中提到在王益去世后，整理其诗文时发现有百余篇。"先大夫少而博学，及强年有仕进之望，其志欲有以为而遽没，其于文，所不暇也。一日，诸子阅囊中，乃得旧歌诗百余篇，虽此不足尽识其志，然讽咏情性，其亦有以助于道者，不忍弃去也，辄序次之。"③非常遗憾的是，这本《先大夫集》已失传。我们只能在《全宋诗》《全宋词》零散找到一些王益的诗词。其中与梅挚的往来唱和诗稍多。

---

① 刘成国：《王安石年谱长编》，中华书局2018年版，第71页。
② 王安石：《王安石文集》，刘成国点校，中华书局2021年版，第1228页。
③ 王安石：《王安石文集》，刘成国点校，中华书局2021年版，第1230页。

梅挚曾游览重光寺，遇上高僧宪上人，并题诗一首《留题重光寺罗汉院赠宪上人》。王益见其诗歌精妙，亦作和诗一首《和梅公仪留题重光寺罗汉院赠先上人》：

> 晓剃吟髭雪半零，海窗曾咒钵龙醒。
> 早同西竺能持法，应笑南僧不会经。
> 云气昼闲侵尘柄，藓痕春老上铜瓶。
> 近来禅观都无语，手指余花满寺庭。①

诗中前四句赞美高僧宪上人不仅精通佛法，而且怀有一颗慈悲之心。后四句生动地描写了重光寺内环境幽静，僧人闲适淡泊的宁静心境，同时也流露出王益的佛学思想。

他另一首在清凉院墙壁题写的诗歌《留题清凉院》：

> 背倚青峰面枕溪，濡毫新向壁间题。
> 善根不挠金莲合，净界无尘水月齐。
> 会启苾刍真乐境，花开檐卜远香畦。
> 因思祖塔尝游处，更在龙蟠虎踞西。②

诗中描写了清凉院的周边环境幽美，寺院的僧人清静无为，安静而美好，勾勒出一幅幽静自然、超然脱俗的方外世界。

从王益留下的为数不多的诗歌中，可以看出王益在任地方官时，与当地的寺庙高僧经常有来往，互有诗词唱和，从"近来禅观都无语，手指余花满寺庭"可以看出王益对佛理有一定的研究。王益的佛学思想亦对王安石有着潜移默化的影响。

---

① 傅璇琮：《全宋诗》，北京大学出版社1991年版，第1991页。
② 傅璇琮：《全宋诗》，北京大学出版社1991年版，第1991页。

三、好学不重名利的王安仁

王安仁（1015—1051），字常甫，王益之长子，徐氏所生，为王安石的长兄，同父异母兄弟。皇祐元年（1049）乙丑科冯京榜进士。生于大中祥符八年（1015），于皇祐三年（1051）病故，只活了37岁，葬江宁钟山楚国公墓侧东南五步处。

清同治版《临川县志·进士·儒林》载：

皇祐元年（乙丑），王安仁（宣州司户，监江宁府盐税），字常甫，安石兄也。七岁好学，毅然不知戏笑。读书二十年。庆历中，诏州县皆置学，安仁学行卓然，江淮间争以为师，不远千里，以五经传授，成就去者不可胜数。已进士下第，仕不显。①

清光绪版《王临川全集》卷九十六有王安石作的《亡兄王常甫墓志铭》，追述了长兄王安仁一生的简况，表达了悲痛哀思。

现将王安石的《亡兄王常甫墓志铭》辑录如下：

先生七岁好学，毅然不苟戏笑。读书二十年。当庆历中，天子以书赐州县，大置学。先生学完行高，江淮间州争欲以为师，所留，辄以《诗》《书》《礼》《易》《春秋》授弟子。慕闻来者，往往千余里。磨礲淬濯，成就其器，不可胜数。而先生始以进士下科补宣州司户。至三月，转运使以监江宁府盐院。又三月卒，又七月葬，则卒之明年四月也，实皇祐四年。墓在先君东南五步。先君姓王氏，讳益，官世行治既有铭。先生其长子，讳安仁，字常甫，年三十七，生两女。

呜呼！先生之道德，蓄于身而施于家，不博见于天下。文章名于世，特以应世之须尔。大志所欲论著，盖未出也。而世之工言能使不朽者，又知先生莫能深。呜呼！先生之所存，其卒于无传耶？始，先生常以为功与名不足怀，盖亦有命焉，君子之学尽其性而已，

---

① 傅林辉：《王安石世系传论》，长江文艺出版社2000年版，第39页。

然则先生之无传，盖不憾也。虽然，先生孝友最隆，委百世之重而无所属以传，有母有弟，方壮而夺之，使不得相处以久，先生尚有知，其无穷忧矣！呜呼！以往而推存，痛其有已耶！痛其有已耶！先生有文十五卷，其弟既次以藏其家，又次行治藏于墓。呜呼！酷矣！极矣！铭止矣！其能使先生传耶？①

从所录《临川县志》和王安石作的《墓志铭》中，可以了解王安仁一生的主要经历和简况。

其一，王安仁的生卒年限：生于大中祥符八年（1015），于皇祐三年（1051）病故，只活了37岁，葬江宁钟山楚国公（其父王益）墓侧东南五步。

其二，王安仁的家庭情况：安仁是王益的长子，字常甫，生了两个女儿。其中一女适解州安邑主簿徐公翊。

其三，王安仁中进士及任职情况：皇祐元年（1049）进士，始以进士下科补宣州（即今安徽宣城县）司户参军。不久，转运使派他在江宁府盐监税。一生官场不显。

其四，王安仁的学问：7岁好学，读书20年，学问渊博，远近闻名。当时，江淮间许多学子争相拜其为师，往往还有学子不远千里慕名来向安仁求教。"慕闻来者，往往千余里"。对学问精于求精，"磨砻淬濯，成就其器，不可胜数"。以五经传授，使很多学子学有所成，满意而去。

其五，王安仁的道德品性：性格是"毅然不苟戏笑"，办事果断，不马虎，不戏笑。其"道德蓄于身而施于家，不博见于天下"，注重修身养性，在家中起模范作用，不被外界所知。其文章写得很好，"文章名于世"，但大的宏论文章却很少，且不张扬毕露。他"常以为功与名不足怀，盖亦有命焉，君子之学尽其性而已"，淡泊名利，不以名利为重，文章只要能表达自己的性情就可以了。安仁"孝友最隆"，与人友善，尊重父母，兄弟和睦。

其六，王安仁的身后事："先生有文十五卷，其弟既次以藏其家，又

---

① 王安石：《王安石文集》，刘成国点校，中华书局2021年版，第1651页。

次行治藏于墓。"就是说安仁曾有文章文稿 15 卷,起初是由其弟安道将文稿藏在家中,后来又藏于墓中。可惜,他的文卷随了墓葬,故不得流传于世。

由于父亲长期在外为官,仕途上的频繁调动,王安石兄弟及全家亦随父亲辗转于各地生活和学习。王安石 13 岁那年,祖父王用之逝世,王安石兄弟及全家随父回临川守孝求学三年,至 16 岁,又随父到南京任上。到南京后不到两年,父亲王益便不幸逝世了,王安石兄弟七人加上三个妹妹,母子十数人便失去生活依靠,大家庭只好在远离故乡的金陵相依为命,过着艰苦的生活。"母兄呱呱泣相守,三载厌食锺山薇。"① 王安石利用三年守丧时间,发奋努力,在两位兄长安仁、安道的悉心教导下,终于在父亲死后的第三年,也正好是守丧服满,在科考场上一举成名,22 岁就高中进士,也是在七兄弟中第一个高中进士。王安石科举及第成功,应该说是与长兄安仁的鼓励支持辅导分不开的。

安仁的早丧当然是不幸的,只活到了 37 岁就病故了,然而不幸接踵而来,安石的二兄安道不久又病故,年仅 33 岁。安仁、安道兄弟的英年早逝,给王氏大家庭的生活带来了极大的打击,给王安石带来了悲痛忧伤,也常常引起王安石的思念。王安石除了在《亡兄王常甫墓志铭》中表达了"呜呼!酷矣!极矣!铭止矣!"极度悲痛外,还写过怀念兄长安仁的诗《宣州府君丧过金陵》,诗云:

> 百年难尽此身悲,眼入春风只涕洟。
> 花发鸟啼皆有思,忍寻棠棣鹡鸰诗。②

全诗四句,句句是抒发兄弟深厚的感情。第一句化用杜牧诗"轻赢已近百年身,古寺风悲又一春"意。第二句的"涕洟",指眼泪不断地流,形容悲痛之极。第三句所指花开鸟啼,都是有所寄托思念的。第四句,化用《诗经》中《常棣》诗意,歌颂兄弟亲密的手足之情。整首诗从多

---

① 王安石:《王安石文集》,刘成国点校,中华书局 2021 年版,第 206 页。
② 王安石:《王安石文集》,刘成国点校,中华书局 2021 年版,第 568 页。

方面地反映了王安石思念兄长的浓浓亲情。

关于王安仁的生平资料不多见，但他作为长兄，尤其在父亲死后，是尽到了"长兄如父"的家庭责任的，在家庭生活的担当上，在弟妹的抚养教育上，在学问道德文章上，在孝友行为规范上，都起到了一个示范标杆作用。他是王氏家族中不可忽视的人物。

四、卓绝一世的伟人王安石

宋真宗天禧五年（1021）十一月十三日，王安石出生在王益任职的江南西路临江军通判府内维崧堂。王益一生为官清廉，在家乡临川并未置田产，仅靠官俸维持生活，"内外数十口，无田园以托一日之命，而取食不腆之禄，以至于今不能也"。① 因而，王益每到一个地方上任都是携带家眷同行，王安石从出生后也就一直跟随父亲宦游。在这十多年的宦游生活中，王安石跟随父亲走岭南、进蜀地、上京城，不仅增加了见闻，开阔了视野，更重要的是王安石能够耳濡目染父亲王益为官爱民如子，清正廉洁，刚正不阿，深受百姓爱戴。父亲的言传身教使得王安石从小就立下了远大的理想与抱负。

王安石全身画像

庆历二年（1042）三月，王安石参加全国春试，以第四名中进士。入仕后，王安石第一任官职是授校书郎、签书淮南节度判官。三年任期满后，诏回京师，授大理评事之职。

庆历七年（1047年），王安石改任鄞县知县。鄞县在浙东，旧时属明州，现归宁波市所辖，自古以来就是农业发达、物产丰富的鱼米之乡。庆历六年七月到第二年春，全国遇上罕见的旱灾，滴雨未下，土地龟裂，

---

① 王安石：《王安石文集》，刘成国点校，中华书局2021年版，第1283页。

沟河断流，灾民随处可见。仁宗皇帝在祈雨未果的情况下亦下罪己诏，并号召全国所有官吏献计献策。王安石远在东南的偏僻小县收到朝廷诏书时心情激动，写下七律《读诏书》："去秋东出汴河梁，已见中州旱势强。日射地穿千里赤，风吹沙度满城黄。近闻急诏收群策，颇说新年又亢阳。贱术纵工难自献，心忧天下独君王。"①表达他对中原赤旱千里的担忧及愿意与君分忧的心情。此年，不仅中原大旱，鄞县亦旱灾严重，王安石一到鄞县，立马着手赈灾，将常平仓的粮食借给灾民，以渡过这次旱灾带来的难关。在王安石积极开仓济民的措施下，鄞县虽然灾情严重，却极少发生灾民饿死的现象。灾情缓解后，王安石立即组织农民抢耕播种，终于在秋季取得了大丰收。

这次虽然渡过了灾情，但王安石明白，以后还会有这种灾害天气发生，要想从根本上解决旱灾、水灾等问题，必须加大水利设施建设。于是，王安石利用冬季的农闲时间，再加上刚好秋季丰收，农民的积极性较高，组织全县百姓兴修水利，着手"起堤堰、决陂塘，为水陆之利"②。经过这次大规模的水利建设后，有效地解决了鄞县水灾、旱灾的情况。

不仅如此，王安石受到春季赈灾的启发，采取"贷谷与民，立息以赏，俾新陈相易，邑人便之"③。在青黄不接时，把县府粮仓中的存粮贷放给农民，约定秋收后加少量的利息偿还给官府。这样一来，既抑制豪强地主和投机商人的高利贷盘剥，也使官府的存粮得以以旧换新。同时，王安石还非常注重人才的教育培养，积极创办县学，聘请当时名儒杜醇为县学教谕。

王安石在鄞县采取的这些措施都使鄞县民众受益，鄞县父老乡亲无不称赞王安石是位一心为民的好官。嘉祐六年（1061），鄞县百姓为了表达对王安石的感激之情，希望能为王安石这位前县令建立生祠。知州钱公辅顺应民意，在明州修建了王安石生祠。《乾道四明图经》卷二对这一事件有明确记载："皇朝故丞相荆公王文公安石祠堂二所，一在县之经纶阁，

① 王安石：《王安石文集》，刘成国点校，中华书局2021年版，第403页。
② 脱脱：《宋史·王安石传》，中华书局1977年版，第327卷。
③ 脱脱：《宋史·王安石传》，中华书局1977年版，第327卷。

一在县东育王山广利寺。按寺中《祠堂记》云：'介甫之为鄞也，劝农务业，区别善恶，习俗丕变。乡民父老思之，愿立生祠图象，以顺鄞人之心焉。'嘉祐六年郡守钱公辅立，从事胡宗愈之文也。"从中可得知，嘉祐六年（1061），郡守钱公辅在鄞县为王安石修建了两座生祠，一座在县城的经纶阁，一座在育王山广利寺。除了上述两座祠庙外，鄞县还有几处祭祀王安石的寺庙，如实圣庙、忠应庙、福应庙等。位于宁波市东钱湖下水村的忠应庙在1986年进行了重修，庙内供奉着王安石的塑像，目前内设鄞县王安石纪念馆，陈列王安石在鄞史迹。

鄞县任满后，王安石还曾任舒州通判、常州知州、江东刑狱等地方官职。嘉祐四年（1059），王安石被召回朝廷时，向仁宗皇帝呈交《上皇帝万言书》，围绕人才等问题直陈改革主张，但未引起仁宗皇帝的重视。同年，王安石回京任三司度支判官。王安石返京后，又接连递交《上执政书》《上曾参政书》《上富相公书》等，以对社会洞察敏锐的政治家眼光，提出了自己的用人主张。

治平四年（1067），宋英宗去世，宋神宗继位。这位年轻的神宗皇帝胸怀改革弊政、富国强兵之志，赞赏王安石的变法主张。任命王安石为江宁府知府，随后为翰林学士，并召其越次入对，询问治国方略。

熙宁二年（1069）二月，神宗任命王安石为参知政事。为指导变法的实施，设立了变法领导机构——制置三司条例司，作为主持变法的中央机构。在不到一年的时间里，相继出台了"均输法""青苗法""农田水利法"。

七月出台"均输法"：设立均输司，对政府所需物资按季节、产地、地区差价购买和运输。保障政府的消费需求，节省开支，提高财政资金的使用效率；同时打击了不法商人勾结官府采购人员牟取暴利的行为。

九月行"青苗法"：将官府粮仓的粮食向农民发放借贷，一年可以借贷二次，正月一次，五月一次，由农民自愿申报，半年为期，到期偿还利息二分。若遇灾荒，可以延缓半年归还。青苗法的推行，使农民不误农时，既增加了国家财政收入，同时又限制了高利贷者对农民的盘剥和土地兼并。

十一月颁行"农田水利法":鼓励兴修水利,开垦废田荒地,疏浚河道。修建圩堤,受益户出工出料,兴修较大工程,官府贷款资助。农田水利法的推行,使大量荒地得到开垦,农田灌溉面积大大增加,熙宁三年至九年共修水利10793处,受益达363000顷。

熙宁三年(1070)十二月,颁布维持社会秩序的"保甲法":农户十户一保,五十户一大保;两丁以上人家出一丁,农闲练兵,平时维持社会秩序,战时征集入伍。大保每夜五人在保内巡警,有盗贼、杀人、放火,如知不告者按法认罪。保甲法的推行,既维护了社会治安,又寓兵于农,减少募兵,节省军费开支。

熙宁四年(1071)十月,改组太学,实行"三舍法":三舍法把太学分为外舍、内舍、上舍三等,分等递升。上舍生的考试成绩按"上等以官,中等免礼部试,下等免解",后来地方官学也推行此法。在科举之外,开辟了另外一条选拔人才的道路,从而拓宽了人才上进之路,避免了科举"一考定终身"。

同时,已在开封管辖的州县试行一年的"免役法"正式向全国颁布。改变过去那种不顾农民农事需要、强迫大批农民长期服役的办法,让农民按贫富等级缴纳免役钱,由官府雇人服役。原先不服差役的特权户按等级减半出钱,称助役钱。这样就调动了广大农民生产积极性,提高了生产力,也有利于官府统筹劳役,避免了强抓硬派、造成贻误农时甚至为赔偿官家物资损失而家破人亡的悲剧。

熙宁五年(1072)三月,"市易法"在京城开始推行,之后又在扬州、常州、广州等重要城市推行。在这些大城市设立"市易务机构",收购市场上不易销售的货物;缺货时,由商贩们以产业金银作押,向市易务赊购贩卖,半年或一年之后,加一两分利息归还。这样,既限制了大商人操纵市场,防止哄压物价,又稳定了市场,达到改善国家的财政收入。

熙宁五年(1072)八月,"方田均税法"正式向全国颁布。重新丈量土地,按土地的好坏分为五等,然后将田亩数量、等级、人口等登记造册,再按田亩数量和等级确定税额交税。这有效地防止豪绅兼并土地后隐产漏税、贫苦农民产去税存的现象发生。

熙宁七年（1074）七月，相继推行了改革军队的"保马法"和"将兵法"。"保马法"就是奖励养马，自愿养马者，每户可以到国家养马场领养一两匹马。养得好的有奖励，养坏了，养马者自己负责，养马户可以免除国家的一些赋税。这样，就扩大并保证了战马来源。

"将兵法"就是改革以前"更戍法"中兵不识将、将不识兵而导致的军纪松弛、战斗力弱的弊端而采取的新措施。裁减兵员，淘汰老弱残兵，加强军队训练，在军队中提拔训练将官。使兵知其将，将练其兵，强化军队作战能力。

从熙宁二年（1069）到熙宁七年（1074），在这短短的六年时间里，推出了从经济到政治，从军事到教育，几乎包括了封建社会中经济基础与上层建筑的各个方面的改革措施。

在推行变法过程中，由于触动了大地主阶级的根本利益，所以遭到他们的强烈反对，再加上变法派内部产生了分裂，导致王安石在熙宁末年两起两罢相，最终退隐江宁。哲宗元祐元年（1086），王安石因病去世，享年66岁，卒赠太傅，谥号"文"。

王安石不仅以其政治革新的成就和思想学说的创新而影响深远，更以其文学成就彪炳千秋。他一生创作了大量诗词，撰写了众多的记、论、书信、杂著和碑文。

王安石的散文朴实务实，讲究逻辑严密，追求简洁峻切，短小精悍的主题形式和劲健雄伟、气雄词峻的语言，形成自己特有的简劲峭拔的文风，为历代文学评论家所推崇。袁枚在《随园诗话》中评价道："愚谓荆公古文，直逼昌黎，宋人不敢望其肩项。"故而被后人列为唐宋八大家之一。

王安石散文的第一个特点是立意高远，颇有见地，时常表露出自己的真知灼见。如他的《游褒禅山记》是一篇通过记游而说理的散文，是历代游记中的精品。

王安石散文的第二个特点是以议论为主，以议论叙事，文字简约而文风峭厉。王安石的记叙文不以通过生动形象的事件来反映生活、表达作者的思想感情为主，而是通过议论与叙事相结合，阐明道理，发人深省。他在《上时政疏》中，用历史上晋、梁、唐的三位帝王由于因循守旧、苟且偷安，只顾眼前利益，不作长远打算，自认为灾祸不至于发生，殊不知突然之间灾祸就降临了，最后难逃厄运的事例劝诫仁宗皇帝。将历史与当下相比较，得出结论"夫因循苟且，逸豫而无为，可以侥幸一时，而不可以旷日持久"①，论述变法革新的迫切性。

王安石散文的第三个特点是用笔硬瘦，文辞凌厉，不枝蔓，不庞杂。清代文学评论家刘熙载在《艺概》中评价道："半山文瘦硬通神""只下一、二语便可扫却他人数大段，是何等简贵"。《读孟尝君传》全文不满百字，被历代文论家评为"千秋绝调"，誉为"文短气长"的典范，是一篇历代传诵的名作。

王安石一生写下了数千首诗，可以说成就卓然。《临川先生文集》就收录了王安石1500多首诗，至于散佚在历史长河中的诗歌就更无法统计了。王安石的诗歌产量大、题材广、形式多。他的诗歌体裁多样，既有古体近体，骚体乐府，又有长诗绝句集句，五言七言杂言。

王安石的诗歌创作，大致以退居江宁为界，分前后两期。前期的诗歌长于说理，主要反映社会现实，抒发自己的政治抱负；后期的诗歌更注重描绘生活图景和个人心境，创作了大量雅丽精绝、脱去流俗的诗篇。特别是晚年的诗作，以其独特的风格和写法被人们称为"王荆公体"。

王安石的前期诗歌大都反映社会现实，抨击社会上的黑暗面，具有强烈的政治意味。如《商鞅》诗：

自古驱民在信诚，一言为重百金轻。
今人未可非商鞅，商鞅能令政必行。②

这首《商鞅》诗歌正是对群臣攻击变法所作出的有力驳斥，诗中既表达了王安石对商鞅的敬仰之情，也表达了他坚定变法的决心。

王安石的后期诗歌则从他第二次辞相开始，此时的王安石远离了波

---

① 王安石：《王安石文集》，刘成国点校，中华书局2021年版，第662页。
② 王安石：《王安石文集》，刘成国点校，中华书局2021年版，第535页。

诡云谲的政治中心，退隐江宁，心境发生了巨大的转变，隐居钟山使他的生活慢慢趋于平静淡泊，投归于自然。诗歌的风格从针砭时弊的政治诗向借景抒情、咏物言志诗的转变；从古诗、乐府等长篇诗体向律诗、绝句的转变。如他写给老友杨德逢的诗《书湖阴先生壁》：

茅檐长扫净无苔，花木成畦手自栽。
一水护田将绿绕，两山排闼送青来。[1]

作者在诗中刻意用典和对偶，描绘了好友家浓郁的生活气息，语言流畅自然，诗风朴素清新，表达了王安石退居田园的闲适心情。

五、自学成才的诗人王安国

王安国（1028—1076），字平甫，生于宋仁宗天圣六年（1028）王益知四川新繁任所。安国比安石小7岁，是王安石的大弟弟，与弟王安礼、侄子王雱合称"临川三王"。

王安国的生平事迹在王安石作的《王平甫墓志铭》中基本上述说清楚了。安国自幼聪明过人，器识磊落，文思敏捷，从未正式拜过老师，可以说是自学成才。他很小的时候写的文章就很通顺，能作词。12岁时出示所作的诗、赋、铭、论数十篇给人看，语句通顺精炼，受到社会名流的一致称赞，就连一些文人学士都很佩服。13岁时，他路过南昌滕王阁，题了一首《题滕王阁》诗，轰动文坛。宋·吴曾《能改斋漫录》卷十一《记诗》有记载："王平甫年十三，登滕王阁，赋诗云：'滕王平昔好追游，高阁依然枕碧流。胜地几经兴废事，夕阳偏照古今愁。城中树密千家市，天际人归一叶州。极目烟波吟不尽，西山重叠乱云浮。'诗后注：时张侯见而异之，为启宴张乐于其上。"[2] 就是说，郡守张侯见而异之，特设宴奏乐于阁，以示庆贺。诸多《诗话》《笔记》争相传记，就连《宋诗纪事》都收录了这首诗，这则趣闻，几百年来一直传为文坛佳话。

---

[1] 王安石：《王安石文集》，刘成国点校，中华书局2021年版，第475页。
[2] 傅林辉：《王安石世系传论》，长江文艺出版社2000年版，第141页。

安国虽然才华横溢,但科举之路并不顺畅,科举考试屡次不中。熙宁元年(1068),王安国已是40岁。朝廷大臣韩绛向皇帝举荐王安国,极力赞扬他的学问、才能、德行。经神宗召试,于熙宁元年七月赐进士及第,获封西京国子监教授。任满后回到京城,皇帝因他是王安石的胞弟,特赐诏对,与之议天下大事。在京城期间,王安国对王安石的变法有所看法,甚至持有不同意见,颇有微词,这本属正常。当皇帝问道"你哥安石管理国家大事,外面有何议论"时,安国马上回答"只恨知人不明,聚敛太急了",皇帝听了很不高兴,对他未予重用,只授予崇文院校书,后又改秘阁校理等职①。后来一度被撤职,放归故里。据《宋史·王安国传》载:王安石罢相后,吕惠卿遂以郑侠事陷害王安国,并削去安国职。后来神宗虽然恢复其官职,令复职刚下达不久,安国还未赴任,就已病死,享年47岁,葬江陵母夫人之墓左侧。

安国不但文采出众,还是个孝道之人。他长期尽心尽力侍奉母亲,广结善友,因母丧而未能参加进士考试,在家守墓三年。兄弟之间也是非常和睦。王安石进入仕途后,经常带安国在身边,与他诗词唱和,与他一起游玩,带他去结交朋友,会见名流。当安国科举考试不中,心中异常苦恼时,王安石对他特别关心安慰,为此写了《离北山寄平甫》《平甫如通州寄之》等诗,开导他不必以功名进取为意,表达了兄弟间的关爱之情。王安国英年早逝后,王安石为他作有《王平甫墓志》曰其"年止于四十七,八月十七日不起",记录了王安国的逝世时间,称赞王安国"孝友,养母尽力"②。

安国读书很广泛,学问渊博,于书无所不通,于词无所不工,能诗善文。他的毕生成就主要体现在文学上,是北宋著名的诗人、词人,在王氏家族中,其文学成就仅次于王安石。

曾巩有《王平甫文集序》,对王安国的诗文作了介绍和评价。其文曰:

> 王平甫既没,其家集其遗文为百卷,属予序。

---

① 傅林辉:《王安石世系传论》,长江文艺出版社2000年版,第143页。
② 王安石:《王安石文集》,刘成国点校,中华书局2021年版,第1578页。

> 平甫自少已杰然以材高见于世。为文思若决河，语出惊人，一时争传诵之。其学问尤敏，而资之以不倦，至晚愈笃，博览强记，于书无所不通，其明于是非得失之理为尤详。其文闳富典重，其诗博而深矣。
>
> 平甫之文能特见于世者也。世皆谓平甫之诗宜为乐歌，荐之郊庙；其文宜为典册，施诸朝廷，而不得用于世……古今作者，或能文不必工于诗，或长于诗不必有文，平甫独兼得之。其于诗尤自喜，其忧喜、哀乐、感激、怨怼之情，一于诗见之，故诗尤多也。①

曾巩在序中的两段评述，表明了四点：一是王安国生前文字很多，遗文可编为百卷；二是王安国的学问很高，"以材高见于世"，学问尤敏，孜孜不倦，至晚愈笃，于书无所不通，勤奋好学；三是王安国的文章特色，"为文思若决河，语出惊人"，文章"文闳富典重"，诗歌"博而深矣"。四是王安国的诗文成就很突出，"独兼得之"，"一时争传诵之"，他的诗歌"宜为乐歌，荐之郊庙"，他的文章"宜为典册，施诸朝廷"，在社会上产生了广泛的影响。曾巩对王安国的诗文成就的点评确是精当得体。

北宋著名"江西诗派"诗人陈师道为《王平甫文集》写了跋，即《王平甫文集后序》，文曰：

> 其同时有王平甫，临川人也，年过四十始名荐书群下士，历年未几，复解章绶归田里，其穷甚矣，而文义蔚然，又能于诗，惟其穷愈甚，故其得愈多，信所谓人穷而后工也……平甫之时，其志抑而不伸，其才积而不发，其号位执力不足动人而人闻其声，家有其书，旁行于一时而不达于千世，虽其怨敌不敢议也，则诗能达人矣！未见其穷也。②

陈师道在《王平甫文集后序》中同样对王安国的诗文成就给予了高

---

① 曾巩：《曾巩集》，陈杏珍、晁继周点校，中华书局1984年版，第201页。
② 傅林辉：《王安石世系传论》，长江文艺出版社2000年版，第158页。

度称赞，认为王安国"文义蔚然，又能于诗"，人穷志坚，"惟其穷愈甚，故其得愈多，信所谓人穷而后工也"；认为王安国"志抑而不伸，其才积而不发""家有其书，旁行于一时而不达于千世""怨敌不敢议也""诗能达人矣！未见其穷"。王安国才华出众，志气高洁，文章为人称赞，连那些平时攻击敌视王氏家族的小人都不敢妄议。王安国是个精神富有者，陈师道的点评真是新颖独到。

王安国尤以填词见长，《全宋词》中，收集到王安国的词虽然只有三首，即《点绛唇》《清平乐·春晚》《减字木兰花·春情》。但可从其中看出他的词风，华丽婉媚，缠绵含蓄。

如他的《清平乐·春晚》一词：

留春不住，费尽莺儿语。满地残红宫锦污，昨夜南园风雨。
小怜初上琵琶，晓来思绕天涯。不肯画堂朱户，春风自在杨花。①

这是一首描写残春落花景象的词。结句"不肯画堂朱户，春风自在杨花"写的是杨花，实则是作者人格的自我写照，表明词人不肯凭借兄长势力来猎取高官的情怀。有评论者称此词"结笔品格自高"，确是一语中的。

又如他的《减字木兰花·春情》一词：

画桥流水，雨湿落红飞不起。月破黄昏。帘里余香马上闻。
徘徊不语，今夜梦魂何处去。不似垂杨。犹解飞花入洞房。②

这是一首描写相思之情的词。文句委婉缠绵，"画桥流水，雨湿落红飞不起"，勾画出一片暮春的景色，使人顿生春情。"徘徊不语，今夜梦魂何处去"一句，写忆念之深，相思之苦。特别是结尾两句，景语即情语，真是妙语天成。

---

① 唐圭璋：《全宋词》，中华书局1996年版，第5256页。
② 唐圭璋：《全宋词》，中华书局1996年版，第5256页。

他的《点绛唇》一词：

秋气微凉，梦回明月穿帘幕。并梧萧索。正绕南枝鹊。

宝瑟尘生，金雁空零落。情无托，翼云重掠，不似君恩薄。①

这是一首宫辞，委婉含蓄，辞美意深，表达作者心中不平之情怀。

安国也善于写诗。《全宋诗》卷二十四收录了王安国诗五首，即《题滕王阁》《记梦》《杭州呈胜之》《春》《句》，内容多为登山临水、写景抒情之作。

如他的《题滕王阁》一诗：

滕王平昔好追游，高阁依然枕碧流。
胜地几经兴废事，夕阳偏照古今愁。
城中树密千家市，天际人归一叶舟。
极目烟波吟不尽，西山重迭乱云浮。②

如前所述，这首诗是王安石13岁登滕王阁时所作的。诗的前四句是从追述历史来感怀。诗的一、二句是述史，三、四句是述怀，后四句是描写景色来感怀。一切"景语皆情语"，景中传情，这是古诗的传统写法，安国用得恰到好处，情景交融，传情达意，难怪郡守张侯见诗后会为诗意所打动，设宴阁上以示庆贺。小小年纪，大大胸怀，安国这首诗把滕王阁的气派，把胸中的情怀，抒发得灵动非凡，让人叹服，吟唱不尽。

又如他的《记梦》一诗云：

万顷波涛木叶飞，笙箫宫殿号灵芝。
挥毫不似人间世，长乐钟声梦觉时。③

---

① 唐圭璋：《全宋词》，中华书局1996年版，第5256页。
② 傅璇琮：《全宋诗》，北京大学出版社1991年版，第7530页。
③ 傅璇琮：《全宋诗》，北京大学出版社1991年版，第7530页。

这首绝句写得离奇瑰丽，前三句写梦中，第四句写梦醒，诗作想象丰富，让人吟味无穷，堪为上品之作。

又如他的《杭州呈胜之》一诗云：

> 游览须知此地佳，纷纷人物敌京华。
> 林峦腊雪千家水，城郭春风二月花。
> 彩舫笙歌吹落日，画楼灯烛映残霞。
> 如君援笔宜摹写，付与尘埃北客夸。①

这首律诗描写杭州"敌京华"的名胜风光，表达了诗人对杭州美景名胜的热爱之情。特别是诗中的联句"林峦腊雪千家水，城郭春风二月花""彩舫笙歌吹落日，画楼灯烛映残霞"对偶极为工整，是描写山水胜景的佳句。

王安国虽是英年早逝，但在众多的诗话中，记录关于他的社会活动、诗文趣闻佳话不下百数十条。透过这些趣闻，我们可以领略王安国的音容笑貌，体形风姿，道德情操。通过王安国与人交往的言笑、评说，可以看出安国、安石兄弟间的关系并非因新法而不睦，而是亲情笃厚。

王安石在《平甫墓志》中记述安国"年十二，出其所为铭、诗、赋、论数十篇，观者惊焉。自是遂以文学为一时贤士大夫誉叹"。可惜，安国所作诗文大多散失，否则，王安国在北宋文坛上会占有更重要的地位。据《中国文学家大辞典》介绍，王安国留下的著述有文集六十卷（又称《王校理集》）传于世。《宋史·艺文志》载有此书，《四库全书》亦收藏了此书。

六、北宋名臣王安礼

王安礼（1034—1095），字和甫，是王安石的三弟。生于宋仁宗景祐元年（1034），《宋史》有传。宋嘉祐六年（1061）三月登进士第，授大

---

① 傅璇琮：《全宋诗》，北京大学出版社1991年版，第7530页。

名府莘县（今属山东省）主簿。至嘉祐八年（1063）八月，因母丧移职。治平二年（1065）八月孝满后，调任池州司户参军。王安礼因在唐介幕下工作努力，才能突出，被宋神宗召为著作佐郎、崇文院校书，入集贤院。王安石退居金陵后，王安礼知润州（今江苏镇江市），湖州（今浙江吴兴县），开封府（今河南开封市）判官，直舍人院，同修起居注（掌管皇帝的起居法度，是亲近皇帝的官），后进知制诰，以翰林学士知开封府。元丰四年（1081）拜尚书右丞，次年转左丞，成为执政大臣，参与执政议事。元丰七年（1084），终因多次谏阻神宗派兵攻打西夏，被御史张汝贤所劾，以端明院学士知江宁府（今江苏南京）。元祐年中加资政殿学士，先后任扬州、青州、蔡州、苏州等知州，永兴知军。绍圣二年（1095），任太原知府，卒于任所，享年62岁，赠银青光禄大夫，封太师魏国公。《金陵新志》对王安礼做了简明中肯的介绍："官至左丞，姿貌魁伟，有口辨，常以经纶自任而略细谨。"基本上道出了王安礼的音容笑貌和一生简历。

王安礼年轻时不但才华出众，而且分析能力强，遇事能客观判断分析，不盲从，有正义公道之心。他为枢密使吕公弼出谋献策，很得吕公弼的赏识，遂荐安礼入朝。元丰年间，苏东坡因为写诗攻击新法，酿成"乌台诗案"，被神宗皇帝下令抓起来下狱。事关重大，在场的大臣都不敢保奏，而王安礼却积极参与营救，王安石也亲自上书营救，这样苏东坡才得以免死被释放，贬为黄州（今湖北黄冈）团练副使。王安礼后以翰林学士知开封府事。安礼到任后，开封府留下的积案很多，未处理的人员达几万人之多。安礼判事果断，仅三个月的时间便将那些积案处理完毕，"囚室皆空"。连辽邦使节都钦佩感叹，夸奖王安礼的能干。"安礼能勤吏事，骇动殊邻，于古无愧"[1]，神宗皇帝为有这样的能臣而高兴，遂提拔重用王安礼，加封为尚书右丞，尚书左丞。

王安礼做过很长时间的地方官，从50岁以后一直在地方辗转十多年，且大多是任地方军政长官。在地方任上，他基本做到了勤勉政事，办事果断，有头脑，勤分析善判断。王安礼中进士较晚，年近30岁才进士及第。

---

[1] 傅林辉：《王安石世系传论》，长江文艺出版社2000年版，第194页。

他没有依附兄长王安石相位的势力，而是自力奋斗，工作始终兢兢业业，元丰间官至尚书左丞。王安礼作为北宋的大臣，历代笔记诗话中都记录了有关他的为官、为政、为民、为文等许多史实和轶事。

王安礼不但为官办事干练，颇有政绩，而且他擅长诗文，亦为历代文人钦佩赞赏，津津乐道，称得上是北宋有声誉的诗人。《四库全书》《豫章丛书》现辑有《王魏公集》八卷，内有诗、墓志铭、祭文，还有诏、制、诰、札子、策问、表、状、启、书、记、疏、青词、朱表以及斋文、祝文等凡十八体，共300多篇。

安礼今存诗43首。他的诗虽多为歌功颂德之作，但亦有真实地反映个人的生活实践和思想情感。这些诗用笔平实，构思精细，叙事、议论、抒情融为一体，突出了自己的诗歌艺术特色。

现列举他的两首七律诗：

恭和御制上元观灯

銮舆清晓出瑶台，羽卫瞻迎扇影开。
凤阙张灯天上坐，鸡林献曲海边来。
修文可笑秦无策，能赋休夸楚有才。
星汉未斜钧乐阕，君王宣示万年怀。①

琼林苑赐燕饯留守太尉辄继元韵

名德从来重四夷，朝廷今日见官仪。
陪祠自冠三公位，分陕犹为百辟师。
金谷望尘多眷旧，琼林赐饯尽巫疑。
都人喜看旂旌美，宁识勋名在鼎彝。②

王安礼在任北宋朝廷同修起居注官职时，由于近距离接近皇帝，掌录皇帝起居法度，对官场生活多有体会。他的这两首七律诗就是当时生

---

① 傅璇琮：《全宋诗》，北京大学出版社1991年版，第8691页。
② 傅璇琮：《全宋诗》，北京大学出版社1991年版，第8688页。

活真实的写照。前一首描绘开封上元节皇帝出游时的热闹景象,赞颂北宋王朝的太平盛世。后一首描写参加琼林苑赐宴的心情及对留守太尉功勋的赞誉。这两首诗虽说思想性不强,但却写得对仗工整,音律和谐。

王安礼的诗作中也有些写景游记之作。如他的《游齐山》一诗云:

曾随嘉客在层峦,秋色阴晴一望间。
洞外暂来云缥缈,林端时露小湾环。
维舟暇日来寻胜,经世高才却爱闲。
闻说使君歌舞去,盛游应不减东山。①

这首记游诗,写了齐山的风光,抒发了诗人登山临水的愉悦心情,用词精准,对仗工整。

王安礼亦能填词。《全宋词》存词三首,分别为《万年欢》《点绛唇》《潇湘忆故人慢》,内容多为男欢女爱、相思离别之作,未脱词为艳科的藩篱。

如他的《点绛唇》一词:

春睡腾腾,觉来鸳被堆香暖。起来慵懒。触目情何限。
深院日斜,人静花阴转。柔肠断。凭高不见。芳草连天远。②

这首词采用渲染的手法,抒写了思妇的思念深情,写得蕴藉缠绵,令人击节抚叹。

又如他的《潇湘忆故人慢》一词:

薰风微动,方樱桃弄色,萱草成窠。翠帏敞轻罗。试冰簟初展,几尺湘波。疏帘广厦,寄潇洒、一枕南柯。引多少、梦中归绪,洞庭雨棹烟蓑。

---

① 傅璇琮:《全宋诗》,北京大学出版社1991年版,第8688页。
② 唐圭璋:《全宋词》,中华书局1996年版,第5271页。

惊回处，闲昼永，但时时，燕雏莺友相过。正绿影婆娑。况庭有幽花，池有新荷。青梅煮酒，幸随分、赢得高歌。功名事、到头终在，岁华忍负清和。①

这是一首慢词，由怀念故人引发思绪，抒发了人生感慨。在盛行写小令的北宋词坛，王安礼能步张先、柳永之后写慢词，说明他在词的形式发展史上有着自己独特的追求。他应在词史上占有一定的地位。

七、英年早逝的才子王雱

王雱（1044—1076），字元泽，王安石长子，北宋学者、诗人。他自幼聪慧好学，知识渊博，善诗文。《梦溪笔谈》载："王元泽数岁时，客有以一獐一鹿同笼以献，问雱：'何者为獐？何者为鹿？'雱实未识，良久对曰：'獐边者是鹿，鹿边者是獐。'客大奇之。"王雱未冠已著书数万言，治平四年（1067）举进士，授旌德（今安徽旌德）县尉、太子中允、崇政殿说书，迁天章阁待制兼侍讲。熙宁九年（1076）升龙图阁直学士，因病未上任，不久病故，年仅32岁。卒赠谏议大夫。

王雱才高志远，极力支持其父王安石变法。为确立变法的理论依据，他参与修撰《诗》《书》《周官》三经新义，作策30余篇言天下事。他还致力于佛道两家思想的探索研究，并有不少新的创见，著有《老子训传》《佛书义释》《南华真经新传》，注过老子的《道德经》。但多已亡佚失传，今存《南华真经新传》和少量诗词。

历代别有用心的文人墨客，出于对王安石变法的偏见，出于对王安石的诬蔑、攻击、诽谤、中伤的需要，对王雱形象的丑化、抹黑也就成了必然。对此，当代的著名历史学家郭沫若在他的《历史人物·王安石》中，除了对王安石作了简单的介绍和中肯的评价外，还用了一句话，正确地评价了王雱。他在文中说："王安石的儿子王雱早卒，邵雍的儿子邵伯温说他是疯子，事实上是一位品学兼优的人。"《临川县志》《中国文学家大

---

① 唐圭璋：《全宋词》，中华书局1996年版，第5270页。

辞典》等都做了类似的介绍评价。清代学者李绂、蔡上翔等也进行了考据,对《宋史》中的《王雱传》里面的不实之语、诬蔑中伤进行了驳斥。王雱从小聪明好学,知识渊博,历代都有很多记载。王雱确实做了大量的社会工作,就连怀恨新法的反对派也不得不承认,从他们的恶意中伤中也能看出王雱一直是父亲王安石变法的得力助手和有力支持者。

王雱的早丧,使王安石失去了一个爱子,也失去了一个好的助手。老年丧子,子先父折,对王安石的晚年打击很大,也给他心底带来深深的伤痛。他在《题雱祠堂》一诗中就流露出怀念儿子的情感:

> 斯文实有寄,天岂偶生才。
> 一日凤鸟去,千秋梁木摧。
> 烟留衰草恨,风造暮林哀。
> 岂谓登临处,飘然独往来。①

王雱祠堂在宝公塔院。王安石用"凤凰去""梁木摧""衰草恨""暮林哀"等词句寄托痛失爱子的哀思。

另外还有一首《题永庆壁元泽遗墨数行》诗:

> 永庆招提墨数行,岁时风露每凄伤。
> 残骸岂久人间时,故有情钟未可忘。②

此诗当是写于王雱死后不久,王安石看到王雱留下的遗墨而触景伤情,思念儿子。

对于王雱的早逝,王安石的好友曾巩写了《祭王元泽文》,表达了其哀悼惋惜之情:"今其亡矣,人孰助予?""相君白首,陨涕悲创,归公朝夕,曰予天丧""备数胶庠,辱赐则深。闻问恻然,疾首薰心。循祭以辞,其

---

① 王安石:《王安石文集》,刘成国点校,中华书局2021年版,第212页。
② 王安石:《王安石文集》,刘成国点校,中华书局2021年版,第476页。

或来归"。①

王雱不仅懂经术，有文才，亦能写诗填词。《词林纪事》记载了一则王雱即兴填词的故事："王元泽一生不作小词。或者笑之，元泽遂作《倦寻芳慢》一首。时服其工，今人多能诵之，然元泽自此亦不复作。"《中国文学家大辞典》亦有类似的记载。《全宋词》收录了王雱这首词，录于后：

露晞向晚，帘幕风轻，小院闲昼。翠径莺来，惊下乱红铺绣。倚危栏，登高榭，海棠着雨胭脂透。算韶华，又因循过了，清明时候。

倦游燕、风光满目，好景良辰，谁共携手。恨被榆钱，买断两眉长斗。忆高阳，人散后，落花流水仍依旧。这情怀，对东风、尽成消瘦。②

这首词是王雱的孤篇佳作。此词虽是吟咏春愁，上片描写暮春景象，下片抒发伤春意绪，也不免融入了作者的家国身世之感。在写法上，它由景及情，上片景中有情，下片以情带景，笔锋细腻，用语婉媚，韵致十足，确实是青年诗人的佳篇力作。今人张葆全主编的《中国古代诗话词话辞典》指出："王元泽才思如此敏捷，却作一首词就不再动笔，实是词史上的一件怪事。"

对于诗，王雱也是颇有造诣的，有作品传世。《宋诗纪事》《江西诗证》录其存诗5首。

如他的《度关山》一诗云：

万里度关山，关山三尺雪。
马尽雪亦干，沙飞石更裂。
归来三五骑，旌旗映云灭。
不见去时人，空流碛中血。③

---

① 曾巩：《曾巩集》，陈杏珍、晁继周点校，中华书局1984年版，第786页。
② 唐圭璋：《全宋词》，中华书局1996年版，第5348页。
③ 傅璇琮：《全宋诗》，北京大学出版社1991年版，第11314页。

这首诗写得悲壮激烈,有唐边塞诗的遗风。用短短八句诗来揭示战争的残酷。

又如他的《绝句二首》之一云:

> 一双燕子语帘前,病客无憀尽日眠。
> 开遍杏花人不到,满庭风雨绿如烟。①

这首小诗中的第二句是写人,其他三句,即一、三、四句组成了一幅完整的幽静春色图,画面清新可人,而这位清闲却又尽日睡眠的病客似乎正为这幅画面增添了情趣。

《绝句二首》之二云:

> 霏微细雨不成泥,料峭轻寒透夹衣。
> 处处园林皆有主,欲寻何地看春归?②

这首绝句是一首送春诗。送春归不免让人惆怅,而欲送春却又不知送何处,就使惆怅之情更翻进一层,让人愁中加愁,这是本诗的特色。

《绝句二首》写得清新隽永,具有父亲王安石诗风的遗传。

如他的《钟山》一诗云:

> 当年睥睨此山阿,欲著红楼贮绮罗。
> 今日重来无一事,却骑羸马下坡陀。③

这首诗写得含蓄委婉,用语精巧,是一首可传诵之作。

如他的《翠云寺》一诗云:

---

① 傅璇琮:《全宋诗》,北京大学出版社 1991 年版,第 11315 页。
② 傅璇琮:《全宋诗》,北京大学出版社 1991 年版,第 11315 页。
③ 傅璇琮:《全宋诗》,北京大学出版社 1991 年版,第 11314 页。

寺古无邻家，千山抱虚碧。
门开猿鸟路，殿锁烟霞积。
老木森回溪，飞湍自淙激。
曾无车马到，绝境闻今昔。
逍遥贤大夫，肯此携佳客。
鸣驺清晓来，归时日常昃。
不使讼庭空，谁能傲泉石？①

翠云寺位于金溪县翠云山，唐大中时僧慧林开建，为县境内最古的寺庙。诗中描写了翠云寺古老的历史，幽静的环境，抒发了诗人热爱家乡山水之情，是王雱诗中的佳篇。

关于王雱的诗，宋·刘克庄在《后村诗话》中认为其诗"殊有乃翁思致"。也就是说，王雱的诗继承了父亲诗风的传统。以上所引述的几首诗，诗歌风格豪爽明快，艺术手法高妙新颖，不愧为王氏大家之后。

第三节　结亲金溪吴氏

临川王氏家族，随着王贯之与王益相继入仕，逐渐成为一个地方性的名门望族。临川王氏的姻亲由以前的平民家族转为结亲当地的名门望族。金溪吴氏起家比临川王氏早，有着更为浓厚的文化氛围和家族底蕴。始祖吴谦的次子吴英在五代时期就是进士，吴英之子吴表微于雍熙二年（985）进士及第，官至尚书屯田员外郎，吴谦长子吴德筠亦官至尚书屯田员外郎，吴德筠长子吴敏，淳化三年（992）进士及第，后官至尚书员外郎。他们都比临川王氏第一位进士王贯之入仕要早。因此，随着临川王氏的崛起，金溪吴氏家族成为临川王氏结亲对象，亦可以说是门当户对、顺理成章的事。

---

① 傅璇琮：《全宋诗》，北京大学出版社1991年版，第11315页。

一、金溪吴氏家族

吴氏出自姬姓,以国为氏。周太王古公建周国,晚年欲传位于三儿子季历,长子太伯和次子仲雍自动让贤,远到江南,以农为业。后由太伯建立吴国。周朝建立后,武王封太伯第三世孙周章为侯,改国号为吴。后被越国所灭,其王族子孙便以吴为姓,太伯也就成了天下吴姓之始祖。

金溪柘冈吴氏由延陵吴氏繁衍下来,延陵吴氏一直以来都是名门望郡。汉文帝时则有吴公为河南太守,天下称治第一,东汉则有吴汉为大司马,封侯爵。传至吴简生宣城公,宣城公随父居蜀阆州,即今四川保宁府。五代时蜀王孟知祥以其女妻之,宣城公后举家徙之江南,生三子:吴纶、吴经、吴绍。宣城公则是江南吴氏之始祖。

(一)始祖吴谦及其儿子吴德筠、吴英

金溪吴氏始祖吴谦是宣城公之孙。金溪《城湖吴氏族谱》谱序记载:

> 宣城公,简公长子,为南丰始祖,名机察,字守德,唐僖宗乾符元年(874)四月十五日未时生,后汉隐帝乾祐三年(950)庚戌卒,寿七十七岁,岁明年,后周太祖广顺元年(951)辛亥九月葬南丰世贤乡。

又载:

> 绍公,宣城公三子,生于天祐七年(910)庚午七月初三日未时,殁于宋太宗淳化五年甲午四月初三日戌时,享年八十五岁,葬金斗前案坪山下,生五子,九府、十四府谦、十六府、十七府、十八府。
>
> 谦十四公,号逊翁,生于后唐同光癸未年(923),有弟三:谨、议、让。世居饶州五采山,公性恬淡,不喜仕,进官评事,旋即辞归,恣意游览,遍历诸胜。至柘冈,见山水秀丽,遂举家居焉。葬十六

都黄叶山，生子四，长子德筠、次英、其二仍留祖居。①

从《城湖吴氏族谱》中我们知道，金溪柘冈吴氏始祖是吴谦，吴谦的祖父宣城公吴机察是南丰吴氏之始祖，其三子吴绍迁居饶州五彩山。吴绍生五子，次子吴谦性情恬淡，不喜欢仕途所束缚，虽曾任职过大理评事，但不久就辞官还乡。吴谦爱好山水，经常四处游览名山胜水，一次路过柘冈，见这里山水秀丽，景色宜人，于是举家从饶州迁到金溪柘冈定居。吴谦亦正式成为金溪吴氏始祖。吴谦生四子，长子吴德筠，次子吴英随父亲迁居金溪柘冈，其他二子仍留在饶州。

金溪吴氏起家从吴谦的长子吴德筠、次子吴英开始。吴德筠，吴谦长子，生于后晋开运二年（945），金溪《城湖吴氏族谱》记载其辅佐宋太祖定天下，官至尚书屯田员外郎，尚书屯田员外郎隶属工部，从六品。次子吴英，五代时期进士，曾任职殿中丞。吴德筠与吴英兄弟俩做过京官，官阶虽不高，只不过是从六品与从五品，但这对于处在江南的一个小县城来说亦是京城大官员，其家族成为地方豪门大族亦是在情理之中。吴德筠娶妻黄氏，生七子，长子吴敏，次子吴畋，三子吴孜，另外四子别居他处，谱中并未记载。继娶崔氏，生一女吴氏，嫁给南丰世家的曾易占为妻，即曾巩的母亲。吴英生一子吴表微。

（二）王安石外祖父吴畋三兄弟

吴德筠的长子吴敏和侄子吴表微都是通过科举入仕。吴敏、吴表微兄弟在长辈吴英进士及第后世也通过科举进入了仕途。他们兄弟通过科举考试踏入仕途，进一步巩固了金溪吴氏家族的世族地位。

吴表微，吴英之子，王安石外祖父吴畋堂兄弟，雍熙二年（985）进士及第，官至尚书屯田员外郎。金溪《城湖吴氏族谱》对其记载比较简略，只有寥寥数语："英公之子，讳表微，雍熙乙酉进士，官尚书屯田员外郎，妣氏，生子一：偃。"

① 金溪县陈坊乡《城湖吴氏族谱》（三修），1929 年修。现藏于抚州市中国戏曲博物馆。

吴敏，字元中，吴德筠长子。生于宋开宝元年（968），王安石外祖父吴畋之长兄。淳化三年（992）进士及第，后官至尚书员外郎。吴敏孝顺父母，尊重长辈，关爱邻里朋友，做人以诚实守信为本，深得邻里乡亲的尊敬和爱戴。《抚州府志》卷六十三记载他"为人孝友忠信，乡里称其为长者"。金溪县陈坊乡《城湖吴氏族谱》对吴敏的家庭关系记载比较详细：

> 吴敏，德筠公长子，讳敏，字元中，生于宋开宝戊辰年（968），登淳化壬辰进士，官至尚书都官员外郎，任湖广宣抚使，妣曾氏，户部郎中曾致尧女，封河东太君，生子二：蕃、蒙，女配朱价之，公夫妇合葬临川七十七都吴坊。副室饶氏，生子二：芮、蕢。①《王荆公年谱考略》称："敏之配谢氏。"②

从《城湖吴氏族谱》与《王荆公年谱考略》的记载中可以得知，吴敏24岁考中进士，可谓少年得志。吴敏先娶谢氏为妻，谢氏应该无出，才纳小妾饶氏，生长子吴芮、次子吴蕢。谢氏去世后续娶南丰诗礼世家曾致尧之女曾氏为妻。曾致尧，南丰人，太平兴国八年（983）进士，比吴敏早9年中进士。曾致尧比吴敏大21岁，可以算得上是吴敏的长辈。曾致尧非常欣赏吴敏的才华，再加上两人又是同乡，之间的交往较多，彼此之间也了解较深。谢氏去世后，曾致尧便将女儿嫁给吴敏，曾氏生二子：吴蕃、吴蒙。

吴敏夫人曾氏，是北宋立国以来南丰第一位进士曾致尧的女儿，北宋醇儒曾巩的姑母，出生于诗礼之家的曾氏从小就受到极好的家庭教育，饱读诗书，知识渊博，为人宽厚有礼。王安石称赞其"自司马氏以下史所记世治乱、人贤不肖，无所不读。盖其明辨智识，当世游谈学问知名

---

① 金溪县陈坊乡《城湖吴氏族谱》（三修），1929年修，现藏于抚州市中国戏曲博物馆。
② 傅林辉：《王安石世系传论》，长江文艺出版社2000年版，第272页。

之士，有不能如也"①。在其悉心教育下，吴敏四个儿子中吴芮、吴蒙皆考中进士。王安石的妻子吴琼从小就养在祖母曾氏身边，深得其教导，成为北宋时期具有较高文化修养的女性。史载其能文，尝有小词约诸亲。

吴畋，字晋中，王安石的外祖父，生于宋开宝五年（792），娶妻黄氏。在王安石的所著文章中，对外祖父吴畋基本上没有提及，但对外祖母黄夫人，王安石在《外祖母黄夫人墓表》中给予了较高的评价："夫人渊静裕和，不强而安，事舅、姑、夫，抚子皆顺适。又喜书史，晓大致，往往引以辅导处士，信厚闻于乡。子为士，无亏行，繄夫人之助。"②从王安石的《外祖母黄夫人墓表》可以得知黄夫人是位德才兼备的女性，在吴家具有很高的威望。她性情温和，为人随和安宁。且喜爱读史书，通晓大义，明达事理，以诚实敦厚闻名于乡里。她引导丈夫吴畋，教导儿子为人处世，可谓是"事舅、姑、夫、附子，皆顺适"。

吴畋生三子一女，长子吴亿，次子吴冕、幼子吴华。女儿嫁给王安石父亲王益，追封魏国夫人。

吴孜，字念中，王安石外祖父吴畋之幼弟，吴德筠的次子。隐居不仕，生三子，长子吴肩孟，次子吴肩颜，幼子吴肩易。

（三）王安石岳父吴芮及诸表舅

金溪吴氏家族到第四代，有所作为的是在王安石外祖父的大哥吴敏这一支。吴敏生四子，长子吴芮，天圣二年（1024）进士，官秘书丞；次子吴蕡，字成之，亳州禄事参军；三子吴蕃，数次科考虽未中，但却极有才华；幼子吴蒙，宝元元年（1038）进士，官亳州司户参军。四子中就有二人进士，其他虽未中进士，但品德及才学都闻于乡里，为人称道。

吴芮，吴敏长子，王安石岳父。光绪《抚州府志》载："吴敏，金溪人……长子芮，天圣二年进士，官秘书丞，安石外舅。"吴芮不仅是王安石的表舅，还是王安石岳父。王安石曾在为吴敏妻子曾氏所写的《河东县太君曾氏墓志铭》中提道："某实夫人之外孙，而夫人归之以其孙者

---

① 王安石：《王安石文集》，刘成国点校，中华书局2021年版，第1722页。
② 王安石：《王安石文集》，刘成国点校，中华书局2021年版，第1565页。

也。"① 王安石的外祖父吴畋是吴敏的亲弟，王安石是金溪吴氏外甥，所以对外祖父兄弟吴敏的儿子吴芮等人亦称表舅。吴敏之妻曾氏极其喜爱王安石，遂将孙女吴琼，吴芮之女嫁给王安石，因而王安石又成了吴芮的女婿。吴芮无子，只生二女，长女吴琼嫁给王安石为妻，另有一女嫁给孙升。孙升字君孚，孙观之子，北宋高邮州人。治平二年（1065）进士，签书泰州判官。哲宗立，为监察御史，正法令，逐奸邪，多所建树。《宋史》卷三百四十七有传："孙升字君孚，高邮人。第进士，签书泰州判官。哲宗立，为监察御史。"②

吴蕡，字成之，吴敏次子。王安石为其撰写的《吴录事墓志》中称其"以恩荫入仕，历任吉州太和、袁州萍乡县主簿，尉蕲州石桥茶场，庐州司理，后又任职亳州、寿州、江宁府录事参军"③。从《吴录事墓志》得知，吴蕡并未考中进士，是以恩荫的身份进入仕途，一生辗转于江南各地，所任的官职也只是如主簿等小官职，仕途不显。在任职庐州司理时，因为人耿直，不肯屈从权贵。在审理案件时，能够坚持己见，经常按照事实去断案。上司多次提醒有些案子牵扯到一些达官贵人，让他稍加变通。但吴蕡置之不理，依然一丝不苟，依律办案。故其在官场上并不受上司待见，因而也很难得到举荐升迁。

吴蕡仕途不显，但其却能以孝友高行著称于世。王安石在《吴录事墓志》称赞道："君事亲孝，友于兄弟。与厌侈父母兄弟，宁穷困身妻子，故老妻长子，人不胜忧也，义不忍贸亲遗产，悉推兄弟。比没世，妻子遵约，乡人贤，以为难。君尝议狱，上官指教再三，君弗许再三，上官顾叹许。"④ 王安石用短短的几十个字，展示了吴蕡的品德操守：孝顺双亲，友爱兄弟，宁愿困苦自身也不累及他人，具有利他而牺牲自我的精神，这种精神至今亦弥足珍贵。

吴蕡娶妻饶氏，生二子二女，长子吴伟，次子吴豪，长女嫁给晏殊

---

① 王安石：《王安石文集》，刘成国点校，中华书局2021年版，第1722页。
② 刘成国：《王安石年谱长编》，中华书局2018年版，第20页。
③ 王安石：《王安石文集》，刘成国点校，中华书局2021年版，第1695页。
④ 王安石：《王安石文集》，刘成国点校，中华书局2021年版，第1695页。

侄子晏脩睦。晏脩睦曾任中散大夫，生子晏防。晏防（1063—1110），字宗武，官至通仕郎，为人宽厚而好学，有"循吏"之称。次女嫁给北宋著名诗人王令。王令是北宋仁宗时期在江淮一带颇负盛誉的青年诗人。嘉祐三年（1058），王安石多次写信给舅父吴蕡，希望能将颇有才华的女儿嫁给王令。在王安石的撮合下，吴蕡的次女嫁给了王令。不幸的是王令次年便在常州（今属江苏）病逝，年仅28岁。

吴蕃，字彦弼，吴敏三子，母亲曾氏，是南丰曾巩的姑母。吴蕃既是吴芮、吴蕡的同父异母的兄弟，又是曾巩的表兄。吴蕃生于宋大中祥符五年（1012），为人和气寡言，从来不议论他人的是非过失。曾巩在为其作的祭文当中写道："子之为人，温良沉实，寡笑与言，不随众浮，其举轩轩。"① 吴蕃一生酷爱学习，博览群书，尤其喜欢古文，对一些议论常常有自己独到的见解。曾经也想同父兄一样，能够将自己的才华授予帝王家，干出一番成绩，可是事与愿违，多次参加科举考试都是名落孙山。曾巩对其渊博的学识赞赏不已，更是对其多次落榜深感惋惜。他在《祭吴彦弼文》中写道："书无不讲，尤精左氏。连词累句，浩浩能记。秦汉至今，千载所录。子以一心，万事渟滀。识能议论，文可传道。偶长章刻句，独弃于子。"② 由于多次的科举不第，吴蕃难免志气消沉，郁郁寡欢，皇祐六年（1054）卒，享年43岁，葬于抚州金溪县归德乡石禀之原。

吴蕃一生未出仕，大部分时间都生活在金溪柘冈，王安石对这位颇有才华，却入仕无望的舅舅感情非常深厚。每次回临川探望亲人，王安石都会去金溪柘冈的外祖父家，探望外家亲人。吴蕃对这位外甥兼侄女婿的到来亦是满心欢喜，每每盛情招待。王安石对吴蕃中年去世极为惋惜，为其作墓志铭，对他的性格、爱好、学识、生平作了精简介绍：

> 君和易罕言，外如其中，言未尝极人过失。至论前世善恶，其国家存亡治乱成败所繇，甚可听也。尝所读书甚众，尤好古而学其辞，其辞又能尽其议论。年四十三，四以进士试于有司，而卒困于无所就。

---

① 曾巩：《曾巩集》，陈杏珍、晁继周点校，中华书局1984年版，第787页。
② 曾巩：《曾巩集》，陈杏珍、晁继周点校，中华书局1984年版，第787页。

其葬也，以皇祐六年某月日，抚州之金溪县归德乡石廪之原，在其舍南五里。当是时，君母夫人既老，而子世隆、世范皆尚幼。三女子，其一卒，其二未嫁云。①

从王安石撰写的墓志铭中我们可以了解到，吴蕡中年去世，生有二子三女，长子吴世隆，次子吴世范（字显道）。吴蕡去世时，两个儿子都还未成年，女儿也待字闺中。对于吴蕡的儿女成长，王安石是比较关注的，我们可以从《临川先生文集》中发现，王安石写过多首诗歌给吴蕡的次子吴世范，如《送吴显道》《怀吴显道》等。从王安石写给吴显道的诗歌中，我们可以看出王安石与吴蕡的后人来往还是比较频繁，且他们之间的感情也比较深厚。

吴蒙，子彦珍，吴敏之幼子，吴蕡的同父同母弟。宝元元年（1038）进士，官至濠州司户参军。据《城湖吴氏族谱》记载，吴蒙娶妻王氏，后迁居唐州，其生平及其子孙后代《城湖吴氏族谱》都未记载。刘成国在《王安石年谱考略》中不仅提到吴蒙为宝元元年（1038）进士，曾官濠州司户参军，而且还收集了《孙公谈圃》卷下有关吴蒙的记载：

> 琼崖四州，在海岛上，中有黎戎国，其族散处，无酋长，多沉香药货。余靖知桂州时，吴蒙为司户，管勾机宜文字，以卒五百安抚黎戎。蒙谓此不足以立功，即深入其地，反为掩杀。蒙下马请降，戎得蒙，待之甚厚，以女妻之。而蒙有子在琼州，令以银五十两造两饼，赎之。戎得饼，甚喜，遂放蒙还……蒙即荆公夫人之叔父。公先妻吴与荆公夫人同母，亲见蒙说如此。公再娶周，即春卿家，有贤行。②

《孙公谈圃》记载了孙升先后娶了两任妻子，第一任妻子与王安石的夫人吴琼是同父母的姐妹，孙升也是王安石岳父吴芮的女婿，吴蒙也就成了孙升的四叔父。因此，孙升对金溪吴氏家族的人员情况是比较清楚的。

---

① 王安石：《王安石文集》，刘成国点校，中华书局2021年版，第1692—1693页。
② 刘成国：《王安石年谱长编》，中华书局2018年版，第24页。

《孙公谈圃》中详细记载了一件有关吴蒙的事情：仁宗皇祐、至和年间，余靖知桂州，吴蒙当时管勾机宜文字。桂州所属地琼崖海岛上，居住着少数民族黎戎，此地又是名贵药物沉香的集散地。由于黎戎当时并没有统一的首领，群龙无首，经常发生一些贸易摩擦。地方行政长官决定诏讨黎戎，但吴蒙因贪功冒进，在不了解对方的情况下反而被掩杀，最终不得已投降，后其子以五十两银子将其赎回。从《孙公谈圃》记载的这件事情，我们可以大致了解到吴蒙中进士后仕途不显。

金溪吴氏与临川王氏一样，都是具有浓郁诗书氛围的诗礼之家。吴蒙作为金溪吴氏的第三代进士，受其家庭环境的影响，应该也是能诗能文的，但不知是何缘故至今都很难找到其诗文作品。我们只能从王安石写给吴蒙的诗中推测，吴蒙应该经常与王安石诗词唱和。如王安石的《次韵答彦珍》：

> 手得封题手自开，一篇美玉缀玫瑰。
> 众知圆媚难论报，自顾穷愁敢角才？
> 君卧南阳惟眇芴，我行西路亦风埃。
> 相逢不必嗟劳事，尚欲赓歌咏起哉。①

诗歌开篇就道出王安石收到吴蒙来信的喜悦，对吴蒙的文章毫不吝啬地赞美，认为其文章"宛若美玉上点缀着玫瑰"。能够得到一代文学宗师如此赞美，吴蒙应该是位极有才华的人。

王安石的外祖父吴畋生有三子，分别是吴亿、吴冕、吴华。王安石的这三位亲舅舅，《城湖吴氏族谱》记载极为简略，对其生平皆只字未提。王安石的文集当中也没有明确提到过有关他的三位亲舅舅，也没有诗文唱和。不知是诗文佚失，还是其三位亲舅舅文采一般，现不得而知。

① 王安石：《王安石文集》，刘成国点校，中华书局2021年版，第388页。

（四）王安石诸表兄弟

金溪吴氏到王安石同辈这一代，表兄弟甚众，但在诗文上有成就的依然在吴敏这支及吴表微的孙子吴兴宗、吴孝宗。

吴敏的次子吴蕡，生二子，吴伟、吴豪。王安石为其舅父吴蕡撰写的《吴录事墓志》云：

> 君讳蕡，字成之，世为抚州金溪人……二男子，伟、豪，长有志行如君。豪养寡姊妹，嫁孤甥，夫妇孳孳，乡人又以为难。①

《吴录事墓志》提到"长有志行如君"，我们得知吴蕡的长子吴伟，他的性情应该与父亲极其相似，因性情耿直，不阿谀奉承，一生也只是在地方担任小吏以养家糊口。《城湖吴氏族谱》对其记载极为简单，只寥寥数语道："伟公，蕡公长子，随公官奉江宁，遂家其地。"②

吴蕡次子吴豪，字特起，张邦基的外祖父。张邦基，字子贤，高邮人。著有《墨庄漫录》十卷，《宋诗纪事》称引其文达三十八条。是书多记杂事，兼及考证，尤留意于诗文词的评论及记载，较多地保存了一些重要的文学史资料。《墨庄漫录》有一段关于吴豪的记载：

> 邦基外祖父吴豪，字特起，世家临川。其兄仕于唐州而亡。因家江上，治田尚义，潜德不耀，荆公夫人之同祖兄弟也。荆公更新法，心不喜之，将授之官，力辞不愿。③

从这段记载我们可以得知吴豪应该一生并未出仕做官，靠经营田产过日子，为人孝顺父母，兄友弟恭，乐善好施。由于不赞成王安石的变法，一直拒绝王安石的推荐入仕，因而"潜德不耀"。但从侧面也反映吴豪的

---

① 王安石：《王安石文集》，刘成国点校，中华书局2021年版，第1695页。
② 金溪县陈坊乡《城湖吴氏族谱》（三修），1929年修，现藏于抚州中国戏曲博物馆。
③ 刘成国：《王安石年谱长编》，中华书局2018年版，第21页。

为人，他光明磊落，做人有原则、有底线，自己认定的事情绝不因名利而改变主意。

吴豪的二妹嫁给了高邮王令。王令婚后一年却不幸因病去世，留下怀有身孕的妻子。吴豪义不容辞地将妹妹接回家生养，其妹不久产下一遗腹女，吴豪承担其照顾孤儿寡母的责任。

吴颐，字显道，吴蕡次子。早年从学欧阳修，学识渊博，深得欧阳修赏识。太学生陈于等人因慕其才学，纷纷上疏朝廷，言其学识德行皆高，希望能够聘请吴颐为国子师，聆听其教诲。此时恰逢王安石为相，正在推行变法，为了避嫌，王安石将陈于等人的奏疏按压下来，吴颐最终没能进入太学任教。王安石退隐江宁后，吴颐跟随王安石于江宁游学，他的才气渐渐地闻名于江左。江东弟子闻其名声，赶来江宁求学者达数百人，一时名声大噪。著有《金溪先生文集》二十卷，可惜今已佚。《全宋诗》中只收录了吴颐十六首诗歌，如《月石》《过赤石湖有感寄献荆公》《江村》等。

吴显道不仅以文章学问轰动天下，他在治理地方政务上也是得心应手。宋代慕容彦逢在《送吴显道序》中记载吴显道在山阴任职情况："绍圣年间，山阴县的县令长期没有到任，导致该县衙门大小案例堆积如山，很多事务都没有及时处理，整个衙门的工作基本上处于停滞状态。为了解决这一问题，朝廷令吴显道暂时代替县令行使职权，管理山阴县政务。吴显道一上任，看到案牍上堆积如山的公文未处理，不慌不忙，将需要解决的事情按照情况的轻重缓急——亲自处理，从早到晚，片刻不歇，宣读审判结果的官吏都轮流更换了好几个人，吴显道却一直坚持审理，直到所有的积案全部处理好才停止。吴显道干净利落的办事能力得到大家的认同，一时之间，声名远播。从慕容彦逢记载的这件事情上可以看出，吴显道办事认真，效率高，处理地方政务的能力较强。只不过由于仕途不显，其治政能力无法实现而已。

吴显道从小就很钦佩王安石才识，治平四年（1067），王安石除翰林学士，未赴任，携子王雱从江宁归临川探亲，并到金溪外家探望诸表亲。年轻的吴颐对王安石的到来感到非常激动，常常围着王安石请教一些自己在诗赋、经学上遇到的问题。在王安石即将离开临川时，还特意从金溪赶往抚州相送,并请王安石父子赋诗。李壁《王安石诗笺注》卷十八《试茗泉》《跃马泉》诗序对此作了记录:"治平丁未,临川王公自江宁召还翰林,金溪吴显道追送至抚州,因语及金溪令君政事余暇,多得山水之乐,近以五题求诗于人。乃定韵各赋一诗,独王公为二,仍使其子同赋。"① 元丰年间,吴颐在金陵从学于王安石,王安石对这位才识过人的表弟甚是喜欢,写下《怀吴显道》《寄显道》《送吴显道南归》《送吴显道五首》等诗,这些诗歌既有作者对人生的感慨,亦有对表弟吴显道的思念,将王安石与吴显道之间的相互思念的亲情表露无遗。《全宋诗》收录了吴显道的诗歌《过赤石湖有感寄献荆公》就是写给王安石,描写了自己乘船经过赤石湖的感受"向此扡工犹恐惧,更堪风驭出苍惶",诗歌结尾两句"白首何时裕儋石,从容丈室问空王"亦表达了自己对未来命运的忧虑。

吴兴宗,字子善,吴偃长子,吴表微之长孙。父亲吴偃因残疾而不能出仕,家道中落,只是守着几亩薄田过日子。吴兴宗在20岁之前,父亲吴偃虽然身患残疾,但由于有母亲的照料,吴兴宗此时的人生目标还是以通过读书科举入仕。不幸的是,在他20岁时母亲去世,"年二十丧母,而其父以生事付之"。② 吴兴宗不得不做出人生的重大选择。为了一家人的生计,吴兴宗放弃了科考,承担起照顾家人的生活重担,靠自己辛勤的劳动维持全家的生存。王安石在《临川吴子善墓志铭中》说其"先日出以作,后日入以息"。吴兴宗孝顺长辈,关爱兄弟姐妹,他"日午矣,家一人未饭,其夫妇必尚空腹;天寒矣,家一人未纩,其夫妇必尚单衣"。对身患残疾的父亲更是二十年如一日的悉心照顾,直至父亲去世;而对叛逆的弟弟吴孝宗则是苦口婆心的劝导:"吾亲属我以汝,吾所以不避艰险者,保汝而已。"终于使其弟幡然醒悟,自此后发奋努力,终成气候。

吴孝宗,字子经,吴偃幼子,吴兴宗幼弟。由于母亲在他幼年就已经去世,再加上父亲又身患残疾,从小就缺乏父母的管教,年少时期成为一名放浪子弟,后在兄长吴兴宗的亲情感化下浪子回头,在穷困中刻苦努力,终于有所成就。熙宁三年(1070),吴孝宗登叶祖洽榜进士,此

---

① 刘成国:《王安石年谱长编》,中华书局2018年版,第760页。
② 王安石:《王安石文集》,刘成国点校,中华书局2021年版,第1632页。

时正是王安石变法推行的第二年,出生于社会底层的吴孝宗明白穷苦百姓生活的艰辛,看到新法给广大农民带来的好处后,则是大力支持变法,著《巷议》歌颂新法。

金溪吴氏,从二世祖吴英开始,再到吴敏兄弟,吴芮、吴蒙等人,仅仅三代,就有多人进士及第,可谓名副其实的名门望族。金溪吴氏与之后崛起的临川王氏成为抚州域内的两大世家,无论从家族利益还是自身文化修养的需求,这两大家族联姻亦在情理之中。

二、王、吴家族联姻

在古代社会的封建制度下,为了保证家族的荣耀,姻亲关系基本上讲究的是门当户对,临川王氏也不例外。在王贯之、王益先后中进士之前,临川王氏也只能算得上是个殷实的平民家庭,他们所娶的妻子都是没有任何势力背景的平民女子。如王用之的夫人谢氏,王贯之的夫人张氏(王贯之在36岁才中进士,此时他早已娶妻生子),王益的原配夫人徐氏(王益大中祥符八年进士及第,其长子王安仁正好次年出生,可见王益在娶妻时亦无功名)都是平民家的女子,一生基本上也是默默无闻。史料上对他们都没有任何记载,唯一留下记载的是曾巩为王用之夫人谢氏写了一篇《永安县君谢氏墓志铭》。这篇墓志铭能够留下来,一是因为谢氏高寿,受人尊敬,另一个原因是她的儿孙许多都踏入仕途,成为朝廷新贵。

随着王贯之、王益先后中进士踏入仕途,这时候的临川王氏已经逐渐成为地方望族了,与之结亲的家族亦由原来的平民家庭逐渐转变为与之匹配的大家族,时为金溪第一大家族的吴氏就成了临川王氏的联姻对象。与金溪吴氏大家族第一个联姻的是王安石的父亲王益,王益的原配妻子徐氏在生下安仁、安道兄弟二人后不幸病逝,留下两个年幼的儿子。此时,王益已经踏入仕途,身份地位也悄然发生了变化,续娶对于王益来说亦是势在必行,不久之后王益就续娶了金溪吴氏女儿。吴、王两家第二个联姻的是王安石娶了金溪舅家表妹吴琼,并终其一生相伴,亦无纳妾。这两位金溪吴氏女子对临川王氏家族都产生了极大影响。

吴氏作为金溪的第一大望族,比临川王氏更早起家,他们家族文化氛围也比临川王氏浓厚。此时，吴氏家族女性的文化素养远远高于临川王氏家族，与金溪吴氏联姻将会给临川王氏整个家族带来不一样的诗书文化，提升整个家族的文化涵养。

王安石的外祖母黄夫人是一位学识渊博，内涵深厚的女性。黄夫人性情温和，贤良大方，无论是侍奉公婆、姑叔还是抚养子女都做到尽心尽责。作为吴氏家族的当家人，她将庞大的家族打理得井井有条，因而也得到族人的一致认同。同时，黄夫人还是一位精通史书，深明大义之人，她经常对王安石的祖父加以劝导，深得乡人的信任和尊重。只不过，黄夫人为人做事非常低调，所以很多族人并不知道黄夫人的学识和才情，但这并不影响她对子女的教育和影响。王安石的母亲吴夫人在黄夫人的抚养下，可谓是贤良淑德，教养有方。

王安石的母亲吴夫人嫁给王益后，生五子三女，加上王益原配徐氏所生二子，共有七子三女需其抚养教导。王益的十个儿女在吴夫人的悉心教导下，王安石、王安仁、王安礼等先后进士及第，王安国亦因才华出众被赐进士及第，临川王氏家族亦由一个地方望族一跃成为北宋世家大族。王安石兄弟的成就可以说离不开母亲的教导。曾巩为王安石母亲的一生作了精辟的总结：

夫人好学强记，老而不倦，其取舍是非，有人所不能及者。然好问自下，于事未尝有所专也。其平生养舅姑甚孝。盖侍郎七子，而少子五人，吴氏出也。然夫人之爱其长子，甚于少子，曰："吾爱之甚于吾子，然后家人爱之能不异于吾子也。"故其子孙已壮大，有不知为异母者。居久之，二长子前死，夫人已老矣，每遇其嫠妇异甚，而身为字其孤儿，忘其力之愈也。其处内外亲疏之际，一主于恩，有谗讪踞骂己者，数困苦，常置之，不以动声色，亦未尝有所含怒于后也。有以穷归己者，急或分衣食，不为秋毫计惜，以其故至不能自给，然亦未尝不自若也。其嫁三从之孤女如己女，而待长子之母族如己族，盖笃行如此，而天性之所有也。其自奉养，未尝择衣食；其视世俗之好，无足累心者。方其隐约穷匮之时，朝廷尝选用其子，坚让至于数十，或谓可强起之，夫人曰："此非吾所以教子也。"卒不强之。

及处显矣，其子尝有归志，而以不足于养为忧。夫人曰："吾岂不安于命哉？安于命者，非有待于外也。"其子为知制诰，故事，其母得封郡太君，夫人不许言，故卒不及封。此夫人之德见于行事之迹，而余以通家，故熟于耳目者也。①

从曾巩所作的《仁寿县太君吴氏墓志铭》我们可以大致了解王安石母亲吴夫人的为人品德。出身于诗礼之家的吴夫人，从小受其母亲黄夫人的教导，养成了恪守礼教、明事达理的大家风范。吴夫人终生好学，"好学强记，老而不倦"。这一优良的家风传承给了其后代，王安石一生亦践行着活到老，学到老，终生学习，最终成为伟大的改革家、文学家、诗人、思想家。

出身名门的吴夫人孝敬公婆，为人宽厚，在对待王益原配所生的儿子安仁、安道更是比自己亲生的小孩还要好。她曾说："吾爱之甚于吾子，然后家人爱之能不异于吾子也。"终其目的只是希望安仁、安道能够得到更多人的关爱，感受到家庭的温暖，哪怕是亲生母亲不在了，作为继母决不会让二人觉得母爱缺失。对于钱财名利，吴夫人更是看得极淡泊，"有以穷归己者，急或分衣食，不为秋毫计惜，以其故至不能自给，然亦未尝不自若也"，看到别人生活落魄她会毫不犹豫地接济，哪怕自己因此而困窘亦是泰然自若。不仅将钱财看得淡泊,吴夫人对于名利看得也是极淡。她多次推辞朝廷恩荫，督促诸子刻苦读书，靠真才实学在社会立足，"其子为知制诰，故事，其母得封郡太君，夫人不许言，故卒不及封"，吴夫人的这些难能可贵的品德，深深地影响着其子孙后代。王安石作为一代改革家，其身后多少人在攻击他，但对他的高洁的道德品格则是众口一致地赞誉，王安石高洁品德得养成与王安石的家风是密不可分的。

临川王氏家族再次与金溪吴氏家族联姻是王安石娶吴敏的孙女吴琼

① 曾巩：《曾巩集》，陈杏珍、晁继周点校，中华书局1984年版，第610页。

为妻。吴琼的祖母曾氏则是出自于另一大家族南丰曾氏家族,是曾巩的父亲曾易占的妹妹。王安石《河东县太君曾氏墓志铭》称她:"夫人于财无所畜,于物无所玩,自司马氏以下,史所记世治乱、人贤不肖,无所不读。盖其明辨智识,当设游谈学问知名之士有不能如也。虽内外族亲之悍强顽鄙者,犹知严惮其为贤。而夫人拊循应接,亲疏小大,皆有礼焉。"①

出生于南丰曾氏家族的曾氏对钱财看得极为淡泊,对上流社会的把玩奇石珍品亦是不屑一顾,她从小就爱读书,可以说饱读诗书,学识渊博。她渊博的知识常常令一些来访的知名之士都自叹不如。曾氏不但有才华,且治家有方,家中事务打理得井井有条,亲戚朋友都称赞其贤良淑德,既有长者之威严,又有长辈的慈祥。王安石妻子吴琼从小就在祖母曾氏的教导下长大,知书达理,成为吴氏家族的才女。《全宋词》称她亦能文,尝有小词约诸亲,作有"待得明年重把酒,携手,那知无雨又无风"②词句。很可惜的是,吴琼的作品基本上没有流传下来,但从她的两个女儿都能诗善文可以想象吴琼的才情出众。王安石与表妹吴琼从小就相识,可谓青梅竹马,两小无猜。在王安石考中进士后的第二年,年轻有为的王安石顺理成章地迎娶了表妹吴琼。

临川王氏家族与金溪吴氏家族的联姻,加强了两大家族的密切联系,王安石一生宦游四方,但只要有闲暇时间,他都要抽空回临川探望亲人。每次回乡探亲,王安石必去拜访金溪外家,并留下许多描写外家的诗文。

---

① 王安石:《王安石文集》,刘成国点校,中华书局2021年版,第1721页。
② 刘成国:《王安石年谱长编》,中华书局2018年版,第19页。

第二章 明月照我还故里

故乡是每个在外游子心中温馨的港湾，无论漂泊多远，故乡的那方热土始终是他们魂牵梦萦之地。"回首江南春更好，梦为蝴蝶亦还家"，表达了远在他乡的王安石对故乡的眷念，对亲人的思念。

第一节 王安石多次探亲故里临川

临川王氏自王贯之、王益相继中进士后，逐渐形成向外发展的趋势。抚州临川也渐渐成为这些走出去的王氏子弟的第一故乡。由于王安石的父亲王益长期在外地为官，王安石出生于江西清江父亲王益任上，从小就随父母宦游祖国南北各地，后因父亲王益卒于江宁，就以江宁为家。王安石晚年一直住在钟山（现南京紫金山），读书著述，诵诗说佛，过着半隐居的生活。王安石一生中的大部分时间是在外地为官和江宁度过的，他在临川老家实际上生活的时间不长，总共不会超过十年。尽管如此，王安石心中始终装着老家临川，眷念家乡的亲友，热爱家乡的山水，有着浓浓的家乡情结。临川清风门的盐埠岭是王安石的老家，金溪的柘冈（古属临川）是王安石的外婆家，东乡的上池瑶田（古属临川）是王安石的叔祖父家。这三地一直是王安石魂牵梦绕之地。据考证，王安石在13岁后（含13岁）回临川探亲共有八次之多，每次回临川探亲都是为孝道亲情所致，都会到临川三地看望先辈和亲友。

一、第一次归故里临川

目前有史可考的，王安石第一次回故里临川是在明道二年（1033）。这次回故里临川是史料上有确切记载的一次。刘成国《王安石年谱长编》："明道二年癸酉（1033），十三岁，祖父王用之卒，随父益丁忧归临川，居抚州盐埠门。"清·蔡上翔《王荆公年谱考略》卷一："《广东省名宦志》：'天圣八年，王益以殿中丞知韶州，三年以忧去。'"详细记载了王安石回临川的时间、原因。

王安石这次随父回临川，守孝三年，应该是他待在临川时间最长的一次。这三年时间，王安石以求学为主，偶尔在读书之余去风景怡人的金溪外婆家玩耍。

在金溪柘冈附近有"榉林书舍"和柘冈山上"读书堂"两处私人书院，据同治版《金溪县志》载："榉林书舍三十八部，灵谷山南，宋直秘阁黄振基由南丰迁居金邑，构书舍于山麓，偕其弟御史庆基与王安石兄弟同学于此。"读书之余，王安石常和表兄弟游览灵谷山。"灵谷者，江南之名山也。"他们入穷谷、登翠岭，欣赏幽花媚草，追扑黄蜂白蝶，兴趣盎然，意气风发，吟诗唱和，好不快活。王安石对这段游学生活非常怀念，这在他后来作的《忆昨诗示诸外弟》中追述了这段往事："忆昨此地相逢时，春入穷谷多芳菲。短垣囷囷冠翠岭，踯躅万树红相围。幽花媚草错杂出，黄蜂白蝶参差飞。"[①] 诗句描写了家乡春天的美丽景色，诗人充溢着一种年少气盛的青春活力。

王安石这次在舅舅家柘冈，还见到神童方仲永，"识神童方仲永""明道中，从先人还家，于舅家见之"。[②] 传闻神童方仲永，5岁就能写诗文，文采和述理都有可取之处。王安石这次见到方仲永时，方仲永已有十二三岁了，虽然会作诗，但不如传闻的那样相称了。方仲永为什么会退步？王安石开始思考这个问题。

这三年期间，王安石还有一次重要的从师学习的经历。王益曾带王

---

① 王安石：《王安石文集》，刘成国点校，中华书局2021年版，第206页。
② 王安石：《王安石文集》，刘成国点校，中华书局2021年版，第1238页。

安石拜访宜黄名儒杜子野，并让王安石师从杜子野。"居临川，从学于邻县宜黄杜子野。"①陆心源《宋史翼》卷三十六："杜子野，宜黄人，王安石幼师之。"雍正《江西通志》卷二十一："鹿冈书院，在宜黄县鹿冈，宋嘉祐间杜子野建。王荆公尝师事子野，受业处名拏云馆。"②在从师杜子野时，老师的严格要求，王安石废寝忘食，刻苦攻读，因而王安石的学业日益长进。

这次回临川，王安石一直待到16岁，才随父亲到汴京（开封）。

二、第二次归故里临川

庆历三年（1043），王安石23岁。三月，自扬州任上溯江还抚州临川，五月到家，八月返回扬州官邸，这次回故乡临川历时半年。"五月还家，扫先人墓，并省侯祖母。"③《上田正言书》："某五月还家，八月抵官。"《上徐兵部书》："暮春三月，登舟而南，浮江绝湖，绵二千里，风波劲悍，雨潦湍猛，穷二月乃至家。展先人之墓，宁祖母于堂，十年萦郁，一旦释去。"④十年萦郁，一旦释去：自明道二年王安石随父亲丁忧归临川，至本年（庆历三年），恰恰十年。

庆历二年（1042），王安石以第四名考中进士，同年签书淮南判官。第二年，因省视祖母（谢氏）而请假回乡。古制，凡科举考试得中者，都可以恩假回家省亲，衣锦还乡，以便光耀门庭。王安石是在庆历三年（1043）三月从扬州动身回临川省亲，五月才到达临川，途中梅雨不断，正如王安石在《忆昨诗示诸外弟》所写的那样："暮春三月乱江水，劲橹健帆如转机。"⑤

这次回临川，王安石完成了三件大事。一是给亲人报喜，给家乡报喜。庆历二年（1042）春，王安石以优异的成绩进士及第。金榜题名是人生一大喜事，"春风得意马蹄疾"，应该回家乡给亲人报喜，以示庆贺。

---

① 刘成国：《王安石年谱长编》，中华书局2018年版，第77页。
② 刘成国：《王安石年谱长编》，中华书局2018年版，第78页、79页。
③ 刘成国：《王安石年谱长编》，中华书局2018年版，第115页。
④ 王安石：《王安石文集》，刘成国点校，中华书局2021年版，第1329页。
⑤ 王安石：《王安石文集》，刘成国点校，中华书局2021年版，第206页。

二是探望高堂祖母及亲人。"还家上堂拜祖母,奉手出涕纵横挥。"①祖父王用之逝世时,王安石曾随父回临川守孝三年。此次回临川老家,祖母谢氏还健在。据李壁注:"公登第入官后,始以漕檄自淮扬溯江至抚州。时公祖母燕国夫人谢氏尚无恙,楚公名用之妻也。"②本来祖孙情深,时隔十年,祖孙见面,自然心情激动,王安石叩头跪拜,泪流满面。然后,又去祭拜祖父,修缮他的坟墓,了却一桩心愿。

"还家后,至金溪舅家,与诸外弟相聚。"③王安石重到金溪柘冈时,感慨万千,十年旧事,涌上心头。父亲早在江宁病故,外婆黄夫人也不在人世了,岳父吴芮、二舅吴蕡、四舅吴蒙都居官外地,只有三舅吴藩在家。他回首往事,思念亲人,挥笔长吟写下了自传性的长诗《忆昨诗示诸外弟》:"永怀前事不自适,却指舅馆接山扉。当时髫儿戏我侧,于今冠佩何颀颀。况复丘樊满秋色,蜂蝶摧藏花草腓。令人感嗟千万绪,不忍仓卒回骖騑。"诗句中描写了王安石23岁以前的生活经历,深情地抒发了他热爱家乡、热爱亲人的思想感情。

在舅父家,王安石又问及神童方仲永之事。听说方仲永由于忽视后天的学习,已"泯然众人矣"④,王安石不胜感慨、惋惜,于是写下了著名的《伤仲永》一文,以卓越的见解论证了人才出于勤奋,不学不能成才,告诫后人要重视教育和学习,不能依赖天赋。

三是与表妹吴琼完婚,"娶妻吴氏"⑤。王安石与表妹吴氏青梅竹马。现在表妹已亭亭玉立,聪明俊俏,知书达礼,王安石心中喜欢,当然乐见其成。他兴致勃勃地来到吴家提亲,并由临川亲人为他举办了隆重的婚礼。王安石进士高第,金榜题名,这次衣锦还乡,喜结良缘,可谓双喜临门,家人族人自然要热闹一番。喜宴菜谱由80多岁的老奶奶(祖母谢氏)亲自设计,清淡美味,简单不铺张,共为十道菜(八菜两汤),寓

---

① 王安石:《王安石文集》,刘成国点校,中华书局2021年版,第206页。
② 刘成国:《王安石年谱长编》,中华书局2018年版,第114页。
③ 刘成国:《王安石年谱长编》,中华书局2018年版,第115页。
④ 刘成国:《王安石年谱长编》,中华书局2018年版,第116页。
⑤ 刘成国:《王安石年谱长编》,中华书局2018年版,第116页。

意十全十美。后人称之为"荆公家宴"或"安石十宴"。王安石在完婚之际，想到自己寒窗苦读，终成正果，如今双喜临门，激动得把两个"喜"字连在一起，写成一个双喜"囍"贴到门上。从此，王氏家族在春节盛行家家户户贴春联，写"囍"字，剪贴"囍"字的习俗，并蔚然成风。

王安石这次回临川，还专门访问了他的好友曾巩。王安石和曾巩虽是亲戚，两人由于居住地不在一起，一直没有机会相见。直至庆历元年（1041），两人才在京师第一次见面，定交以后友谊日深。所以蔡上翔在《王安石年谱考略》卷二十二中说他两人"定交甚早，相知亦最深"。故人千里，一旦相见，分外亲切。"欣闻被檄来，穷阁驻镳轼。促榻叩其言，咸池播纯绎"①，流连燕语，相谈甚欢。分别后，王安石还欣然写下了《同学一首别子固》一文，表达了互相仰慕勉励之意："江之南有贤人焉，字子固，非今所谓贤人者，予慕而友之……予在淮南，为正之道子固，正之不予疑也。还江南，为子固道正之，子固亦以为然。"②最后，他们不得不分手告别，"商歌孺子别，失泪染衣襟。自从促櫂去，会此隆冬逼"③，王安石与曾巩的友情、亲情随着两人之间的交往不断加深。

王安石这次离开临川返回扬州时还写了一首《初去临川》诗，有"东浮溪水渡长林，上坂回头一抚心。已觉省烦非仲叔，安能养志似曾参"④之句，李壁在《王荆公诗集笺注》中对这首诗下注释说："据此诗，公母夫人尚留临川，故有养志之句。"也就是说王安石是一个人返回扬州的，母亲及新婚妻子吴氏均暂留临川。曾巩等人将王安石送至洪州（今南昌）。

三、第三次归故里临川

第三次回故里临川是庆历五年（1045）。刘成国《王安石年谱长编》："归临川，撰外祖母黄夫人墓表。"⑤张祥浩、魏福明《王安石评传》："王安石

---

① 曾巩：《曾巩集》，陈杏珍、晁继周点校，中华书局1984年版，第19页。
② 王安石：《王安石文集》，刘成国点校，中华书局2021年版，第1238页。
③ 曾巩：《曾巩集》，陈杏珍、晁继周点校，中华书局1984年版，第19页。
④ 李壁注：《王荆公诗补笺》，成都巴蜀书社2006年版，第724页。
⑤ 刘成国：《王安石年谱长编》，中华书局2018年版，第142页。

签书淮南判官秩满解官后,又回临川,旋回京师。"① 从这两位学者的考证引文论述中,都认定了这次回临川的史实。

王安石于庆历二年(1042)签书淮南判官,至庆历五年(1045)冬,首尾四年,秩满离任。但王安石没有立即上京,而是利用赴新职前的空档时间南下,回故里临川探望亲友。

外婆黄氏对王安石非常宠爱,祖孙感情很深。王安石念念不忘对外婆的亲情,对外婆非常了解,这次回来为已故的外婆修了"墓表"。金溪陈坊乡《城湖吴氏族谱》(二修)收录了王安石撰写的《黄氏夫人墓表》(下简称《墓表》),文后署名"外孙王安石谨撰"。此《墓表》亦收录于《临川先生文集·卷九十》中。《墓表》全文如下:

> 外祖夫人黄氏,生二十二年归吴氏,归五十年而卒,卒三月而葬,康定二年十二月也。
>
> 夫人渊静裕和,不强而安,事舅、姑、夫,抚子皆顺适。吴氏内外族甚大,朝夕相与居,岁时以辞币酒食相缀接,卒夫人之世,戚疏愚良,一无闲言。又喜书史,晓大致,往往引以辅导处士,信厚闻于乡。子为士,无亏行,繄夫人之助。夫人资寡言笑,声若不能出,虽族人亦不知其晓书史也。某,外孙也,故得之详。明道中,过舅家,夫人春秋高矣,视其礼,犹若女妇然,视其色,不知其有喜愠也。病且革,以薄葬命子。噫!其可谓以正始终也已。舅藩既志其葬,四年,安石还自扬州,复其墓。复表曰:
>
> 圣人之教,必繇闺门始。后世志于教者,亦未之勤而已。天下相重以戾,相荡以侈,疣然斁矣。自公卿大夫无完德,岂或女妇然。或者女妇居不识厅屏,笑言不闻邻里,是职然也,置则悖矣。然其死耶,闻人传焉以美之,是亦教之熄也,人人之不能然也,传焉以美之,宜也。矧如夫人者,有不可表耶?于戏!②

---

① 张祥浩、魏福明:《王安石评传》,南京大学出版社2006年版,第61页。
② 王安石:《王安石文集》,刘成国点校,中华书局2021年版,第1565页。

在《墓表》中，王安石对外祖母的性格、为人以及对子孙后代的教育情况做了详细的介绍，谓外祖母"渊静裕和，不强而安，事舅、姑、夫，抚子皆顺适""一无闲言。又喜书史，晓大致，往往引以辅导处士""信厚闻于乡。子为士，无亏行，繄夫人之助"。对外婆的款款深情、敬仰思念真是溢于言表。可见王安石受到外婆的熏陶和影响是很深刻的。尽管这次匆匆而回，又要及时赶回淮南，但王安石仍"不忍仓促回骖骓"，直到修整、祭扫外婆坟墓以后，于岁末才离开临川，回京述职。

四、第四次归故里临川

第四次回故里临川是皇祐二年（1050）。有几位学者认定了这次回临川的史实。刘成国《长编》载："归临川，有《到家》诗""居临川，作《鲍公水》""五月，应邓表之请，撰《抚州祥符观三清殿记》"。① 张祥浩、魏福明《王安石评传》载："皇祐二年，安石知鄞县任满，解官离任回临川。"邓广铭先生在《北宋政治改革家——王安石》中用简短的话语提及：王安石"不论是在扬州签判任满时，或在鄞县秩满而回到临川家中'守阙'（等候任新职）期内，都不曾申请考试'馆职'"。② 而立之年的王安石知鄞县任期已满，回京候差。五月，王安石利用"守阙"时间，顺道来到临川探亲。

这次回临川，作有《到家》诗："五年羁旅倦风埃，旧里依然似梦回。猿鸟不须怀怅望，溪水应亦笑归来。"③ 表达了诗人不顾劳倦、恋念故乡、探望亲人的喜悦心情。五年羁旅：庆历五年，王安石曾回临川，至这次回临川，恰好五年，故曰："五年羁旅。"其间，王安石还与乡里友人鲍公、陈祈兄弟、邓表等人相见交游，作有《鲍公水》《书陈祈兄弟屋壁》等诗，抒发他们之间的真挚友情。

这年的五月二十五日，王安石应乡人邓表的请求，撰写了《抚州祥符观三清殿记》一文。祥符观，就在盐埠岭旁边，王安石少年时常随长者到这里游玩。在这篇记文中，王安石详细地介绍了祥符观的地址及三

---

① 刘成国：《王安石年谱长编》，中华书局2018年版，第233页。
② 邓广铭：《北宋政治改革家——王安石》，陕西师大出版社2009年版，第13页。
③ 刘成国：《王安石年谱长编》，中华书局2018年版，第232页。

清殿的规模。《(雍正)江西通志》卷一百十二:"祥符观,在临川县拟岘台侧。隋创南唐昇元间,甘露降于仙坛松上,因改甘露观。宋大中祥符重建,更今名。"①在记文的最后,王安石清楚地标注了作记时间:"皇祐二年五月二十五日。"传递了他热爱家乡山水、名胜古建的心愿。

其间,他到金溪柘冈舅舅家探访看望亲友。柘冈,也是王安石魂牵梦萦的地方,一直在心中占据重要地位。这里堪称是他借机深入社会底层进行观察了解民生民情的一个调研地。两任地方官的任职经历,使王安石逐渐认识到北宋开国百年以来"积贫积弱"的社会现实。到柘冈路过乌塘时,更看到了当时农村一年不如一年的萧条景象,不禁深有感触,写了《乌塘》诗一首,描写了当年农村破落的情景:"地僻居人少,山稠伏兽多。怒狸朝搏雁,馋虎夜窥骡。篱落生孙竹,门庭上女萝。未应悲寂寞,六载一经过。"②诗人看到村中的篱笆,长满了马鞭竹子,房屋前的门壁爬满了松萝藤,显得多么萧条冷落!当然,王安石并没有"未应悲寂寞",而是在心中暗下决心,改变现状的积极办法只有改革现实。上次到柘冈,距这次再来柘冈,时隔六年,三舅又已亡故,接待王安石的只有吴蕃的儿子吴颐。于是他与表弟一起,一边喝酒解愁,一边叙谈往事,即兴写下了《过外弟饮》这首诗:"一日君家把酒杯,六年破浪与尘埃。不知乌石冈边路,至老相寻得几回。"③在诗中感叹人生易老,归乡艰难。

这年初秋,王安石离开临川赴钱塘。好友陈祈设宴,赋诗送别。途经叔祖父家东乡上池金峰骊塘时作了停留,看望族亲王安瑞,并首次登金峰山观览景色,在山上留宿,颇有一番情趣。作有《金峰晚坐有怀》诗,描写山上的风光景致,记述山上游览的情趣。上池《王氏族谱》载有此诗。金峰,又称金岭、金峰岭,这里山高林密,一年四季常绿,景色宜人,是临川与金溪地界最高的山峰,山上有岩泉仙观。王安石叔祖王质之,晚年归隐金峰岭,王质之之孙王安瑞定居于金峰山脚下的骊塘(上池)。王安石这次归乡省亲时拜访族亲王安瑞,亦在情理之中。王安石离开金

---

① 刘成国:《王安石年谱长编》,中华书局2018年版,第233页。
② 王安石:《王安石文集》,刘成国点校,中华书局2021年版,第230页。
③ 王安石:《王安石文集》,刘成国点校,中华书局2021年版,第503页。

峰骊塘时,留有题字以作纪念。《诗注》卷三十九《初去临川》有李注:"抚州金峰有公题字云:'皇祐庚寅,自临川赴钱塘,过宿此'"①作为印证。

五、第五次归故里临川

第五次回故里临川是皇祐五年（1053），王安石33岁，对于王安石这次回故里临川，邓广铭在《北宋政治改革家——王安石》中明确指出：

> 皇祐五年（1053）六月，王安石的祖母谢氏以90岁的高龄病逝于临川。王安石于舒州通判任满之后,首先回家乡料理了祖母的丧葬,然后回到汴京听候差遣。②

周锡䪖选注的《王安石诗选·附录王安石年谱》中认定:皇祐五年六月，祖母卒于临川。安石曾回乡一行。邓广铭先生与周锡䪖先生都以肯定的语气说明了王安石这次回临川的过程及原因，一定是经过深思熟虑，充分考证，有他的充足理由才说这番话的。

王安石的祖父王用之在科场和仕途并不显达，只当过"卫尉寺丞"从六品的小官。王用之娶妻谢氏。王安石的挚友曾巩，十年前在王安石家中见过谢氏于堂上。老人家虽是高龄（80岁），但耳聪目明，身体强健，对曾巩和颜悦色，谈起王曾两家旧事言之历历。这次曾巩为谢氏写的《永安县君谢氏墓志铭》对谢氏的生平、为人、家事等方面记述较详。

王安石的祖母谢氏，生于宋乾德二年（964），31岁时才生王益。安石出生时已经58岁，年近花甲。她是一位高龄老人，一直活到90岁，亲眼看到王安石兄弟长大成人，看到孙子王安石中进士完婚。曾巩说谢氏："其色和，其容谨，闻其言俭而勤，退而闻其为妇顺，为母慈，知其所以享其福禄者，其宜也已……上下之间，内外相饰，何其至也。"③可见王安石的祖母谢氏为人谦和，善操家务，对子女十分爱护，教育子女有方。

---

① 李壁注:《王荆公诗注补笺》,成都巴蜀书社2000年版,第724页。
② 邓广铭:《北宋政治改革家——王安石》,陕西师大出版社2009年版,第15页。
③ 曾巩:《曾巩集》,陈杏珍、晁继周点校,中华书局1984年版,第614页。

王益、安石父子等从小就受其教育和影响。他们长大成人之后，在仕途中都能为官清正，处理国家大事能大公无私，而且都能干一番有益于国家有益于人民的事业，应该说谢氏是有很大的功劳的。谢氏卒于宋皇祐五年（1053）五月。十四日，葬于抚州金溪县。

对于这样一位德高望重、恩重如山的老祖母的逝世，王安石感到十分悲痛。闻讯后，利用任满守阙之机火速返回临川，竭尽孝道，祭奠祖母，处理好丧葬事宜，让祖母安息。

六、第六次归故里临川

第六次回故里临川是嘉祐三年（1058），王安石38岁。刘成国《王安石年谱长编》载："归临川，再宿金峰，题诗""与临川邑人诗酒盘桓，至岁末。撰《城陂院兴造记》"。① 不少学者也都认定这次回归临川的史实。

嘉祐三年（1058），王安石在知常州任上历时半年，接到新的任职通知，新任提点江南东路刑狱，也就是负责所属辖区的刑狱和监察事务兼管农桑，此机构称提点刑狱司。江南东路提点刑狱司治所设在饶州（今鄱阳）。王安石于这年的二月接到诏令，四月始到鄱阳任职，十月又调回京任职。实际上王安石在鄱阳任职只有半年。王安石到任后，立即巡视辖区，到过江宁、青阳、饶州、弋阳、玉山等地，足迹遍及今天的苏南、皖南、江西等地，长行千里，风尘仆仆。江南东路刑狱公事衙门设在鄱阳，那里有鄱阳湖通长江。况且又是王安石的工作范围，由长江乘船可直达抚州的西津渡，行程只需几天。因而，王安石这次顺便回临川探亲。

从这年的十月回临川到次年（1059）春离临川，有近半年探亲时间，主要还是探访三地的亲友。

在临川，王安石与友人乡人相会"诗酒盘桓，有与'邑子'登眺置酒身优游"之乐，先后作有《和王胜之雪霁借马入省》《张氏静居院》《致仕邵少卿挽辞二首》《日出堂上饮》等诗作，表达他们相见相欢相挽的情感。

在柘冈吴家，王安石与诸外弟相聚。王安石曾为好友王令保媒，将

---

① 刘成国：《王安石年谱长编》，中华书局2018年版，第461、462页。

妻子吴夫人的叔父吴蕡的女儿，也是妻子的堂妹介绍给王令为妻，这次在吴家又作了进一步的沟通落实，成全了王令与妻子堂妹的婚事。另外，妻子吴琼的祖母曾氏（即曾巩的姑姑）逝世，享年70岁。王安石撰写了《河东县太君曾氏墓志铭》，对吴敏的夫人曾氏人品等方面做了介绍与评价。"尤孝友忠信，乡里称为长者""夫人拊循应接，亲疏大小，皆为礼焉"等评价，说明曾氏学识丰富，博览群书乃至于"当世游谈学问知名之士有不能如也"①，在地方上威信也很高，应该说她是一个能干的女子，表达了王安石的敬仰之情。

这次王安石回临川到上池金峰骊塘，探访了王安瑞等族亲，再次登上金峰山游览，并作《再宿金峰》诗一首："十年再宿金峰下，身世飘然岂自知。山谷有灵应笑我，纷纷南北欲何为。"诗后有题字："嘉祐三年，自鄱阳归临川，再宿金峰。"②《王安石文集》中无此诗，但上池《王氏族谱》载有此诗。皇祐二年（1050），王安石归乡省亲回钱塘时，拜访族亲王安瑞。嘉祐三年（1058），王安石又归乡省亲，重访族亲王安瑞，两次间隔时间为8年，诗言"十年"乃举其成数。诗作表达了王安石回乡的感慨。

王安石这次还到金溪城湖月塘，恰值金溪灵谷山下城陂院修建竣工。王安石应居住在灵谷山城陂院的僧人法冲的请求，加上自己的祖父又葬在灵谷峰，因而便给城陂院写了《城陂院兴造记》一文。在记中，他首先指出城陂院的所在地："灵谷者，五州之名山，卫尉府君之所葬也。山之水东出而北折，以合于城陂。陂上有屋，曰城陂院者，僧法冲居之，而王氏诸父子之来视墓者，退辄休于此。"③王安石在记中介绍了城陂院兴建的原因和时间，并说明了城陂院与王氏家族的密切关联。

这年春，王安石离临川赴和州，将家室安在和州。

七、第七次归故里临川

第七次回故里临川是治平四年（1067），王安石47岁。刘成国《王

① 王安石：《王安石文集》，刘成国点校，中华书局2021年版，第1721页。
② 刘成国：《王安石年谱长编》，中华书局2018年版，第461页。
③ 王安石：《王安石文集》，刘成国点校，中华书局2021年版，第1447页。

安石年谱长编》:"十月二十三日,离江宁归临川""十二日,撰吴兴宗墓志铭""妻弟吴显道追送至抚州,因其请,与子雱同赋诗"[①]。抚州学者傅林辉认定王安石的这次回临川,并且是"带雱回临川"的。

治平四年(1067)三月,王安石出知江宁府,任职的时间短暂,仅得半年。九月,王安石任翰林学士。翰林学士是官名,级别较高,是正三品,由此,王安石开始进入上层权力机构。

王安石接到诏旨,并没有立即赴京师任翰林学士之职,而是利用职位交接的空档机会带领儿子王雱回临川探亲。

在临川,王安石会见了亲友和要好的同学。十二月,因亲戚吴子经(字孝宗)的请求,为其兄吴子善(字兴宗)撰写墓志铭。子善于治平四年八月九日逝世,葬于十二月十二日,与其父母同葬于灵源村的墓地。另外,王安石还为同年进士金君卿的母亲撰写墓志铭,为父亲的同年进士的儿子萧渤的母亲撰写墓志铭,尽了亲友间的友谊之情。

最主要的是王安石带儿子王雱回来探亲的。治平四年(1067)二月,王安石的长子王雱中进士,时年24岁,授旌德尉,这是管理地方军队的武官,但王雱没有立即去赴任,也有时间随父回临川探亲。

王雱考中进士,是光宗耀祖的喜事,理应回家乡报喜。在亲人的陪同下,王安石父子游览了金溪一带的名胜古迹。父子俩流连于金溪的秀丽风光和山川胜迹。王安石作有《跃马泉》《试茗泉》等诗。在诗中,王安石以蛟龙自况,战马自喻,那种敢于冲破重重阻碍,积极改革弊政的战斗精神跃然纸上。翠云寺位于金溪县南的翠云山中,王雱游览后写了《翠云寺》一诗。诗曰:"老木森回溪,飞湍自淙激。"[②] 清新自然。

在离开临川返回京城时,妻弟吴显道追送至抚州才告别。

八、第八次归故里临川

第八次回故里临川是熙宁十年(1077),王安石57岁。

王安石这次回故里临川是由抚州学者考证认定的。金溪学者张昌琪、

[①] 刘成国:《王安石年谱长编》,中华书局2018年版,第758—760页。
[②] 傅璇琮:《全宋诗》,北京大学出版社1991年版,第11315页。

杨云生，在王安石研究会1985编印的《王安石研究论文集（一）》中的论文《王安石与金溪》提出这一观点。抚州师范专科学校罗传奇教授在《抚州师专学报》（1986年第2期）的"王安石研究专辑"发表的论文《回首江南春更好，梦为出蝴蝶亦还家——王安石在抚州故乡的事迹考略》中持同样的观点看法。他们的论证论述较为详尽，具有一定的可信度。

宋神宗熙宁九年（1076），50多岁的王安石在宦海中浮沉了30多年，饱受宦海辛酸，历经变法艰苦，身心疲惫，很想从宰相位上再次引退，可是神宗不允许，并相继派冯京和王珪来劝说。王安石没有办法，只好给王珪写了封言辞恳切、感情真挚的书信，即《与参政王禹玉书》，希望王珪代他向皇上请辞。在信中王安石以自己不善知人、精气衰微为由请求辞去相位，同时表达了自己对"盈满则溢"的担心和想"优游里闾"①的心愿。在熙宁九年（1076）十月，王安石在好友的帮助下第二次辞去了宰相职务，并决心不再入朝为官，终身退隐。在闲居江宁近一年后，王安石想趁着有生之年再回故里临川看望亲友，遂其"优游里闾"之愿，于是在熙宁十年（1077），从陆路出发，直到年底才到达临川。

第二年开春，王安石便前往金溪柘冈，在去柘冈的路上，回首往事，感慨良多，不由得吟了一首情调凄然的《柘冈》诗："万事纷纷只偶然，老来容易得新年。柘冈西路花如雪，回首春风最可怜。"②他阔别柘冈已近10年了，旧山茅径在，旧地重游，叹人世变迁，难免伤怀。他想到，长辈亲戚大都逝世，又见柘冈的辛夷花开依然如昨，少年生活，浮现眼前，不禁勾起了对昔日的回忆和对亲友的思念，便写诗分赠亲人，以示怀念。一首《寄吴成之》诗："绿发溪山笑语中，岂知翻手两成翁。辛夷屋角抟香雪，踯躅冈头挽醉红。想见旧山茅径在，近随今日板舆空。渭阳车马嗟何及，荣禄方当与子同。"③另一首《寄黄吉甫》："朱颜去似朔风惊，白发多于野草生。挟策读书空有得，求田问舍转无成。解鞍乌石冈边坐，

---

① 王安石：《王安石文集》，刘成国点校，中华书局2021年版，第1280页。
② 王安石：《王安石文集》，刘成国点校，中华书局2021年版，第488页。
③ 王安石：《王安石文集》，刘成国点校，中华书局2021年版，第387页。

携手辛夷树下行。今日追思真乐事,黄尘深处走鸡鸣。"① 这些诗作都表达了对亲友的思念,也寄托了王安石晚年生活中的缕缕愁绪。

在柘冈作短暂停留之后,又沿山间小道来到了上池骊塘。王安石来到兰塘边驻足流连,思绪绵绵,赋诗一首《兰塘钓隐》:"宅近兰塘水竹西,钓竿日日占苔矶。每短弱缕牵云动,不用扁舟载月归。赤鲤有神宁出穴,白鸥无事已忘饥。桐江莫笑羊裘老,曾拜天书下紫微。"② 美好的钓鱼生活历历在目。如今人已老矣,就让它留在记忆的深处吧。

这次回临川,时间短暂,停留几日后,便从长江乘舟而下,返回江宁。

以上是对王安石在 13 岁后回归故里临川的大致概述,是依据专家学者的考证论述而归纳整理的。王安石回故里临川的次数也许不止 8 次,有可能更多,只是目前还没有发现有其他的资料记载而已。但通过这 8 次回临川探亲,我们可以看出,王安石与故里临川的关系是密切的。

第二节　王安石与临川乡贤的交谊

王安石一生中交友是非常广泛的,也就是说他的人生交际非常多。当然,王安石交友是有原则的,绝不是滥交。"介甫生平,其不肯妄交一人。""其交友最厚者""皆文学行谊见推于当世大贤者"或"为贫贱之交"③,王安石交的大多数人是有名的政治家,著名的文学家,也有普通的平民知心朋友,还有不少亲戚或乡人。本节主要介绍的是王安石与临川乡贤之间的交往。

一、王安石与晏殊

王安石和晏殊都是北宋时期的江西临川人,他们二人虽是同乡,但年龄相差较大,晏殊比王安石大 30 岁,可以说晏殊是王安石的长辈。

晏殊(991—1055),字同叔,出生于宋太宗淳化二年(991)。晏殊在少年时代就步入仕途,王安石出生时,晏殊就已官拜翰林学士,成为

---

① 王安石:《王安石文集》,刘成国点校,中华书局 2021 年版,第 307 页。
② 东乡县黎溪乡上池村《王氏族谱》,2007 年重修,现藏于东乡县黎圩镇上池村。
③ 蔡上翔:《王荆公年谱考略》卷三,第 57 页,杂录卷一,第 342 页。

皇帝的宠任大臣。晏殊凭着他的诚实、恭敬和才华，不断得到皇帝的青睐，被多次提拔。晏殊一生历经显宦要职，政治上虽没有多大的建树，但在文化教育和荐拔人才方面做了不少好事。他平生好兴学校，史称"自五代以来，天下学校废，兴学自殊始"①。他特别重视人才，荐拔人才，用心颇多，唯贤是举。如范仲淹、孔道辅等当世知名人士都出自他的门下，韩琦、富弼、欧阳修、王安石等经他的栽培、荐引、奖掖，都得到重用，成为北宋政坛、文坛上的重要人物。

晏殊不仅是王安石的同乡，他们还有间接的姻亲关系。王安石、晏殊二家均与金溪吴氏联姻。王安石的妻子是金溪的第一名进士吴敏的孙女。而晏殊的侄子晏脩睦（昭素）之妻是王安石妻子的堂妹。从辈分上讲，王安石应该称晏殊为叔父，是晏殊的晚辈。

王安石在庆历二年参加春试，以第四名的成绩进士及第。有史料记载王安石此次会试本是第一名，但殿试时却被与第四名的杨寘对调，成为第四名。学者刘成国在《王安石年谱长编》中有"三月二十二日，王安石登杨寘榜进士第四名"，并引述了王铚《默记》卷下载状元原属公的一段话，说明了当时的录取过程：

> 庆历二年，御试进士，时晏元献为枢密使。杨察，晏婿也，时自知制诰避亲，勾当三班院。察之弟寘时就试毕，负魁天下望。未放榜间，将先宣示两府，上十人卷子……不久，唱名，再三考定第一人卷子进御，赋中有"孺子其朋"之言，不怿曰："此语忌，不可魁天下。"即王荆公卷子。第二人卷子即王珪，以故事，有官人不为状元；令取第三人，即殿中丞韩绛；遂取第四人卷子进呈，上欣然曰："若杨寘，可矣。"复以第一人为第四人。②

就是说，本来王安石在这次及第的进士中是名列第一的，不出意外，王安石这次应该成为状元的。然而在放榜前夕，宋仁宗赵祯下令调阅考卷，

---

① 脱脱：《宋史·晏殊传》，中华书局1977年版。
② 刘成国：《王安石年谱长编》，中华书局2018年版，第102页。

由他过目钦点状元。当宋仁宗看到第一名考卷中有"孺子其朋"言,犯了语忌,很不高兴,于是把考卷随手调换,因此王安石便从第一名降为第四名,而杨寘由第四名成为第一名了。王安石就这样与状元失之交臂。在这次科考的录取过程中,这次录取的前四名:杨寘、王珪、韩绛、王安石,除了杨寘早逝外,后三位以后都成为朝廷的重臣,位居宰相。

宋代科举有这样的规定或习俗:北宋举子在登第后、注官前,尚有谒谢先贤先师、拜黄甲叙同年、赴闻喜宴,以及与朝中官员叙乡情、结新谊等活动。王安石也不例外,中进士后,拜谒同乡枢密使晏殊。刘成国《王安石年谱长编》中有"及第后拜谒晏殊,颇见器重",同样引述了《默记》卷上的一段话,说明了王安石拜谒晏殊的过程。

王安石登杨寘榜进士第四名后,就与十个登榜及第的人,去拜见同乡枢密使晏殊。晏公等众人退后,独留王安石一人,望着王安石瘦黑的脸,发亮的眼睛,不禁想起王安石由第一名被对调到第四名的情景。想到这里,晏殊深感遗憾,转脸笑着对王安石夸赞道:"你是我的同乡,我很早就知道你的德行好,文辞美,他日名位必然显达,甚至会超过我。"王安石对晏殊的安慰夸奖表示感谢,希望能得到乡里尊长的延誉。

过了几天,晏殊又挑了个空闲的日子,在家中设宴请王安石吃饭。晏殊这次款待同乡才子非同寻常,特别丰盛殷勤,酒菜备办得极为高雅,待遇极为华贵,真可以说是不拘一格又破了格。席间,晏殊对王安石勉励有加,再次夸赞王安石的人品文才。他想把自己多年从政的经验传授给王安石,几次欲言又止,思虑再三,觉得不宜多言,只是反复地告诫王安石要"能容于物,物亦容矣"。晏殊的八字赠言,既有针对性,又如一个哑谜,是够让人琢磨一番的,如果没有一定的社会阅历,是领悟不了的。实际上,晏殊的这八字赠言,言简意赅,含义丰富,其主旨就是指在朝廷从政要会交友,维护团结,宽容他人。晏殊本人在这方面是做得极好的,从政几十年深有体会,也是他从政经验之谈,现在赠言王安石,就是看他能否领悟。王安石当时不解其意,只是反复地念道:"能容于物,物亦容矣!"

归至旅舍,王安石在卧榻上辗转反侧,难以入眠。想到国家内忧外患、积贫积弱的局势，一些朝廷官员依然只顾自身前程，不顾国家社稷的随大流的做法，年轻气盛的王安石非常不认同晏殊的为官之道，他认为自己入仕途是为了报效朝廷，怎可随流俗呢？

后来，王安石在仕宦中经历了 40 多年的风风雨雨，直至第二次罢相。有一次，他和知金陵的弟弟和甫（王安礼）说起当年晏殊会见并送给自己八字赠言之事时，才心情沉重地说："过去我对晏公的话不以为然，现在终于明白了。我在朝廷，生平交友，不注重团结，不保其终，以致树敌过多。今日思之，才明白当时晏公对我说的那番话的含义及良苦用心。"

宋仁宗至和二年（1055）正月二十二日，晏殊病卒，享年 65 岁。王安石此时正在群牧判官任上，得知晏殊逝世的消息后，为失去这位乡贤长者而极为悲痛，特作《晏元献公挽词三首》以表哀思悼念。

一

文章晋康乐，经术汉公孙。
旧秩疑丞贵，前功保傅尊。
传呼犹在耳，会哭已填门。
萧瑟城南路，鸣笳上九原。

二

终贾年方妙，萧曹地已亲。
优游太平日，密勿老成人。
抗论辞多秘，赓歌迹已陈。
功名千载下，不负汉庭臣。

三

感会真奇遇，飞扬独妙龄。
他年西饯日，此夜上骑星。
宿惠留藩屏，余忠在禁庭。
音容无处所，仿佛寄丹青。①

---

① 王安石：《王安石文集》，刘成国点校，中华书局 2021 年版，第 583 页。

在这三首祭悼晏殊的诗中，王安石满怀深情地怀念晏殊对自己的教诲"传呼犹在耳"，高度赞誉晏殊的"文章""经术"，并称赞其"功名千载"，表达了对前辈长者的尊崇景仰之情。

二、王安石与李觏

王安石和李觏都是北宋时期的思想家，生活在同一时期的江西抚州人。他们的思想有许多共同之处和关联之处。胡适称赞李觏是北宋的一位大思想家，"他的大胆，他的见识，他的条理，在北宋的学者之中，几乎没有一个对手"[1]。

李觏（1009—1059），字泰伯，江西南城人，比王安石大12岁。他出身贫寒，14岁丧父，孤儿寡母生活无着。但他幼年时就聪敏过人，又勤奋好学，10岁就已开始学习科举所需的学业，23岁开始写作，陆续写出了许多影响深远的专著。他曾被当时的名相范仲淹、余靖推崇为"博学通识，包括古今"[2]的学者。然而，由于他的政见与当政的权贵不合，屡次参加科举考试都落榜。

李觏34岁时赴汴京参加考试又落榜，随后就隐居故乡，一边奉养寡母，一边勤奋研究古代的典章制度以及时事，并从事著述活动。南城盱江书院建立后，他被郡守邀请讲学，附近的优秀人才纷纷跟他学习，拜他为师，从学者"数十百人"。[3]李觏崇信儒学。他贫寒的家境，坎坷的经历，促成他"以康国济民为意"，形成他进步的改革思想。他的著作很多，其中多是忧国忧民、追求改革的政论。胡适之所以说他"是一个未能得君行道的王安石"，[4]就是说他虽有报国志向和进步的变法思想理论，但没有像王安石那样能君臣共同主持推动变法改革的实践舞台。

李觏一生著书立说，宣传他的儒学思想，且声名远播。作为同时期的晚辈，王安石与李觏应该是很早就相识的，对李觏的学说和为人亦非

---

[1] 胡适：《胡适文存》，上海科技文献出版社2015年版，第二集，第23页。
[2] 李觏：《李觏集》，王国轩点校，中华书局1981年版，第502页。
[3] 李觏：《李觏集》，王国轩点校，中华书局1981年版，第520页。
[4] 胡适：《胡适文存》，上海科技文献出版社2015年版，第二集，第23页。

常敬重。

首先，从王安石写给王景山的书信，可以看出王安石与李觏在思想上有联系。王安石在《答王景山书》中说：

> 盖取友不敢须臾忽也。其意岂止于文章耶？读其文章，庶几得其志之所存，其文是也，则又欲求其质，是则固将取以为友焉……足下又以江南士大夫为无能文者，而李泰伯、曾子固豪士，某与纳焉。江南士大夫良多，度足下不偏识，安知无有道与艺，闭匿不自见于世者乎？特以二君概之，亦不可也。①

从王安石在信中所提及的"某与纳焉"，所阐述的论人衡文的标准及对李觏、曾巩的赞誉来看，称他们为"豪士"，表明是佩服李觏的。王安石这时已经与李觏、曾巩为友，他们有过交往，有过思想交流，并且还采纳和汲取了他们思想中的有益成分以丰富自己的思想宝库。如：王安石与李觏的理财思想有相同的一面，也有区别之处。李觏为学，崇尚《周礼》，其《周礼·致太平论》《平土地书》等政论文都是据《周礼》之义而阐发并联系现实政治问题而形成自己的思想。李觏的理财思想的核心是"足财用"，他认为，人之所以为人，在于足食；国之所以为国，在于足用。王安石为学，亦崇尚《周礼》，非常重视财用对国家政治的重要性，以财用为国计民生的第一要义。在这一点上，王安石与李觏的思想观点是相同的。李觏的改革理财思想，对王安石的思想产生了较大的影响。正是因为他们二人在政治上的相同理念，王安石对李觏这位长者怀有深深的敬意。然而，他们俩理财思想的侧重点又有所不同。李觏的理财，重在富民，看到土地问题的严重性，于是提出"平土均田"的主张。② 王安石的理财，重在政府的财政收入，新法中的主要精神，就是通过国家政权对社会经济活动的控制来增加政府的收入，从而达到富国强兵和改

① 王安石：《王安石文集》，刘成国点校，中华书局2021年版，第1352页。
② 李觏：《李觏集》，王国轩点校，中华书局1981年版，第78页。

变朝廷积贫积弱的局面①。这是王安石的理财思想与李觏的"足财用"思想的区别之处。

从地理条件看，地域的就近，大大方便了王安石与李觏的交往。王安石是抚州临川人，家居抚州城东南盐埠岭（今抚州市荆公路邓家巷），"城之东，以溪为隍，吾庐当丘上"②。他母亲吴氏，是距抚州15公里的金溪柘冈人。王安石在13岁后曾多次回临川故乡。李觏是宋建昌军（今南城县人），家住县城西郊之麻源谷，后创办坐落在盱江之旁县城凤凰岗的盱江书院。可见，他们两人的故里相邻，相距不远，是有机会交流交往的。

庆历三年（1043），王安石任淮南判官，请假回故乡省视祖母。其间，由抚河沿盱江南上，经南城到南丰谒曾巩。恰是这一年，李觏创办了盱江书院，四方士人云集盱江。李觏为大儒，王安石早就佩服，这次过盱江，机会难得，肯定会去拜访李觏。曾巩作为李觏的得意门生，也一定会陪同挚友王安石去拜访老师。有这样的好机会，有挚友曾巩的陪同，王安石与李觏相见会谈交流是完全有可能的。

当时的李觏，无论是著作和办学都很有名气，影响也很大，特别是他目睹朝政混乱，决心站到革新者一边。他撰写了《富国强兵安民三十策》和《庆历名言》等论著，宣传改革思想，积极支持范仲淹的庆历新政。他的侄子李山甫，他的学生邓润甫参加了王安石变法运动，成为变法改革活动的积极分子。

李山甫（1019—1087），字明叟，号龙溪钓叟，军事家、诗人。北宋建昌军南城县人，今属资溪县高田乡龙荫村。李山甫是皇祐元年（1049）进士。历官抚州临川县尉、鼎州武陵（今常德）县令、南安军通判、都官员外郎、西京作坊使、澧州（今湖南澧县）知州等职。他能文能武，胸怀报国为民的思想。他在军事上打仗足智多谋，英勇顽强，在任职地方官上，既办事果断，又体恤民情，得到民众的好评。

李山甫支持王安石的变法改革，积极参加变法运动。他的突出业绩是"熙河之战"。熙宁四年（1071），王安石派大将王韶领兵出征，李山

---

① 王安石：《王安石文集》，刘成国点校，中华书局2021年版，第643页。
② 王安石：《王安石文集》，刘成国点校，中华书局2021年版，第1458页。

甫在经略安抚使王韶的赏识下，参加了熙河之战役。作为这场战争的战略决策者，王安石先后写给王韶四封信(《与王子韶书》)，提出了抗击西夏的战略构想，就是争取熙河地区的少数民族共同抵抗西夏。王韶认真地执行了王安石的指示，一举收复熙河地区（今甘肃临夏临洮一带），共收复失陷二百多年的土地两千多里，招附藏族百姓三十多万人，为北宋立国八十多年来最大的一次军事胜利。李山甫本是个文官，熙河之战是一场军事战役，他在战役中打仗沉着，英勇无畏。在固守香子城时，遇到羌族兵马围攻，由于他的果断智慧，且贯彻了王安石的军事战略，"临事敏捷"，经过两天两夜的激战，最终创造了以四五百人马对敌四五万人，以寡敌众而制胜的辉煌战绩。后率兵守河州，固守27天，终至解围。这些战役凸现了李山甫非凡的文韬武略和对王安石变法的支持。

王安石与李山甫私交很好，曾两次到李山甫的家乡长山探访，留下了三首诗作，称赞李山甫"深山大泽龙蛇出，谁知间气产英豪"，赞李山甫为"英豪"。

邓润甫（1027—1094），字温伯，北宋建昌军南城人。皇祐元年（1049）进士，入仕后初任上饶县尉，又知武昌。早年师事李觏，是李觏的得意门生，深受老师学说的教育和影响，具有改革社会的思想。后来他奉调入京，积极参与王安石的变法运动，颇有建树。熙宁二年（1069），王安石执掌朝政，主持变法，大批启用支持变法的官员，任命邓润甫为"编修中书条例检正中书户房事"职。这些官职虽不高，属于中书省内的六品官员，但却十分重要，是在王安石直接领导下专门研究和制定新法条例。王安石对邓润甫的重用，也说明王安石对李觏思想学说的认同。

邓润甫凭着自己的聪明才干，加上王安石的积极推荐，职务升迁很快。《宋史·邓润甫传》记载："神宗览其文，除集贤校理直舍人院，改知谏院，知制诰。"宋神宗通过阅批变法文件了解到邓润甫是个人才，并对邓润甫加以升迁。邓润甫从此进入了朝廷大臣的行列，成为王安石信任而又得力的助手。

邓润甫的一生，自始至终积极地支持了王安石的变法，忠诚地捍卫了王安石变法的成果。

李觏卒于嘉祐四年（1059），时王安石为度支判官，离熙宁变法尚有十年。李觏未亲见王安石变法，但他的学生邓润甫参与了变法，曾巩支持了变法，并在地方官任上执行了变法的政策措施。

三、王安石与曾巩

王安石与曾巩，他们既是同乡（江西抚州人），又是亲戚（姻亲），同为科举进士（王安石1042年举进士，曾巩1057年举进士），同尊一个师长（欧阳修），同具改革变法之初心，同为唐宋八大家。可以说曾巩是王安石相交最厚的挚友，并被视为"千古醇儒"。

曾巩（1019—1083），字子固，南丰人，长王安石两岁。曾巩姑姑曾夫人是王安石夫人吴氏的祖母，两家原有姻亲关系。

王安石与曾巩相识，始自庆历元年（1041）。其时，王安石21岁，赴京师应礼部试，而曾巩此年入太学，与王安石在京师相识并定交。曾巩有《寄王介卿》诗云："忆昨走京尘，衡门始相识。疏帘挂秋日，客庖留共食。纷纷说古今，洞不置藩域。"① 诗中描述了二人初遇时的情景，二人相见恨晚，相识之欢可见一斑。此后，二人的友情与日弥笃，诗文交流频繁。笔者查检《王安石全集》和《曾巩集》，其中王安石寄曾巩的诗文有《同学一首别子固》《赠曾子固》《寄曾子固二首》《答曾子固南丰道中所寄》《寄曾子固》《豫章道上次韵答子固》《得子固书因寄》《答曾子固书》。曾巩致王安石的诗文有：《酬介甫还自舅家书所感》《怀友一首寄介卿》《寄王介甫》《之南丰道上寄介卿》《发松门寄介甫》《江上怀介甫》《与介甫第一书》《与介甫第二书》《与介甫第三书》《过介甫》《过介甫偶成》《秋日感事示介甫》《寄王荆公介甫》。此外，二人在与同时代其他人的诗文往来中，多次言及对方。如王安石在《与孙侔书》中，称自己与曾巩"亦可以忘行迹矣""且吾两人与子固，岂当相求于行迹间耶？"② 而曾巩在《上蔡学士书》《上欧阳舍人书》《再与欧阳舍人书》中，则对王安石极力推荐，赞赏有加。

---

① 曾巩：《曾巩集》，陈杏珍、晁继周点校，中华书局1984年版，第18页。
② 王安石：《王安石文集》，刘成国点校，中华书局2021年版，第1343页。

他们在诗文中，出自内心的真情实感，互相仰慕，互相知心，相互推许，相互辩诬，彼此尊重，其交往真是情深意切。王安石在《同学一首别子固》中说："江之南有贤人焉，字子固。非今所谓贤人者，予慕而友之。"① 称曾巩为江南贤人。在《赠曾子固》诗中说："曾子文章众无有，水之江汉星之斗。挟才乘气不媚柔，群儿谤伤均一口。吾语群儿勿谤伤，岂有曾子终皇皇。借令不幸贱且死，后日犹为班与扬。"② 从这首诗歌中可以看出王安石非常了解曾巩，不仅喜爱曾巩的诗文，还特别佩服曾巩的风节与人格，对当时某些人误解曾巩进行辩诬，为友人仗义执言。后来又为曾巩的家人作过墓志铭。庆历三年（1043），王安石回临川探亲。其间，特意到南丰探访曾巩，曾巩热情接待，两人切磋诗文学问，志趣相投。王安石返任时，曾巩还特意从南丰赶到临川送别王安石，一直送到洪州才告别。不仅如此，曾巩对王安石的道德文章极为推崇，多次向朝廷重臣推荐王安石。

　　曾巩初识王安石的时候，主要还是佩服王安石在文学方面的造诣和才华。经过几年的交往，对王安石的认知已上升到佩服王安石远大的志向、高尚的人格以及卓尔不凡的治国方略与政治才能，认为王安石已经不是单纯的文化人物，而是政治人物，并且是古今不常有的顶尖人物。曾巩出于谋国之忠，爱才之切，要为国家举荐贤才。他一再向朝廷重臣欧阳修、蔡襄举荐已举进士但仍屈处下僚、声名未崛的王安石，留下一段"子固三荐王安石"的佳话。

　　庆历四年（1044）五月，曾巩给翰林学士蔡襄写了一封《上蔡学士书》。蔡襄（1012—1067），字君谟，福建仙游人，宋仁宗天圣九年（1031）举进士，初为西京留守推官、馆阁校勘，后官至知谏院学士、翰林学士，是北宋朝廷的重臣。曾巩在信中力荐王安石，称王安石为"古今不常有"之人才，对王安石评价甚高。这绝不是溢美之词，如果对王安石不了解，断难作出此评价。

　　也就在同一年（1044），曾巩在给蔡襄学士写了这封《上蔡学士书》

---

① 王安石：《王安石文集》，刘成国点校，中华书局2021年版，第1238页。
② 王安石：《王安石文集》，刘成国点校，中华书局2021年版，第201页。

之后不久，又给欧阳修写了一封《上欧阳舍人书》。向欧阳修推荐王安石，并附王安石所为文一篇献上。欧阳修（1007—1072），字永叔，号醉翁，庐陵（今江西吉安）人。天圣八年（1030）中进士，任馆阁校勘。后官至知贡举、枢密副使、参知政事等，亦是朝廷中的重臣。曾巩在信中推荐王安石的内容中基本上与《上蔡学士书》相同：

> 巩之友王安石，文甚古，行甚称文，虽已得科名，居今知安石者尚少也。彼诚自重，不愿知于人，尝与巩言："非先生无足知我也。"如此人，古今不常有。如今时所急，虽无常人千万不害也，顾如安石不可失也。先生倘言焉，进之于朝廷，其有补于天下。亦书其所为文一编，进左右，幸观之，庶知巩之非妄也。鄙心惓惓，其大抵虽如此，其详可得而具邪。[①]

书中语词恳切，为国荐才之心昭昭可鉴。经过曾巩的极力推荐，作为前辈的欧阳修对王安石的德行文学与政治才能是欣赏的。至和年间，欧阳修在上《荐王安石吕公著札子》说：

> 伏见殿中丞王安石德行文学为众所推，守道安贫，刚而不屈……安石久更吏事，兼有时才，曾召试馆职，固辞不就……今谏官尚有虚位，伏乞用此两人，补足四员之数，必然规正朝廷之得失，裨益陛下之聪明。[②]

过了两年，即庆历六年（1046），曾巩因"屡得王安石书，向曾巩称赞王回、王向，以为有道君子"。曾巩于是再上《再与欧阳舍人书》，除了继续推荐王安石外，还推荐王回、王向。书信云：

> 巩顷尝以王安石之文进左右，而以书论之……书即达，而先生

---

① 曾巩：《曾巩集》，陈杏珍、晁继周点校，中华书局1984年版，第237页。
② 欧阳修：《欧阳修集编年笺注》，巴蜀书社2007年版，第382页。

使河北，不复得报，然心未尝忘也。近复有王回、王向者……安石于京师，得而友之，称之曰"有道之君也"。以书来言者三四……巩与安石友，相信甚至。自谓无愧负于古之人。览二子之文，而思安石之所称，于是知二子者，必魁闳绝特之人……三子者卓卓如此，树立自有法度，其心非苟求闻于人也。而巩汲汲言者，非为三子者计也，盖喜得天下之才，而任圣人之道，与世之务……①

曾巩在信中推荐了三人，"三子者卓卓如此"。欧阳修于嘉祐初作《赠王介甫》云：

翰林风月三千首，吏部文章二百年。
老去自怜心尚在，后来谁与子争先。
朱门歌舞争新态，绿绮尘埃试拂弦。
常恨闻名不相识，相逢樽酒盍留连。②

该诗字里行间充满了对王安石的殷殷期待之情。在王安石拜相以后，欧阳修在熙宁三年（1070）十二月《作贺王相公安石拜相启》云："高步儒林，著三朝甚重之望；晚登文陛，当万乘非常之知。"③ 表达了对王安石的赞扬。后来，尽管欧阳修对王安石推行的新法有不同看法甚至反对，但王安石作为受欧阳修提携的后辈，始终对欧阳修深怀崇敬之情。熙宁五年（1072），欧阳修病逝，王安石深表哀恸。作为同乡兼晚辈，王安石特为欧阳修撰写了祭文。在文中对欧阳修作了发自内心的评价："公器质之深厚，智识之高远，而辅学之精微……果敢之气，刚正之节，至晚节不衰。"④ 这份祭文，表达了王安石对欧阳修的尊崇和敬仰。

曾巩尚在布衣时，就对"庆历新政"的失败给予极大的同情，但那

① 曾巩：《曾巩集》，陈杏珍、晁继周点校，中华书局1984年版，第248页。
② 欧阳修：《欧阳修集编年笺注》，巴蜀书社2007年版，第590页。
③ 欧阳修：《欧阳修集编年笺注》，巴蜀书社2007年版，第44页。
④ 王安石：《王安石文集》，刘成国点校，中华书局2021年版，第1489页。

仅仅是抒发感慨而已。他开始考虑宋朝日甚一日的颓势，对"庆历以来，三十余年"的"吏治因循"深有感喟，讥讽一般士大夫"苟且畏慎，阴拱默处"的软弱无能，认为必须变法。"今之天下，则风俗日以薄恶，纲纪日以驰坏，百司庶务，一切文具而已。内外之内。则不足于人材，公私之计，则不足于食货。"①这是明白地告诉神宗必须大振朝纲，别寻良谟来挽救时局的弊败。他还诚然地提出一些变法主张。如他在《礼阁新仪目录序》中提出"古今之变不同""变其法以宜之"；在《战国策目录序》中提出"二子（指孔孟）乃独明先王以不可改者，岂将强天下之主以后世不可为哉！亦将因其所遇之时，所遭之变而为当世之法"，肯定孔孟的"与时俱变"；在《上杜相公书》中称赞杜衍的"更张庶事"；在《上欧蔡书》中赞扬"庆历新政""更贡举法，数十百年弊可谓尽矣！"在《熙宁转对疏》中肯定了神宗的"更制变俗，比迹唐虞之志"，尤其是在元丰三年，称颂神宗："变易因循，号令必信，使海内观听莫不奋起……"从中可充分看出，曾巩对新法是由衷地赞赏的。曾巩认为，应将变法思想纳入"先王之道"，在《礼阁新仪目录序》中强调"其所改易更革，不至于拂天下之势，骇天下之情，而固已合乎先王之意矣"，这就与王安石的"法先王之政者法其意而已"的观点保持了一致。王安石的"役法之变"，曾巩皆曾参酌之。由此可见，曾巩的政治理念中有着丰富的变法改革思想，在很多方面与王安石的变法思想是相通一致的。

在新法推行期间，曾巩已是朝廷官员了，且连任地方长吏，长达12年之久，对王安石推行的新法，两人在某些问题上虽然有分歧，但曾巩也主张对一些不合时宜的祖宗之法要进行改革，不能因循守旧，一成不变。因而，他在辖区内卓有成效地实行新法，以事实验证新法富国强兵的可行性。曾巩默默地对挚友予以最实在的支持，对于国有利的变法政策全力地执行。有的则是从实际出发，灵活推动，创造性地实施新法。例如，曾巩实施"青苗法"：通判越州时，"出钱粟五万贷民为种粮，使随岁赋收入，民事赖以生活"，在齐州任上也推行过"青苗法"。贯彻农田水利法：曾巩

---

① 曾巩：《曾巩集》，陈杏珍、晁继周点校，中华书局1984年版，第434页。

对水利非常重视，通判越州时付诸行动，便"问湖之废兴于人，求有能言利害之实者"，到任之后，"问图于两县，问书于州与河渠司"，撰写《越州鉴湖图序》，以俾"计议者有考"。齐州任上，"在北域修筑堤堰，疏浚水道，开挖新渠，修建水闸等"。知襄州，他极力重视孙曼叔疏浚后能溉田的"长渠"，不仅亲自为之撰《襄州宜城县长渠记》，而且将曼叔之法"定著令"，因此，逢"秋大旱，独长渠之田无害"。在明州任上，也曾"浚西湖"。执行"保甲法"方面：曾巩在齐州上任后，将保甲法"行之郡中，使稽察居人行旅出入，经宿皆藉记。有盗则鸣鼓相授。又设方略，明赏物，急追捕，且开人自言，故盗发辄得"。知亳州，"公推行保甲之法，盗为引去"，并将"保甲法"不够完备的地方，尽量加以完善，做到尽善尽美，保一方平安。执行"募役法"方面：曾巩通判越州时，纠察厘正了以往"乡户输钱助役"的弊病，"且请下诏约束，毋擅增募人钱"，以保证"募役法"的妥善施行。知齐州时，在修建北水门的工程中，"以库钱买石儗民为工"。知明州时，修造城墙，"力出于役兵佣夫，不以及民"，做到不增加民众的负担。这些方面都是曾巩执行新法的突出表现。另外，在执行"均输法"与"将兵法"的过程中，一些观点言论与措施也是与王安石变法的内容相吻合的。在教育及科举方面的思想行动与王安石的想法也是合拍的。

当然，不可否认王安石与曾巩在变法问题上有不同认识，产生一些意见分歧，这是正常的现象。从总体看，在变法问题上，他们二人并没有分道扬镳，是求同存异的，并没有影响两人之间的交情。

刘成国在《王安石年谱长编》中有"曾巩兄弟持母丧过江宁，公往吊之""曾巩病于江宁，介甫日造其卧内视之"的记述。元丰六年（1083）春，曾巩、曾布、曾肇兄弟三人扶着曾母朱太夫人的灵柩南归，船至江宁时，曾巩因病重不得不暂时停留。而此时的王安石正退居江宁，闻讯后，就常来探望老友。两位乡亲京城缔交，经历了青春年华的意气风发，互相仰慕的相知相交，各奔前程的艰苦经历。而今，数十年的光阴转眼逝去，官场上的奋斗皆成过眼烟云，两人已是60多岁的白发老人，执手相看，感慨良多，别是一番滋味在心头。当年的四月一日，曾巩辞世。千载有余情，在曾巩的最后时光，他和王安石能够得以相见，重温往事，亦是一种人生的欣慰。

王安石在变法中起用了一批新秀,南丰曾布就是其中之一。曾布是曾巩的弟弟,比王安石小15岁,少年时聪颖,学于巩,21岁与兄同登进士榜。曾布在青年时对北宋"积贫积弱"的局面很有感触,具有改革的思想观点,与王安石的主张相近,故被王安石视为知己。王安石执政时,启用曾布为三司使,检正中书五房。变法初期,王安石的变法受到保守派的攻击,曾布挺身而出,对保守派的攻击给予有力的回击,对王安石的变法给予坚决的支持。

在制定新法时,曾布的态度是积极的。王安石推行的免役法、保甲法、保马法、青苗法、均输法、方田均税法、农田水利法等,曾布都参与了讨论和拟订文件的工作。在颁行新法的过程中,一些新法遭到保守派的肆意诋毁和破坏,如青苗法、免役法的推行就受到保守派人物的攻击和诋毁破坏,使宋神宗思想产生了动摇。王安石感到为难,这时的曾布不但劝说王安石坚持变法,并遵照王安石之命撰写奏疏文告,以具体事实对保守派的攻击言论给予有力的驳斥,使新法得以继续推行。

曾布在这一时期,无论是拟定新法还是维护新法的施行,都是积极敢为的。王安石对曾布的表现和革新精神极为满意。王安石说:"法之初行,议论纷纷,独惠卿与曾布始终不易。余人一出焉,一入焉尔。"

曾布对王安石向来是崇敬的,即使王安石已故,自己做了宰相也是如此。他曾对哲宗说:"安石以义理、名节、忠信、自任,不肯为……非他人可比。"又说,王安石"甘滋滋于国事,寝食不忘,士人有一善可称,不问疏远,识与不识,即日召用,诚近世所无也"。足见王安石在他心目中的地位是很高的。曾布对王安石的亲属也是很关心的,王安石逝世后,留下孀妻吴氏寓蔡卞家,她希望其弟吴颐在京师任职。曾布为此力争,才让吴颐在编敕局任删定官,使姐弟团聚,方便照顾王安石的孀妻。

曾布鼎力相助王安石变法,载在史册,彰明昭著。《扪虱新语》载:"荆公尝曰:'吾行新法,始终以为不可者司马光也,始终以为可者曾布也。其余皆出入之徒也。'"[1] 曾布兄弟俩(弟曾肇)拥护支持新法,在元祐时期,

---

[1] 邱模楷:《曾巩与王安石》,《抚州师专学报》1989年第1期,第66页。

均被视为王安石、蔡确一党，备受打击，被污名泼脏水。

曾巩对两个弟弟曾布、曾肇拥护新法，后遭受打击报复是毫不责怪弟弟的，正如蔡上翔所言"则固（曾巩）不以新法为非矣"。

四、王安石与董伋

王安石与董伋是同年，是同乡，又是诗友，两人交情甚笃。

被誉为"千古一村"的流坑古村，地灵人杰，俊才辈出。两宋期间，董氏一族就出了26名进士，加上曾氏，全村总计30名进士。董氏家族有一门四进士或一门五进士之说，这在江西都是罕见的。在这些众多的知识分子中，不乏一批"浩然之气"的名士，董伋就是其中的佼佼者。董伋（生卒年不详），字伯懿，乐安（今江西乐安）流坑人，为董氏第五代孙。董伋兄弟中，一门四进士，对流坑宋代科举文化的兴盛和后来董氏家族的发展，产生过重要的影响。宋仁宗庆历二年（1042），董伋中进士，时仅20多岁。后历任穰、寿光、白马、海盐、彭泽、北海等县县令。曾两次入朝，先后为刑部详覆官和秘书丞，还曾经一度以参谋身份到陕西军中用事。他个性豪放，为官亦守正不阿，至遭贬谪，在官场上并不得意。

董伋善诗，称得上是北宋诗人，有诗文集，可惜不传于世，仅有少量诗文见于《永丰县志》及董氏族谱。他与当时诗坛巨擘梅圣俞等人相交好，梅氏《苑陵集》中有《董著作知北海县》诗："君尝佐王属，议平天下刑。出宰得右邑，农锄皆带经。素琴伴饮酒，绿藓生讼庭。举首望海雁，高怀在青冥。"对董伋的人品和政事加以赞叹和推崇。兼有同年、同乡之谊的王安石对董伋极为推崇。他们交情甚笃，往来密切，时有互相酬唱之作。虽然董伋的诗文多有遗失，有关他们交往的资料也很难找到，但从王安石对董伋的和诗中可以看出董伋确实写了不少诗，而且以诗名传世。他们二人相知相交，心心相印，成为宋代临川文学史上的美谈佳话。

王安石对董伋的诗作极为推崇，倍加赞赏。王安石认真拜读过董伋的诗，并有不少和诗，对董诗评价甚高。董伋有诗《示裴晋公平淮右题名碑》，王安石读后有感而发，即和诗一首《董伯懿示裴晋公平淮右题名碑诗用其韵和酬》，依照董诗的题材和韵脚而作。从诗题中可知董诗写的是唐代名臣裴度奉旨督军擒拿淮察刺史吴元济之事。王安石在和诗中除了对裴度政绩进行评点,对时局政事表示担忧之外,特别对董诗加以赞美:"新篇波澜特浩荡,把卷熟读迷津涯,褒贤乐善自为美,当挂庙壁为诗牌。"①在王安石看来,董诗不仅内容厚重,而且艺术性强,深得人们称赞和喜爱,并被广为传颂,有人甚至将董诗抄于木板,制作成碑,挂在寺庙,供人赏读,流传后世。再如王安石读了董诗《松声》后,用董诗韵作了和诗《次韵董伯懿松声》:"天机自动岂关情,能作人间物外声。暝眡一堂无客梦,晓悲千嶂有猿惊。庙中奏瑟沉三叹,堂下吹箫失九成。俚耳纷纷多郑卫,直须闻此始心清。"②将董诗引为同调,吐露心迹。王安石是个有抱负之人,那种壮志未酬积郁于心中的愁闷、烦躁、愤懑难平,只有在读了董诗后,"直须闻此始心清",心绪才渐渐得以平静下来。对董诗给予这么高的评价,这在王安石对挚友的评价中是不多见的。董修以诗名传世,能得到大文豪王安石的极力推崇,可见董修诗歌成就不小。

王安石不仅对董诗倍加推崇,而且通过相互赠诗、和诗来作为他们之间倾诉心迹、情感交流的载体。治平元年(1064)至治平四年(1067)的三年中,他们二人同在江宁(今南京市)。"我来以丧归,君至因谪徙。苍黄忧患中,邂逅遇于此",王安石因母丧,在江宁守丧三年,恰好董修遭贬谪,也落难江宁。同乡相逢,备感亲切,同处一地,往来频繁。他们时常结伴而行,遍游江宁的山水,饱览金陵的名胜古迹,唱和吟对,成为莫逆之交。王安石《示董伯懿》诗曰:"穿桥度堑只闲行,咏石嘲花亦漫成。嚼蜡已能忘世味,画脂那更惜时名。长干里北寒山紫,白下门西野水明。此地一廛须卜筑,故人他日访柴荆。"③就是他们二人交游玩兴、情趣盎然的真实反映。他们轻松自如、无拘无束,穿桥度堑、咏石嘲花,是何等的惬意,特别是诗末二句更是妙趣横生,游赏吟咏之间看似已超凡脱俗,其实别有一番滋味,心中块垒一望而知。再看王安石的组诗《与伯懿至台城三首》,王安石与董修同游江宁台城,互为倾诉知己。在其中

---

① 王安石:《王安石文集》,刘成国点校,中华书局2021年版,第96页。
② 王安石:《王安石文集》,刘成国点校,中华书局2021年版,第373页。
③ 王安石:《王安石文集》,刘成国点校,中华书局2021年版,第312页。

的《三品石》诗中写道："草没苔侵弃道周，误恩三品竟何酬？国亡今日顽无耻，似为当年不与谋。"① 目睹三品石，用陈亡史实，以古鉴今，借物说人，嘲讽那些像"顽石"般的守旧势力和保守人士，倾诉心中壮志未酬的不平之气。在同组诗的另一首《证圣寺杏接梅花未开》诗中："红蕊曾游此地来，青青今见数枝梅。只应尚有娇春意，不肯凌寒取次开。"② 王安石托物言志，以梅自喻，表示了他决不取媚当世的孤介高尚的人格和情性。从以上所引几首诗可以看出江宁服丧期间的王安石在壮志未酬、前途未卜的境况下，是把董伀引为意气相投、无话不谈、心心相印的挚友。

王安石与董伀在性格上颇有相似之处，豪放刚烈，不媚世俗，但他们又是性情中人，很懂得人间真情之贵，烟火之累，极富人情味。对二人培植起来的真挚友谊，王安石是倍加珍惜和爱护的，看作是精神寄托的重要平台，《送董伯懿归吉州》诗就是很好的例证。治平四年（1067）或稍后些，朝廷大赦，董伀结束谪居，王安石也服丧期满。"去年服初除，听赦相助喜"，当得知董即将恩准归乡后，王安石既为友人高兴，又不禁生出一怀惆怅，于是就写了这首有名的送别诗：

> 我来以丧归，君至因谪徙。
> 苍黄忧患中，邂逅遇于此。
> 去年服初除，听赦相助喜。
> 看君数归月，但屈两三指。
> 茫然冬更秋，一笑非愿始。
> 蓝舆杨柳下，明月芙渠水。
> 童饥屡窥门，客罢方隐几。
> 是非评众诗，成败断前史。
> 时时对弈石，漫浪争生死。
> 送迎皆幅巾，设食但陈米。
> 亦曾戏篇章，挥翰疾蒿矢。

---

① 王安石：《王安石文集》，刘成国点校，中华书局2021年版，第522页。
② 王安石：《王安石文集》，刘成国点校，中华书局2021年版，第530页。

君豪才有余，我老备先止。
东城景阳陌，南望长干紫。
欲斫三亩蔬，于焉寄残齿。
经过许后日，唱和犹在耳。
新恩忽舍我，欣怅生彼已。
江湖北风帆，捩柂即千里。
相逢知何时，莫惜缣与纸。①

王安石在诗中真实地记录了二人相遇的过程，并深情地回顾了与董儵的密切交往：结伴游赏，评点诗史，对弈争胜，唱和斗文，十分友好，相互获得慰藉和乐趣，并相约终老于斯。可见他们的交往极为真诚，感情极为融洽。整首诗语气平和亲切，用词朴素自然，特别是诗末几句"江湖北风帆，捩柂即千里。相逢知何时，莫惜缣与纸"写得情真意切，尤见王安石对这位恩准归乡友人的依依惜别之意。王安石的这首诗，称得上是赠别诗的佳作，诗中夹叙夹议，叙中抒情，极为诚挚感人地表现了王、董二人的契阔友情。在王安石的1500多首诗作中，这是唯一的一首长篇送别诗。

总之，从上述王安石几首诗的分析中至少可以印证这个事实：流坑名士董儵以诗为名，不仅得到北宋著名诗人梅圣俞的称赞，还得到大政治家、大文学家王安石的推崇和赞赏；王、董二人的莫逆之交虽较短暂，之后再未见到他们交往的文字记载，但他们的这段友情佳话为宋代临川文学史增添了精彩的一笔。

第三节　王安石诗文中的家园情怀

对家乡的眷恋，是中国古典诗词所反复咏叹的主题。乡思、乡愁、乡情、乡恋，是代代诗人诗情迸发的不竭源泉。

王安石多次回故里临川探亲期间，大展诗人的情怀，写下了上百篇

---

① 王安石：《王安石文集》，刘成国点校，中华书局2021年版，第164页。

倾诉浓浓乡愁的诗文。如《张刑部诗序》《灵谷诗序》《伤仲永》《城陂院兴造记》《抚州祥符观三清殿记》《忆昨诗示诸外弟》《过外弟饮》《乌塘》《到家》《还家》《初去临川》《归临川再宿金峰》《为裴使君赋拟岘台》《清风阁》《书陈祈兄弟屋壁诗》《柘冈》《试茗泉》《跃马泉》《送彦珍》《寄黄吉甫》《外祖母黄夫人墓表》《上徐兵部书》等，其字里行间洋溢着深深的孝道之义、亲友之思、乡愁之情。

一、对过往岁月的回忆

在故里临川，每次探亲，王安石停留的时间虽不长，但却留下了永久的乡愁，岁月的回忆，那种温情喷涌而出，令人动容。

庆历三年（1043）王安石登第入官，在淮南签书节度判官。三月自扬州返临川，五月至家省亲，颇有衣锦还乡、意气风发之慨。王安石返归家乡后，到金溪舅舅家见诸外弟，于初秋在舅家吟读诗文，并作《忆昨诗示诸外弟》：

> 忆昨此地相逢时，春入穷谷多芳菲。
> 短垣囷囷冠翠岭，踯躅万树红相围。
> 幽花媚草错杂出，黄蜂白蝶参差飞。
> 此时少壮自负恃，意气与日争光辉。
> 乘闲弄笔戏春色，脱略不省旁人讥。
> 坐欲持此博轩冕，肯言孔孟犹寒饥。
> 丙子从亲走京国，浮尘坌并缁人衣。
> 明年亲作建昌吏，四月挽船江上矶。
> 端居感慨忽自寤，青天闪烁无停晖。
> 男儿少壮不树立，挟此穷老将安归？
> 吟哦图书谢庆吊，坐室寂寞生伊威。
> 材疏命贱不自揣，欲与稷契遐相希。
> 昊天一朝畀以祸，先子泯没予谁依？
> 精神流离肝肺绝，眥血被面无时晞。

母兄呱呱泣相守,三载厌食钟山薇。
属闻降诏起群彦,遂自下国趋王畿。
刻章琢句献天子,钓取薄禄欢庭闱。
身著青衫手持版,奔走卒岁官淮沂。
淮沂无山四封庳,独有庙塔尤峨巍。
时时凭高一怅望,想见江南多翠微。
归心动荡不可抑,霍若猛吹翻旌旗。
腾书漕府私自列,仁者恻隐从其祈。
暮春三月乱江水,劲橹健帆如转机。
还家上堂拜祖母,奉手出涕纵横挥。
出门信马向何许?城郭宛然相识稀。
永怀前事不自适,却指舅馆接山扉。
当时髫儿戏我侧,于今冠佩何顾顾。
况复丘樊满秋色,蜂蝶摧藏花草腓。
令人感嗟千万绪,不忍苍卒回骖騑。
留当开樽强自慰,邀子剧饮毋予违。①

这首诗既是写给金溪外婆家诸表兄弟,也是王安石吟咏家乡临川、回忆过往岁月的一首七言古体长诗。全诗60句,一韵到底,回忆他23岁前的人生经历,追忆了儿时多彩多姿的生活,赞美了家乡临川的山水风貌,表现了诗人对家乡和亲人的深厚真挚的感情。全诗可分为十个层次,先是描写了外婆家的美丽景色,与诸外弟入山嬉玩的乐趣。次写诗人自己的人生经历,父亲去世,家中生活艰难,自己在艰苦的环境中奋发砥砺,自强不息,形成坚忍顽强的品性,成为兄弟中第一个中礼部进士并名列甲榜第四。再写回乡省亲,拜见祖母的情景。最后叙写见到外弟长大成人时的欣喜,与众外弟开樽痛饮的盛情。全诗结构严谨,文字典雅,叙事精当,语言流畅,情感飞扬,读后给人一种昂扬向上的正能量!在古

① 王安石:《王安石文集》,刘成国点校,中华书局2021年版,第206页。

体诗中是一篇上乘之作。

王安石另一首《过外弟饮》,也是通过对过往岁月的回忆,表达浓浓的亲情。

> 一日君家把酒杯,六年波浪与尘埃。
> 不知乌石冈边路,至老相寻得几回？①

君家,指表弟家,即王安石的外婆家。波浪,指俗世的纷扰。此诗的大意是：自从上次到外婆家和你共欢共饮之后,转眼间便过了六年,这期间经历了多少风波,奔走过多少道路啊！不晓得乌石冈边的这条小路,我到老时还能再走几趟来拜访你,与你共饮呢？王安石曾于景祐三年（1036）随父由临川赴京,至庆历三年（1043）复归临川,相隔已六载。诗云"一日君家把酒杯,六年波浪与尘埃",当知此诗作于庆历三年（1043）。这首七言诗回忆并叙写诗人在庆历三年回临川探亲至乌石冈外婆家会见亲人的感受,描写了诗人与诸表兄弟把酒言欢的温馨场景,体现了诗人与诸表兄弟的深厚感情。前两句写相聚的宝贵,后两句叹息时光易逝,表达企盼相约再聚的情怀。整首诗写得情意绵绵,感受深切,尤其是诗中的"一日""六年"和"不知""至老"等回忆时间的词语运用出色传神,自然流畅。

再看王安石一首《归临川再宿金峰》诗：

> 十年再宿金峰下,身世飘然岂自知。
> 山谷有灵应笑我,纷纷南北欲何为。②

这首七言绝句同样是一首通过回忆过往岁月表达浓浓亲情之作。宋皇祐二年（1050）,王安石在鄞县知县任满,回京候差,利用候任新职的间隔时间,顺道回临川探亲,并到金峰探访,写有《金峰晚坐有怀》。嘉

---

① 王安石：《王安石文集》,刘成国点校,中华书局2021年版,第503页。
② 李壁：《王荆公诗注补笺》,成都巴蜀书社2000年版,第724页。

祐三年（1058），王安石知常州任上不久，又接到调令任提点江南东路刑狱。江南的九江等地属工作范围，王安石于是又顺便回临川省亲，再次探访金峰上池族亲，再宿金峰。这首诗当作于这次回乡省亲之时。据李壁《王荆公诗集笺注》，临川金峰有王荆公题字。

诗中说：十年后，我再次来到金峰山下上池王家，看望曾叔祖的族亲后人。亲人会见相拥而泣，深感在外飘荡的日子是多么的艰辛！深山里寺庙的神灵都在笑我劝我，反问我这些年走南闯北究竟是为什么？王安石在诗中深沉地回忆怀想临川金峰清幽的景色，流露出浓浓的对亲人的思念之情。特别是诗句"身世飘然岂自知""纷纷南北欲何为"，描述那种无奈的宦游生活历程，释放出一种复杂而又惆怅的心绪，让人读后倍感真切，深为王安石具有这样的亲情所感动。

二、对故乡山水的眷恋

月是故乡明。人生路上无论到达哪座驿站，故乡都是挥之不去的眷恋。故乡的山水，始终是漂泊在外游子的牵挂，爱家乡必然爱故乡的山水胜景。王安石遗存的一千多首诗篇，有很多山水之作，其中不乏对故乡临川山水胜迹的赞美与眷念，特别是他回归临川所作山水诗文，充溢着深厚的家园情怀。

现选择几首诗文，供赏析。

为裴使君赋拟岘台

君作新台拟岘山，羊公千载得追攀。
歌钟殷地登临处，花木移春指顾间。
城似大堤来宛宛，溪如清汉落潺潺。
时平不比征吴日，缓带尤宜向此闲。[1]

李壁对这首诗注曰："按《临川志》，使君名材，嘉祐间来守临川。

---

[1] 王安石：《王安石文集》，刘成国点校，中华书局2021年版，第376页。

至之二年筑台于城东南隅，名曰拟岘，以其形似岘山也，乃临川山水汇处。"①对古临川的这座标志性建筑，曾巩作《拟岘台记》。王安石的这首诗正好是嘉祐三年回临川省亲时见拟岘台初建成所作。

这首诗通过描写拟岘台景物风光，热情地称颂知州裴材的政绩。诗歌写道：家乡的"父母官"裴使君在盐埠岭建造拟岘台，晋代名将羊祜镇守襄阳的善政，千百年来感动后人，如今裴材的政绩可与羊祜媲美。拟岘台上乐声、歌声、欢呼声一片，抬手之间花木葱郁，春光一片，正是赏心悦目的好去处。临川城依山而建，曲折回旋，汝水环绕县城缓缓流淌。如今时值太平岁月，和当年羊祜肩负征吴的重任不同，你尽可以放宽衣带，从容自在地在此享受闲适之乐。

诗歌写景咏怀，表现了一位政治家的精神风貌，有令千载之后留有政声的道德风尚。诗句"歌钟殷地登临处，花木移春指顾间""城似大堤来宛宛、溪如清汉落潺潺"是写景的名句，对仗、比喻、叠字等修辞手法的运用，极大地增强了此诗的美感。

城东寺菊

黄花漠漠弄秋晖，无数蜜蜂花上飞。
不忍独醒孤尔去，殷勤为折一枝归。②

城东寺，又名正觉寺，建在抚州城外剪子口东侧。这是一座名扬江南的千年古刹，是古临川的一处名胜。

正觉寺自唐开元年间始建以来，经历代扩充，殿宇更加宽敞雄伟。进门天王殿，有四大天王塑像，过天王殿便是大殿，殿正中是释迦牟尼大佛像，两边为雕塑的十八罗汉。出大殿便到了方丈楼，方丈楼有四层，上三层是千佛楼，有佛像千尊。千佛楼东边有禅堂、斋堂、祖师殿、地王殿；西边有将军殿，殿中有三尊青蛙将军等。正觉寺不仅寺庙宽敞明亮，佛像形态逼真，而且寺内采用江南园林设计风格，景色如画。寺东有一处

---

① 李壁：《王荆公诗注补注》，成都巴蜀书社2000年版，第661页。
② 王安石：《王安石文集》，刘成国点校，中华书局2021年版，第543页。

临江面水的阁楼，名叫籁龙轩。凡来正觉寺游览的文人墨客，都要登临此轩，寻觅诗句。王安石回临川故乡探亲期间，曾在籁龙轩题咏《正觉寺籁龙轩》一诗。离正觉寺不远处有一口名叫"醒泉"的古井，水质清奇，据说此处泉水配上泡铁山的茶叶，饮之可益寿延年。正觉寺历代盛衰不常，僧侣多达一百多人，经书一百多种。

寺院中种植了许多花草树木，尤以菊花为盛。这首诗就是描写城东寺秋天菊花盛开的景况，"无数蜜蜂花上飞"句极为传神逼真，吸引着人们观花赏菊，表达诗人王安石爱菊高洁的一种情怀。

抚州祥符观三清殿记

> 临川之州城横溪上。西出，出城之上，有宫岿然，溪之泛泛流过其下，东南之山皆在其门户窗牖之间者，曰祥符观。观之中有屋四注，深五十五尺，广七十二尺，升之高，居深十八分之一，楹二十有四，门两夹窗，中象三，旁象二十有六者，曰三清殿。用其师之说以动人，而能有此者，曰道士黎自新。出其力以归于道士之说，而卒成此者，曰里之人邓佺。佺之子表，故尝与予游。予之归，表语其父之事，而乞予文，予不能拒也。夫用其师之说以动人者道士也，予力顾出道士下，复何云哉！皇祐二年五月二十五日。①

皇祐二年（1050），王安石归临川探亲。五月，应乡里友人邓表之请，撰《抚州祥符观三清殿记》。这篇记写得简短、精要，只有几百字，着重介绍祥符观的地址及三清殿的规模，并交代了作记的缘由。

据雍正《江西通志》卷一百十二载："祥符观，在临川县拟岘台侧。隋创，南唐昇元间，甘露降于仙坛松上，因改甘露观。宋大中祥符重建，更今名。"② 观名及观名地址的来历就讲得很清楚了。其实祥符观离王安石的祖居地盐埠岭并不远，王安石少年时就经常随长者在这里游玩，对这座位于老宅旁边的道观胜迹，王安石自然是情有独钟的。早些年，当祥

---

① 王安石：《王安石文集》，刘成国点校，中华书局2021年版，第1460页。
② 刘成国：《王安石年谱长编》，中华书局2018年版，第233页。

符观新修九曜阁建成之后，王安石就应叔父之请，撰写了《大中祥符观新修九曜阁记》，对祥符观的地理位置做了介绍：

> 临川之城中，东有大丘，左溪水，水南出而北并于江。城之东，以溪为隍，吾庐当丘上，此折而东百步，为祥符观。观岸溪水，东南之山不奄乎人家者，可望也。①

王安石在记中回忆说："某少时固常从长者游而乐之。"交代了作记的缘由是为了遂顺道士的美好心愿，完成叔父的嘱托。

王安石先后为抚州祥符观做的两篇记，说明王安石对故里的名胜古迹风土民情是重视的，是尊重的，是常挂在心里的，彰显了王安石对故乡的眷恋之情。

灵谷诗序

吾州之东南有灵谷者，江南之名山也。龙蛇之神，虎豹犀翟之文章，梗枏豫章竹箭之材，皆自山出。而神林、鬼冢、魑魅之穴，与夫仙人、释子恢谲之观，咸附托焉。至其淑灵和清之气，盘礴委积于天地之间，万物之所不能得者，乃属之于人，而处士君实生其址。

君姓吴氏，家于山阯，豪杰之望，临吾一州者，盖五六世，而后处士君出焉。其行，孝悌忠信；其能，以文学知名于时。惜乎其老矣，不得与夫虎豹犀翟之文章、梗枏豫章竹箭之材，俱出而为用于天下，顾藏其神奇，而与龙蛇杂此土以处也。然君浩然有以自养，遂游于山川之间，啸歌讴吟，以寓其所好，终身乐之不厌，而有诗数百篇，传诵于闾里。他日，出《灵谷》三十二篇，以属其甥曰："为我读而序之。"惟君之所得，盖有伏而不见者，岂特尽于此诗而已。虽然，观其镌刻万物，而接之以藻缋，非夫诗人之巧者，亦孰能至于此！②

---

① 王安石：《王安石文集》，刘成国点校，中华书局2021年版，第1458页。
② 王安石：《王安石文集》，刘成国点校，中华书局2021年版，第1467页。

金溪灵谷峰

此文是王安石回临川探亲至外舅家看望亲人时,遵舅父吴处士(吴蕃)的嘱托,为其摘出的三十二篇灵谷诗而作的序文。

柘冈,是王安石外婆家居住地,地处金溪县西偏僻山区,与临川县灵谷峰相连相接,距临川县城15公里,灵谷峰是王安石每次去外婆家的必经之路。

王安石在这篇序文中,表达了两个方面的赞美,释放着爱乡之情和亲情。

一是赞叹灵谷峰的灵气秀美。"吾州之东南有灵谷者,江南之名山也",江南名山,自然灵气多多。由点睛之笔就转到叙写龙蛇之精神,禽兽之文章,良木之材用,使灵谷山的形体丰满。再以神仙、鬼冢、仙人、释子来写灵谷山的神奇,已在形神之间,归结为灵谷峰有"淑灵和清之气"。这种清灵之气充塞于天地之间,山川之间,化育滋润万物,当然也包括人。作者的爱家乡山水的情感就流露在对灵谷山的赞叹描写的文字之中。

二是赞颂舅父诗歌中的灵气及舅父的人品。灵谷山的这种得天独厚的山川灵秀之气,滋润着住在山下的吴君的文学素养和品格。一方水土养一方人。吴君是一个遵守礼教行为准则的人物,以文学知名于时,藏其神奇而不出为天下用，以浩然之气养精蓄锐，为诗数百篇，传于乡里，特挑精华三十二篇成集。隐而不仕的吴君，作诗能刻画万物，以华美辞藻为能事，是诗人中的巧者。王安石在序中肯定了舅舅吴君灵谷诗歌的创作特色，对舅舅的气质、志向、抱负等方面充溢着敬仰之情。

跃马泉

古水缩蛟螭，憎山欲隳突。
山祇来伐之，半岭跳啮膝。
玉珂鸣塞空，组练光照日。
崩腾赴不测，一陷常万匹。
神战异人间，千秋为儵忽。
泉旁往来客，夜寄幽人室。
但听鸣萧萧，何由见神物。①

这首诗是王安石于治平四年（1067），带儿子王雱归临川探亲时所作。

跃马泉又叫马尾泉，在金溪县城附近的翠云山中。瀑布悬流，水中有两石状如奔马，悬流酷似马尾，为翠云山胜迹和游览之地。

这是一首描写马尾泉优美风光的写景诗，表达了诗人热爱家乡，钟情山水的情怀。前四句用神话传说交代跃马泉的来历，蛟龙、山神、良马，是一个个优美的传说故事。中间六句进一步展开了丰富的想象，写跃马泉的特征。从跃马的笼头装饰物、崩腾不拘的性情、神战顽强的斗志等方面刻画了这两匹良马的威武形象。最后四句回到现实,写现实中的情景、跃马泉旁有不少游客前来游览观光，晚上就留宿在幽静的寺庙里，只是不断地听到良马的叫声和窗外的风雨声，什么时候才能见到良马这种神奇之物显现神灵呢？诗句中也隐含了诗人效仿良马、不屈不挠、施展抱负的心态和志向。诗人在诗中运用的神话传说，极具浪漫色彩，刻画良马形象，逼真传神，寄托诗人情感委婉含蓄，具有引人入胜的艺术效果。

① 王安石：《王安石文集》，刘成国点校，中华书局2021年版，第188页。

乌塘

乌塘渺渺渌平堤,堤上行人各有携。
试问春风何处好?辛夷如雪柘冈西。①

这首七绝诗作于庆历三年(1043)诗人回临川探亲期间。是王安石描写家乡风光景物的又一名作。乌塘春天的景色是如此的迷人:清澈的乌塘水茫茫一片,漫到了岸边的大堤上,人们肩挑手提农产品三三两两地行走在路上。请问,哪儿的春色最美好?该是柘冈西边那盛开着雪白的辛夷花的地方!这里春天的景致真是美极了!绿水平堤,人来人往,辛夷似雪,鲜花盛开,它宛如团扇中的小幅山水画,显得秀妍雅丽,真是妙不可言。通过这清新宜人的画面,也看到了诗人在借春风和辛夷来隐喻自己追求宁静的归隐之心。诗人用词用句既平易流畅又精炼生动。"渺渺""渌""雪"等词语精当形象,设问、比喻更是巧妙贴切,充分显示了诗人锤炼语言的高超技巧。

三、对亲友情谊的坚守

王安石虽然长期在外地为官,晚年又隐居江宁,但他的心中始终牵挂着临川老家的那些长辈和亲友们。在诗作中,这种情谊时不时地喷涌而出,离故乡越远,对亲友的思念就愈加深厚。这种温情,这种友谊,令人动容,直指人心。

(一)与曾巩的友情

王安石非常重友谊、重友情,最典型的事例莫过于王安石与曾巩的相知相交的真挚友情。他俩的交谊,前文已述,不多重复。

庆历三年(1043),王安石自扬州回临川探亲。其间,王安石特意到南丰拜见曾巩。好友相逢,亲密无间,相互倾诉关切之情。王安石在看了曾巩《怀友一首寄介甫》一文后,被曾巩在文中阐发的情谊所感动,

---

① 王安石:《王安石文集》,刘成国点校,中华书局2021年版,第488页。

即刻写了《同学一首别子固》。同学,这里指共同学习"圣人"。王安石在文中说:"江之南有贤人焉,字子固,非今所谓贤人者,予慕而友之……"表达了王安石和曾巩互相敬慕,互相勉励,携手共进的心愿,写得情真意切。后来王安石还作有《赠曾子固》一诗:

> 曾子文章众无有,水之江汉星之斗。
> 挟才乘气不媚柔,群儿谤伤均一口。
> 吾语群儿勿谤伤,岂有曾子终皇皇?
> 借令不幸贱且死,后日犹为班与扬。①

在这首诗中,王安石通过诗句"曾子文章众无有""后日犹为班与扬",对曾巩文章作了高度评价,把曾巩与汉代大学者班超、扬雄相提并论,这既是对处于逆境之中的曾巩的激励安慰之语,又表现出王安石对曾巩的深刻理解和关怀,从中也展现了王安石笃于友谊的胸怀。

(二)与友人张彦博的交谊

庆历三年(1043)三月,王安石自扬州回临川。在临川探亲期间,王安石结识了时为抚州司法的张彦博,并成为好友。王安石文有盛名,张彦博得知王安石回临川,就请安石为其父张保雍的诗稿作序。王安石应友人之请,欣然同意并作《张刑部诗序》:

> 刑部张君诗若干篇,明而不华,喜讽道而不刻切,其唐人善诗者之徒欤?君并杨、刘生,杨、刘以其文词染当世,学者迷其端原,靡靡然穷日力以摹之,粉墨青朱,颠错丛庬,无文章黼黻之序,其属情藉事,不可考据也。方此时,自守不污者少矣。君诗独不然,其自守不污者邪?子夏曰:"《诗》者,志之所之也。"观君之志,然则其行亦自守不污者邪,岂唯其言而已?畀予诗而请序者,君之子

---

 ① 王安石:《王安石文集》,刘成国点校,中华书局2021年版,第201页。

彦博也。彦博字文叔，为抚州司法，还自扬州识之，日与之接云。庆历三年八月序。①

王安石在序文中，首先对张刑部诗的特色做了概括，称赞张诗"明而不华，喜讽道而不刻切"，合乎唐诗的规范，是"唐人善诗者之徒"。然后作者又将张刑部诗与当时其他诗人的诗风相比较，"西昆体"华而不实，而张君能"自守不污者"，进一步称赞了张诗不趋流俗自成一家的特色。"自守不污"，既是文风问题，也是人品问题。王安石在序中强调了诗人行为志向与诗风的一致性，要继承儒家学说文论中的"诗言志"传统，表明了王安石的文艺观。最后，作者交代了与"请序者"的关系以及作序时间。此序彰显了王安石的友情及对友人的尊重，同时又表明了王安石的文艺观。

（三）与吴成之的甥舅亲情

吴成之，即王安石母亲的堂兄吴蕡，是王安石的舅父。王安石多次回临川探亲，都会去金溪外家拜访，与诸表舅结下深厚的情谊。

宋治平四年（1067），王安石除翰林学士尚未赴京任职，利用空档时间回临川探亲。到金溪外家探访舅父吴成之，并写下了《寄吴成之》诗歌：

> 绿发溪山笑语中，岂知翻手两成翁。
> 辛夷屋角抟香雪，踯躅冈头挽醉红。
> 想见旧山茅径在，近随今日板舆空。
> 渭阳车马嗟何及，荣辱方当与子同。②

这是一首七律诗，诗歌表达了诗人深厚的甥舅情谊，并由对舅父的惜别之情与深情祝福转向思念母亲的深厚情感。诗歌先是回忆儿时游玩

---

① 王安石：《王安石文集》，刘成国点校，中华书局2021年版，第1472页。
② 王安石：《王安石文集》，刘成国点校，中华书局2021年版，第387页。

的美好,"绿发""溪山""笑语"这三个生动鲜明美好的意象,给人一种甜蜜之感,让诗人倍感温馨。接着选取家乡特有的形象,春天祖屋旁的辛夷盛开,就像冬天的白雪一样美丽,且飘着淡淡的花香;踯躅醉红,是指家乡春天山头处处盛开的映山红。诗人仍然沉浸在对过去美好的怀想之中,表现了情系故乡的感情。然后联想双亲已故,只有旧时的山间茅草小道,物是人非,诗人的情感得以进一步升华,由送别舅舅转而思念双亲大人,念母之恩油然而生。母爱是伟大的,感恩母亲是王安石的真情流露,甥舅之情本源于母,而念母之恩更加深了甥舅之情。

(四)与二弟王安国的手足之情

王安石的父亲王益中年去世,此时的王安石不得已与兄长一起挑起家庭的重担,对年幼的弟妹更是悉心照顾,关爱有加,特别是对二弟王安国。王安石进入仕途后,经常将王安国带在身边,兄弟二人感情深厚。庆历五年(1045),王安国回临川,王安石写下了这首《寄二弟时往临川》:

> 萧条冬风高,吹我冠上霜。
> 我行岁已寒,悲汝道路长。
> 持以犬马心,千里不得将。
> 使汝身百忧,辛苦冒川梁。
> 青灯照诗书,仰屋涕数行。
> 不有亲戚思,讵知远游伤。①

这是一首五言古体诗,此诗当为庆历五年(1045)冬所作。此时二弟安国正在返回临川的途中,诗人牵挂心头,特作此诗。二弟,此指王安国,字平甫,实际应称大弟。王安石在所有的亲友中,对安国的感情最为深厚,写给平甫的诗歌也最多。这首诗寄赠亲人,诗意深长,多勉励体恤之词,抒发了浓烈的兄弟情怀。

---

① 王安石:《王安石文集》,刘成国点校,中华书局2021年版,第83页。

王安石为二弟的行程担忧，更为二弟的前程担忧，诗人的劝诫忧怜之心，显示出兄弟之间深厚的感情。这种人世间的至情在王安石身上得以充分彰显。

这首诗古朴苍劲，韵味深长，抒情沉挚层深，特别是结句，青灯怀远，手足情长，千载之下，令人热泪盈眶。

（五）与友人陈祈的友情

陈祈是王安石的早年友人，也是住在距王安石故宅不远处的邻居。皇祐二年（1050），而立之年的王安石在鄞县当知县任期已满，回京候差。五月，王安石利用"守阙"时间，回临川探亲。其间，王安石除探视亲人之外，还与乡里友人鲍公、陈祈兄弟、邓表等人相见并交游，作有《鲍公水》《书陈祈兄弟屋壁》《抚州祥符观三清殿记》等诗文。

这首《书陈祈兄弟屋壁》就是在拜访陈祈时即兴题写在陈祈家的房屋墙壁上的一首诗歌：

> 千里归来倦宜身，欲寻田宅豫求邻。
> 能将孝友传家世，乡邑如君更几人？[1]

这首诗见李壁《王荆公诗笺注》卷四十六："按，公皇祐二年自舒州通判得告归临川，访乡人，作此诗""予于抚州得此诗石本，乃新授将仕郎、守惠州河源县主簿陈祈立石"。[2] 可知此诗是李壁在抚州首先得到石本的，立石主人是新授蒋仕郎、守惠州河源县之主簿陈祈。

王安石离开临川后，与陈祈经常有书信往来，其中一封信中写道："公又有与陈君一束""安石顿首：还敝庐，幸数对。接发日更承出钱，宠以佳句，尤愧作不敢当厚意之辱。宿宇下，尝成一绝，今书奉寄，想一笑而已。秋凉，加爱。安石顿首陈君昆弟足下。九月十二日"。[3] 这些诗文传递了王安石

---

[1] 王安石：《王安石文集》，刘成国点校，中华书局2021年版，第531页。
[2] 刘成国：《王安石年谱长编》，中华书局2018年版，第232页。
[3] 李壁：《王荆公诗注补笺》，成都巴蜀书社2000年版，第897页。

重友谊，重乡情的情怀，抒发他们之间的真挚友情。

  王安石的这首诗是应友人之请，是写在陈祈家中房屋墙壁上的。随后，陈祈将王安石的题诗刻于碑石，作为纪念。

  整首诗写得平易晓畅，言简意深，感情真挚，充分体现了王安石重孝道、讲友情的情怀。

第三章 枝繁叶茂赣抚地

在历史上,王安石家族可算是江南有名的家族之一。该家族先后出过20多名进士,王安石做过宰相,其弟王安礼做过副宰相,这样的家族是极为少见的。抚州临川作为王安石的故里,千百年来,其家族后裔的聚居地在抚州域内有上百处,默默地承载着同根共祖,枝繁叶茂,传承先贤功德、弘扬优良家风、创新立业兴族的重任。

第一节 抚州域内王氏家族聚居地

王安石家族的祖籍地在抚州城内的盐埠岭,这是确定无疑的。后来随着时局的动乱,历史的变迁,生计的需要,王氏家族中的有些成员便陆续从抚州迁往他处。如,王安石叔祖辈王质之及兄弟的后裔就迁往东乡上池、浯溪等地繁衍生息。这样就形成王氏家族开枝散叶、花开四处的局面。

据走访考察,查阅谱系,了解到王氏家族后裔在抚州域内的聚居地分布较广,主要在临川、东乡、金溪、宜黄、崇仁、乐安等县区,尤以临川、东乡、金溪为甚。

一、临川区王安石家族后裔的分布

王安石家族后裔在临川域内的居住地有:盐埠岭王家、庆延坊王家(今六水桥),以及孝桥乡下璜村王家、展坪乡竹溪村王家、高坪乡大坂村王家、长岭乡黎王村王家、上顿渡桥头王家等地；另外，在临川的荣山、红桥、罗湖、湖南、龙溪等许多乡镇都有王氏家族的后代居住的村庄。

（一）孝桥璜溪王氏

璜溪王村，坐落在临川城（老抚州城）的城外孝桥乡，处于城郊，现有500多村民。

据该村《王氏十一修宗谱》载：璜溪一支的开山始祖仕谦公，为王安石三弟王安礼的后裔。明永乐元年（1368），自抚州城东盐埠岭迁徙到城外璜溪定居，现已发展至38代，建村有600多年的历史。600多年来，璜溪王氏在此繁衍生息，安居乐业，成为兴旺发达、名人辈出的望族。该村遐迩闻名，当代尤甚。现今通过美丽乡村建设，村路齐整，环境优美，村民富裕小康，户户楼房华宇，家家人才竞秀，整洁亮丽，虽处城郊，可与市内闹区相媲美。

该村重视文化建设，注重古代文献收集，保护家史、家规记录，有较为完整的族谱文献，收录了一到十修序等文献资料。如，一修序为名家王英所作，二修序为大家杨士奇所撰，三修序为大才子祝徽所作。

该村崇文重教，非常重视人才培养，历代人才辈出。族谱将村中的历代乡贤、缙绅、仕宦共60多人记录在册并作记作传，缅怀先贤功德，为后辈树立学习榜样。如乡贤王嘉兆，号以仁，"博览群书"，曾师近溪罗汝芳先生。近溪先生非常欣赏这位好学上进的学生，曰"吾晚得一佳士盖嘉兆云"。后参与"修纂十三经大全诸书""崇祯初追赠文林郎"，并"祀君邑乡贤祠"。又如乡贤王成，万历年间进士，"为人才全德备又博学能文"，担任县官时能针对"子民顽而不化"的情况，就"兴学校以养以教"，转变"民风"颇有政绩。

该村还非常重视祭祀文化建设，坚持祭祀礼仪，感恩先祖功德，敬畏祖先，教育后人。族谱中载有《通礼》《祠堂》《居家杂仪》等祭祀文献，既传承先祖的祭祀礼仪，又结合村实际有所创新，规定具体明确，便于操作实施，成为王氏家族祭祀文化的重要组成部分。

尤其值得称道的是，该村长期以来一直重视家风家训建设，制定了

《祖遗条规》十六条、《家规劝谕》十三条，并载入族谱，供村民遵照实行。家规的内容涉及面广，有具体的规定要求和操作规范，是珍贵的家风家训文献。

（二）展坪竹溪王村

该村坐落在临川县城西15公里处，原名竹源村，有700多年的建村历史，现有村民800多人。

据竹溪《王氏十二修族谱》中的旧谱序记载："吾临川诸望族皆王安石兄弟安国、安礼二公后裔也。吾西乡竹溪一族，其开基之祖子和公则为安礼公十三世孙""盐埠岭为一迁，庆延坊为再迁，而吾族竹溪又为三迁者也""竹溪王氏一世祖子和公"。族谱中还记载了竹溪村之名的由来："王子和公竹溪之一世祖，元明鼎革陈友谅兵临府邑，公方垂髫，曾避城西三十里，先人所遗之庄原名祖源，公性爱山水，遂从而家焉，改名竹溪。"

竹溪古村靠近展坪名山仙桂峰，这里山清水秀，茂林修竹，环境优美。仙桂峰山顶有座古庙，庙内的大雄宝殿内悬挂着一副楹联："仙人洞庐山美景不及仙桂峰群峰竞秀，桂枝香金陵怀古唯有王临川千载不衰。"将仙桂峰的美景与庐山相媲美，可见仙桂峰景色之秀丽。

在仙桂峰庙内的墙壁上至今还记载了一些与王安石有关的传说故事。相传，王安石在读完四书五经后准备参加科试，为增加阅历，就随同学游览到梦山（即仙桂峰），当晚宿山得一梦，梦见菩萨将一只眼睛挖出来抛在寺庙柱头上。王安石认为此乃不祥之兆。第二天，同学见他愁眉苦脸，就问他什么原因。他不作答，只请寺庙长老为其解梦。长老解梦曰：此乃好梦，柱头是"木"，眼睛也是"目"，合在一起为"相"，说他今后一定会拜相。王安石当年参加举人考试，考中第二名，三年后上京应试考中进士，后在熙宁三年（1070）果然被神宗皇帝封为宰相。虽是传说故事，但民众口口相传，表达了王氏子孙对王安石的景仰怀念之情。

竹溪村现在依然保存的古建筑主要有：一是"展坪竹源王氏宗祠"：始建于清朝康熙甲戌年（1694），历经风雨侵蚀，已经破烂不堪。2006年清明节，在村委会的主持下，村民共同商议重修祠堂，并由村民集资重修。2006年5月开工至10月底修复完工。自此，竹源村民有了一处学文化、学科学、读书看报、开会座谈和娱乐活动的场所。二是有一座古庙"昭童庵"。这是祭祀神灵（许逊）之庙，大门处有一副联语："昭童神灵保四方青吉，古庵庄严传万代香火。"这两处古建能保存至今，表达了村民对先贤的怀念景仰，以及祈求平安、保佑子孙兴旺发达的心情和愿望。

这里地灵人杰，历代人才辈出。族谱中收录了历次修谱的谱序多篇，保留了相关的文献资料。族谱载有14幅先贤像赞，为村中70多名乡贤作传赞，作传记。还制订有《训诫条目》十条，《众议条规》八条，作为村民共同遵守的村规。

村民非常重视对子孙后代的文化教育。村中曾办有书院一座，作为村民子孙就学读书之地。在族规的相关条例中，特别引人注目的是鼓励科考之条例。如，有相应的对子孙读书应考资助奖励的具体制度规定："凡有乡试中试者，文则具贺礼钱十二千文，武则具贺礼钱十六千文；凡有会试中试者，文则具贺礼钱二十四千文，武则具贺礼钱二十千文。"在古代生产力低下、经济较贫困的竹源古村，能如此重视教育，重金奖励科举考试实属罕见。

（三）高坪大坂源王村

这是临川区的一个拥有明代"荆魏后裔"牌楼的王姓村庄，称大坂源村，位于高坪镇。村中现有人口500多人，有着700多年的建村历史，距离临川县城有20多公里。

外地人把这个村叫做太平洋村，原来这个村的名字叫大坂源村，源自村前有一大片的田坂。新中国成立后，这里成立了大坂源生产队，一位外地来的干部没有听懂当地村民的口音，误将村名听为"太平洋"，就这样大坂源村就被叫成了太平洋村。然而，当地百姓还是把自己的村庄叫做大坂源村。

"荆魏后裔"意思是表明该村为荆公、魏公的后裔村。这个大坂源村是一个与王安石兄弟渊源深厚的村庄，荆国公是王安石的封号，魏国公是其弟王安礼的封号。

明万历年间的临川人、福建巡抚朱钦相在《三公王氏族谱序》中写道："王安礼魏国公则徙庆延坊（抚州城内六水桥），衍为东乡之荻源，南乡之荣山，西乡之溪头、大坂，金溪之壕湖、鹅塘，皆魏国公之嫡裔。诚言之详矣。"[①] 王氏有七兄弟，其中荆国公王安石声名最显，文章居八大家之一，魏国公王安礼次之，其后裔兴茂。据族谱记载，为承袭香火，王安礼曾过继一个孙子给王雱当儿子。[②] 因敬重荆国公的品德才能，安礼后裔村落多亦称荆魏后裔村。

千枝万干而同于一根，千流万派而同于一源。大坂源村非常注重谱系资料的收集整理，其中不乏重要的文献资料。录有明代永乐、嘉靖、万历年间以及清代康熙、乾隆年间的谱序若干篇。明确了大坂源村王姓与三公家族的渊源关系，即"三公之发祥实由盐埠峰永泰公始"。

族谱中还有大坂源村的田产记载，有《大坂田图》《总山图》《金银铜铁四大坟山》记载，还绘制了《大板村祖门图》，门首有牌楼一座，由三十三世孙题写的楼牌序言。尤其是族谱中存有一幅《荆国王文公祠堂图》，从图中可以了解到当年王文公祠堂的大致面貌样式。此祠堂即是指建在盐埠岭宅基处的祠堂。在笔者接触到的多部王氏族谱中，只在大坂源村族谱中看到了这幅图。这是研究王安石的一份珍贵资料。

该村有着孝祖敬贤的优良族风，先后为先祖先贤立传立像立赞 20 多人，旨在为后辈树立榜样，激励后辈努力上进，建设美好家园。

二、东乡区王安石家族后裔的分布

王安石家族后裔，在东乡区的居住地分布很广，大小村庄有几十处，主要在黎溪镇上池村、浯溪村一带，如塔山、礼坊、荻源、赤岸、秋源、雷源、文七卫、王坊、邹坊、下庄、西江、厚畚、太源、墩头、里阳、田溪、浯坊、黎阳等村落都居住着王安石兄弟的后裔。

---

① 临川高坪大坂源王村《三公王氏族谱》（十三修），1990 年重修，现藏临川高坪镇大坂源村。
② 刘成国在《王安石年谱长编中》卷一，"家族世系"第 34 页中提到，王雱继子王棣实乃王勇之子，安道之孙。

（一）黎溪上池村

上池村位于东乡与金溪两县交界处，是明珠峰下的一个小山村，村子周围有数座山峰护卫，那些山峰或拔地兀立，或连绵起伏，成为村庄的屏障与靠山。这里山清水秀，处于黎溪镇南部，距县城32公里。有千余年的建村历史。目前全村分为几个村小组，共有100多户，630多人。绝大多数是王氏村民，主要是王安石的幼弟王安上的后裔聚居在这里。

由于村庄选址是在出现奇妙景色的池塘边，故取村名"上池"，池塘里种有蓝莲花，故又称此塘为"兰塘"。后来由于村里夜间景色很美，据说有时会出现池塘波光返照的现象而显现玉光，于是村民遂将上池改名为"瑶田"，为了不忘其祖，称为"上池瑶田"，一直沿用至今。村东的明珠峰顶有一名刹曰"明珠古刹"。峰东南半山腰建有云峰书院，相传王安石在书院读过书，因王安石号半山，后人则改云峰书院为"半山书院"。兰塘边也建有门楼，在门楼上方竖一石匾，石匾刻有"望重荆槐"四字。

上池村民风纯正，注重传承激励子孙上进、尊老敬贤的优良家风。族谱中就载有《家训十三则》，内容具体明确，供族民村民严格遵守。各类人才辈出，通过"政绩录""世贤"等条目，记载各类贤才150余人，供后辈效仿学习。族谱还将村中70岁以上的老人称为老寿，140余人记载上谱，这充分彰显了尊老敬贤的传统。

上池村保存有大量的明清建筑，约有100余栋古建筑和10余处与王安石相关的遗迹。其中有省级文物保护单位"王氏宗祠"和县级文物保护单位"总门里"。1985年，江西省人民政府拨专款修复上池王氏大宗祠。在政府大力支持下，本族村民积极维护修缮，如今的王氏大宗祠面貌焕然一新，成为著名风景名胜点。王氏大家祠还作为王安石家族展示陈列室，不仅是展示中国明清建筑艺术及其发展历史的文物保护载体，也是青少年爱国主义教育基地。

（二）黎溪浯溪村

浯溪村傍山而建，东高西低，顺势而下，中间宽两头窄。五排房屋规划严整，错落有致，疏密相间，布局合理，公共设施完备。从空中俯瞰，整个村庄就是一个巨大的长菱形。距县城28.5公里，交通方便，村民多为王姓。全村有近100户人家，400余村民，始祖为王安石之弟王安国四世孙志先公。王志先自上池瑶田徙居于此。该村有800多年的建村历史。因村前有一小河，流水潺潺，清澈见底，村后青山苍翠，故取名浯溪。村民勤劳淳朴，民风清朗，文明守信，世代都以种植水稻为主，兼种西瓜和养猪、牛、鱼等。经过新农村建设，村民已过上富裕安康的生活。2007年，浯溪村被评为"江西省历史文化名村"。

浯溪村文风鼎盛，诗书传家，崇文重教，人才辈出。明清年间，该村出状元1人，进士登科及第13人，举人21人。明代中期的177年间，村中先后有4名学子高中进士。王常官至监察御史，其子官至六部侍郎，侄子王统官至佥事。王常另外两个儿子王昌、王胜同时考中举人。其时，"父子进士，叔侄进士，兄弟同科"传为美谈。天启五年（1625），王廷垣又高中状元，官至詹事府正詹。为此，村中特建有"奕世甲科"牌楼一座，"五世恩荣"宅一栋。

村中保存着完好且集中连片的明清古建筑群，极具苏州园林特色。保存完好的有官吏府、商贾宅、儒林第、状元路、贞孝牌坊等明清建筑59栋，其中明代建筑31栋，清代建筑28栋。官吏和商贾豪宅6栋，民居48栋，祠堂一座，南北明楼各一座，建筑总面积达14000平方米。每栋古建筑均有精美的木雕、石雕、砖雕，雕刻的内容主要有花草、飞禽、走兽、仕女、文臣、武将等，每一雕刻都有不同的寓意。此外，村中还有还魂桥和登科桥两座古桥，三口古井及古塘、古下水隧道等附属设施。村南路口立有一座清道光二十五年（1815）建造的贞孝牌坊，以柳体字双面阴刻"旌表儒士王世柏未婚之妻李氏坊"。两侧刻有建造时间及知县、知府、巡抚总督等官员名字。整座牌坊镂空浮雕，工艺精细，形态逼真。

村中18条巷道多是青石板铺就，南联"南垣萃秀"门楼，北接"科甲里"门楼，条条巷道相连。王廷垣所建的官厅前面是一条被村人称为"状元路"的榜状石道。"科甲里"右侧有两棵连根的古樟，一大一小，枝繁叶茂，村民称它为"母子樟"。曲曲折折的状元路全长450米，全由麻条石板铺就，状元路是当地的学子、官员当年因敬慕明朝天启己丑科状元王廷垣还乡时所建。当年，这条道只供状元行走，其他官员、庶民都只能顺着路的两侧经过。这样的建筑遗存，极具文物价值，在中国古建筑中极为罕见。

（三）黎溪厚畬村

位于黎溪镇西郊，地处南港之北的田野之中，地势平坦舒展。在宋初，主要有二姓居住于此地。全村243户，892人，其中江姓十户，29人，绝大多数为王姓村民，为王安石之弟王安礼的后裔。

据《厚畬王氏族谱》载，该村为北宋魏国公王安礼（王安石之弟）之孙王显仕的后裔由婺源迁居于此。原名称绿溪村，地处平原，山清水秀，山峦青翠，景色宜人。坐西朝东，背靠飞凤山，面对笔架峰，南有抚河南港支流经过，北有长岭山，村庄四周略高，中间稍低，属"双龙盘地"的地势，因此，古称绿溪村名。明天启七年（1627），族人借用"厚德载物""畬田沃野"两句语意，将绿溪村更名为大厚畬村，表明该村土地肥沃，田野舒缓，基底厚实，日后万物丰盛，人才辈出。该村自宋代以来，进士、举人层出不穷，王氏子孙在此生活了900余年，繁衍了30多代。

厚畬村地处平原，四周良田密布，村民以种植水稻为主。村东西长500余米，南北长360余米，村域面积约18万平方米。如今，随着数百年的发展，村民人口日益增多，面积逐渐扩大。整个村庄布局可分为三大块，原古村中的古建筑亦分布在其中。一块为村西，是20世纪80年代建的民宅，有古建筑升阶府第、后花园、丛桂山房、文林第书院等位于其中。一块为村中，有少量的现代民宅，其中有50多栋明清古建筑群，保存完好而位于其中。一块为村东，是2000年先后建筑的民宅楼房，从北至南有三重门楼位于其中。

厚畬村口，耸立着一座长15米、高8.9米的仿古大理石牌楼。牌楼立柱上雕刻着一副精美的楹联："上善若水，泽被生灵，春风春尚代代相传；厚德载物，五谷丰登，好人好事年年福延。"寓意厚畬世代繁荣昌盛，和谐幸福安康。穿过牌楼便是该村新建的占地为1600平方米，用青石板铺就的村民休闲广场，广场一侧为仿古拱桥和长廊。

停立休闲广场，环顾厚畬村的民居，看到的大多为明清时期的古建筑。村子从北至南分别设有"旭日""东升""甲第"三重坐西向东的门楼，寓意"三阳开泰、兴旺发达"。并立有旗杆石40多块。门楼设计既合风水选址规则，又具古朴典雅古建特色。还有牌匾多块。村中50余栋古建至今多数保存完好。

该村人文鼎盛，各类人才辈出，重视家风家训传承。据重修后的族谱记载，从清康熙至民国时，厚畲村先后走出了200多位乡贤名人和200多名外出经商致富人员。其中有从政人员数十名，担任知县以上职务的有40余人，并有5人享受五品顶戴待遇，各类生员100多人。经商人员走南闯北，分布在云南、湖北、贵州、四川、重庆、湖南、浙江、杭州以及本省的景德镇、乐平、铅山等地。不少人经商致富后回家乡买地建房，办善事，兴学校。有的乡贤名人分别被《宋史·列传》《郡县志》等记载，受人尊敬和景仰。

厚畲村的宗祠与书院，传承着传统耕读文化。书院有问渠书院、文林第、丛桂山房。宗祠有四处，主要是王氏宗祠，汝素公祠。书院以问渠书院最为出名，为当地培养了不少人才。

三、金溪县王安石家族后裔的分布

金溪县属抚州管辖，距临川城很近，只有40公里，浒湾、琉璃等乡镇距抚州临川城约20公里，路程很近，交通便利，是王安石家族后裔主要聚居地之一。居住的村落分别为：县城西门王家、王家巷、学前巷王家、浒湾镇洛城王家、双家王家、琅琚王家、琉璃月塘王家、润湖王家、乌墩塘王家、塘景王家、洋幽村王家、店下村王家、夏家王家等几十处。

（一）秀谷西门王家

西门王家，位于金溪县城秀谷西门太子岭，古称金溪邑南明谷里，是王安石大弟王安国后裔的聚居地，现有王氏村民1864人。

据《明谷王氏族谱》记载：荆国公王安石葬钟山，后裔留居金陵。南宋庆元年间（1195—1200），王安石之弟王安国的五世孙王彦远自金陵归金溪月塘省先祖及谢夫人墓，遂安家于金溪邑南明谷里，为城西王氏始祖，迄今800余年，传世31代。

有关资料还记载：王彦远的父亲王儒霖，于绍熙元年（1169）生子一人，即王彦远，彦远少时很爱读书。在南宋战乱期间，王彦远随父逃难至崇仁大港甘坑村，后来又搬迁到崇仁石庄潭溪桥教书，是崇仁的理学名家。彦远公是金溪邑南明谷里王氏第一始祖。《明谷王氏族谱序》曰："徙居金溪邑南明谷里，王氏自彦远公始也。"[1] 金溪邑南明谷里，于北宋公元1119年建村并建有祠堂，至彦远徙居金溪邑南明谷里已有近80年的隔断期，但其情不详，谱牒不载，故王氏尊彦远公为始祖。虞集在《金溪邑南明谷王氏家谱序》中作了相关情况的说明："予观其旧谱，以文公之弟安国五世孙彦远，自金陵归金溪省卫尉府君墓，因家邑之南，史书谱牒不载，莫能得其传，今特以彦远为金溪邑南始祖。"

彦远公家族非常重视科考及文化教育，兴义学，办书院，立家规，设奖励，激励子嗣好学上进，博取功名。在明朝期间，就在祠堂东侧建了一座明谷书院，供族内子弟进学。在《家规》中规定："义学原为了族中贫乏子弟读书之资，收租卖谷以束脩（教师的酬金，入学拜师的礼物），并专设执事经理。"为方便子弟应试，族里还在抚州府城置有两处房产，"府城试馆二栋，一座飞云阁外，一座马王庙侧。坐飞云阁外者为族中应试文士所寓；坐马王庙侧者，为族中应试武士所寓，均不得带他人入居。"还制定了奖励办法："文武入泮（生员入学），贺银二两，绸缎一匹；贡生给花红钱十千文。登乡榜者（中举），给二十千文；登金榜者（中进士）给四十千文。对取得功名的，并立坊旌表。"[2] 科举废除后，"祖宗重科甲之意转为重视学校"，至民国时，亦对入读初中、高中、专科、大学者，分别给予30银元到100银元的奖励。

族里如此重视教育，重奖激励，使王氏家族形成并保持着浓厚的尚学家风，读书上进，弘扬祖光，可谓人才辈出。明清两朝，城西王氏就有4人考中进士，5人考中文举人，9人考中武举人。王氏族中有33人入仕，其中文职26人，武职7人。族谱载，族中邑庠生有姓名者236人，郡庠

---

[1] 金溪西门王家《明谷王氏族谱》，1935年重修，现藏于金溪县城西门王家。
[2] 金溪西门王家《明谷王氏族谱》，1935年重修，现藏于金溪县城西门王家。

生22人,成为金溪一大望族,成就了安国后裔的科举盛事。城西王氏从王方在明正统十三年(1448)中进士起,到王道济于清光绪二十年(1894)中举,一直传延400余年,人才辈出,邑内称奇。

(二)琉璃月塘村

月塘王村距琉璃乡政府5公里,距灵谷峰5公里,距官帽山(又称纱帽岭)仅1.5公里,不远处又有乌石山。这里山清水秀,风光宜人,景致优美,风景独好,是王安石家族祖坟山所在地,因族人守墓居住而成的一个王姓村子。

据月塘《王氏族谱》记载:王安石的曾祖父王明夫妇,祖父王用之夫妇皆葬于月塘。所以称月塘村是王安石家族的祖坟山。距月塘村1公里处有一座庵城陂寺,寺里存有王安石家族的产业"祭田粮二十三石",供寺内僧众享用。王安石祖父辈到月塘坟山来祭祖时,都寄宿在城陂寺,为此,王安石曾写下《城陂院兴造记》一文,记载了这些史实。

2006年8月,月塘王氏五修族谱,由王氏二支脉系的四个就近村庄即月塘、夏家源、上车、藕塘合修族谱。四村上谱人数共540余人,其中月塘村就有250余人上谱。目前,月塘村民有280余人。

从风水学角度来看,月塘村确是一处极好的风水宝地。这里三面环山,衔山吞水,风光秀丽,村子形状如同一把太师椅,有靠背,两边有扶手靠。因村中有一口形似月形的水塘而得名为月塘。由此,月塘村成为王安石家族祖坟山所在地。据相关族谱对荆国公墓地的记载:"公卒半山寺,敕葬于钟山之阳。我明太祖阡陵问曰:'旧为若坟?'辅臣对曰:'水口为吴王孙权墓,服山为宋丞相王安石。'太祖乃曰:'孙权居水口,留为守陵。王安石可召其子孙迁葬。'时其子孙王伯安承命迁于临川月塘祖坟旁。"但至今"公墓不知所在"。[①]王安石墓迁往何处的这段史实有待进一步考证。

月塘村距离上池村不过几公里,建村始于元代。这个村子的一支王氏后裔在此开基建村,是为了守护离村不远的王氏家族的祖坟山。王安

---

① 金溪琉璃乡月塘村《王氏五修族谱》,2006年重修,现藏于金溪琉璃月塘村。

石的曾祖王克明十世孙朝利公于洪武初年（一说宋末元初而建立的一个村庄）所建，有二支脉系：一支是王安石的二叔王盛的后裔，由东乡的上池迁到月塘，一世祖王朝利，村中有门楼"荆国世家"；另一支是由南京（金陵）迁到月塘的，当时是由王伯安奉命迁坟（安石墓），村中心又有门楼"金陵衍派"，迄今已是33代。这两支脉系都尊朝利公为始祖。

月塘村有尊祖敬贤的文化传统，在《王氏合谱旧例》中由四村参与修谱的代表人员共议，议定了8条族规，由族民共同遵守。八条族规是：尊祖先、重睦族、崇齿德、敬贤能、旌节孝、禁婚约、戒争讼、彰公道。每条都附有简要的操作要求。

月塘村现存的古建并不多，但门楼、牌坊、庙宇、水井、古树、水塘等还是保存完好。

近些年来，随着我国对中华优秀传统文化传承和弘扬的重视，人们对保护古村古建古物古遗址的意识不断增强。随着对王安石研究的深入开展，秀谷西门王家、琉璃月塘王家的族民缅怀先贤，崇敬先贤，特别是王安石诞辰千年到来之际，陆续开展了各种祭祀纪念活动。2020年6月7日，金溪县王氏宗亲在县秀谷镇西门"太原王氏祠堂"举行了王安石诞辰千年历史文化座谈会。2020年12月26日在琉璃月塘村举办了王安石诞辰999周年庆典活动。王氏族民、王氏宗亲、王安石研究文化工作者共同参加了这些祭祀纪念活动。王安石既是金溪的外甥，又是金溪的女婿，金溪作为王安石家族重要的聚居地之一，祭祀纪念活动开展得丰富多彩。

四、崇仁、乐安县王安石家族后裔的分布

南宋与元初，战乱频发，时局动荡，为躲避追杀和生计的需要，王安石家族后裔有的向崇仁、宜黄、乐安等山区乡镇迁徙。如崇仁港下甘坑村，石庄潭溪桥；乐安南村乡稠溪村、炉桐村、东坑村、下坪村、洋畔田村、东头村、黎都村、招携白荷村；宜黄层源贵溪（东陂镇一带）王村、城南乡澄源王家，还有仓下王家、清溪王家、白竹凸村王家等村落都是王安石家族后裔的聚居地。

（一）崇仁港下甘坑村

甘坑王家村，古称甘溪，位于崇仁县东南隅，离县城约40公里。处于宜黄、乐安、崇仁三县交界处，海拔600多米，村地面积有4000多亩。四周群山环抱，峰峦叠嶂，此起彼伏，时隐时现。遍山秀竹葱翠，婀娜多姿，松杉郁莽，傲然屹立，生机盎然。山下溪沟迂回，流水潺潺，清澈见底。弯曲的公路，依山傍水，宛若巨蟒，翻山越岭，盘旋跌宕，是一处秀丽风光之地。据老村民介绍，甘坑这个地方山势险峻，形似一只躺卧着的大山羊，头南而尾北，有五条羊肠山道通往外地，是崇仁、宜黄、乐安三县交界处的咽喉地带，故有"五虎吓山羊"之称，也是兵家必争之地。

据该村族谱载：甘坑王家源为王安石之子王雱过继儿子王棣后裔的居住所在地。这里生活着的王氏村民都是王安石的直系后裔。明永乐年间（1403—1424），荆国公十六世孙伯润公，字庐，号南迁行尚人，自宜黄黄华桥而徙居崇仁二十五都甘坑。明代兵部尚书谭纶（宜黄人）于1573年撰《万历癸酉叙》中称："独邑南王氏，其谱牒所载为临川三公世家之后，而考其居徙自临川。"[①] 认定伯润公为甘溪基祖，子姓延蕃，派衍流长。

甘坑村是一个有着800多年历史的古村，依山傍水。村里有几口面积不大的池塘，并建有十多栋砖木瓦房。这里民风淳朴，村民热情好客，道不拾遗。村民上山砍柴或挖竹笋，天热或累了，将衣物放在路边，也不会有人拿走，真正做到了路不拾遗！

甘坑村有不少文物古迹遗存。村中保存的《王氏九修族谱》就是一部资料俱全的较为完整的文献。全谱共计5册，约40万字，详细记载了王氏世家、世系列图、远祖由来及变迁，王安石生平及其后裔徙居各地情况；抄存了宋代皇帝的恩典、任命王安石及全家官职敕召、封号全文；收录了王安石的大量尚未公开发表的诗、词、文、传记序、神道碑、墓志铭；保存了宋、元、明、清许多历史名人对王安石的赞文和评传。特别是谱中载有的《王氏家规》及《祭祀礼仪》等重要文献，彰显了甘坑王氏族

---

① 崇仁港下乡甘坑村《王氏十修族谱》，1989年重修，现藏于崇仁港下甘坑村。

民的家国文化和祭祀文化的深厚功底。还有古井、古祠堂、古铜镜等文物古迹，村里精心保护的古铜镜等，已经有几百年的传承，成为该村的镇村之宝。

明朝时，甘坑村建有伯润公祠堂，明代乡贤王天性作有《伯润公祠堂记》："在崇仁三十五都甘溪，其先世自宜黄黄华桥徙居此地，子孙繁庶，建立祠堂，则在天启三年癸亥岁也。"①伯润公祠堂成为祭祀祖先之地，香火旺盛。逢年过节，甘溪村民在伯润公祠堂门口聚集，皮笼灯、彩灯、手提灯都贴有"荆国世家"四个大字，交相辉映，表示村民世世代代怀念荆国公王安石。可惜的是，古井、古祠堂今已不复存在，在村子修公路时被填埋或被拆毁。伯润公古祠堂的石基还依稀可见，祠堂当时是依山势而建的，开两个门进出。伯润公的墓地仍在。伯润公生于明洪武二年（1369），卒于明正统十一年（1447），享年78岁。墓葬崇仁三十五都黄桂塘山，墓地杂草丛生，山坡陡峭，路陡难行。据当地一位老村民说，如今很少有人到此扫墓。墓碑石上刻有墓志铭《王公伯润墓志铭》，铭文由王氏后人二十六世孙明代道士王天性撰写。

2018年后，该村进行规划整修，在村中修有水泥路，住房错落有致，道路干净整洁，讲文明，讲卫生，民风淳朴。村民都已摆脱贫困，户户都盖有住房，安居乐业，发展旅游。甘溪村山清水秀，风光宜人，空气清新，是个世外桃源，亦是个休闲旅游好去处。

（二）乐安南村乡稠溪村

稠溪村位于南村乡东南部8公里处，群山环绕，峰峦叠嶂，林木葱翠，海拔500多米，地势险峻，村庄西、北、东三面环拱，呈Ⅴ字形。且村内流溪众多，后人以溪、山稠叠名，故曰"稠溪"，当地村民又称之为"稠溪寨"。稠溪村现有120户人家，900多人，耕地450亩，林地1万余亩，两条溪流汇聚在村中，村寨建在半山腰上，自半山拾级而上，一直延伸到山顶。曲曲折折的山路全是用石块砌成，道路两旁的房屋均以石料为主砌成，建在落差百米的山岩上，整个村庄上宽下窄，是最具诗情画意的城堡式

---

① 崇仁港下乡甘坑村《王氏十修族谱》，1989年重修，现藏于崇仁港下甘坑村。

村落。

  据稠溪族谱中有关王安石子孙的记载,王安石有次子王旁,王旁有一子叫王桐,王桐的儿子是王璹、王珏,王珏后裔的一个分支迁徙并定居在乐安稠溪。王积贤为稠溪一世祖,即开基祖。王积贤,生于宋理宗宝庆元年(1225),名及,业儒官。跟随宋进士何公天声,与丞相文天祥抗元起兵并在赣州战败,幸被何公解救,得以逃脱。为躲避追杀,与子隐居稠溪的南面,并且居住下来,繁衍生息。村子里的绝大多数村民为王氏的子孙后代,稠溪王氏即此一脉。

  稠溪村现存有明清古建筑近20栋,其中祠堂8座,书院遗址2座。最典型的建筑要数王氏大宗祠。还存有"移来辋川""泰豫恒临"等明清建筑,十分珍贵。

  该村十分重视教育,培育人才。崇文重教,诗书传家蔚然成风。自建村后,宋元明清历朝以来,建有众多的各式书院。在村东北山顶上有一座岭背书院,就是由先祖王积贤创建的。王积贤隐居稠溪后,在大祠堂旁定居下来,创办了书院,吸引四方学子来书院学习。晚清时期对书院做过维修。书院为两进一天井硬山式砖木结构建筑,坐东朝西,保存较为完好。"移来辋川"为一古民居,其照壁上题有"即此是学"之匾额,是该村从文重教的佐证。新中国成立后,在村中办有村小及初中部,设有图书馆、阅览室,教风、学风良好,真正用知识改变命运,让学生走出大山看世界。

  该村保存的族谱规范完整,共六大本,辑录了很多文献资料,对研究王安石及其后裔变迁历史具有重要的历史文献价值。

  由于地理自然条件的限制,为防止地质灾害的发生,受益党的精准扶贫搬迁政策,村民实施整体搬迁建了新居安定下来。原居住古村保存,开发改造,打造新的乡村旅游景点加以发展。

第二节 王氏家族宗祠及祭祀活动

  宗祠,又称祠堂、家庙。祠堂是族人祭祀祖宗或贤能有功德者的场所或庙堂,是为适应宗族活动而产生的,兴于两宋,盛于明清。在中国的大地上，几乎每个姓氏都会有这样一座祠堂来维系着姓氏的起源，见证着一代代子孙的繁衍与兴衰，也代表着当地族民有着浓厚的崇祖祭神的文化传统。

一、王安石家族几处宗祠的前世今生

宗祠作为族人祭祀祖宗的场所，按何种规格建设祠堂，由族人当时的经济条件和认知程度而定。

王安石家族在抚州域内的聚居地有几十处，家族后裔建立的大小祠堂也有一百多处。现将王氏家族在抚州域内的几座主要祠堂略作介绍。

（一）乡贤祠

此祠是设在抚州府学官、临川县学官内的祭祀灵堂。据乐安稠溪村《王氏六修族谱》中《祠庙志》所载：乡贤祠是"朝廷所以设祭之学官""志之以昭来者"的，"宋淳熙中，祀荆国公于抚州府学、临川县学""明弘治壬戌增祀以尚书左丞魏国公、大理寺丞秘书校理。三公皆一时名贤，公论不泯，均祠祀之。实所以昭劝于乡也。有希贤志者，能不为之起敬乎？"就是说，乡贤祠是经朝廷批准而设立的，抚州乡贤祠本是设在抚州府及临川县学宫内的祭祀祠堂，在南宋淳熙年间主要是祭祀荆国公王安石的，到明弘治壬戌（1502）年，又增设王安礼、王安国为祭祀对象，称之"三公"。王氏三兄弟皆是当时名贤，故在学宫内共同祀之，意在昭告乡人族人尊敬这三位先贤。乡贤祠今不存，只是作为历史史迹记载于谱志中。

（二）荆公祠

此祠旧址在抚州城内东南隅的盐埠岭，原先是王安石的祖籍居住地。当时这里并未建祠，直至王安石逝世20年后，宋崇宁五年（1106），由抚州知州田登与王安石曾孙王珏商量后并予集资，将王安石的祖籍住宅改造为祠堂，作为族人祭拜王荆公的祠堂。据临川高坪乡大坂源村《三公王氏宗谱》记载，祠堂规模不大，分前后二进，门楼有八柱拱托牌坊，上挂"进士""尚书""文魁"匾额。进门两侧有厢房，厢房设两门，名"崇德""尚贤"。二进门为两层楼式，上层悬有"恩荣"匾额，下层挂有"三公世家"巨匾。进入二进门才是祭堂，悬挂有王安石肖像，"著帽束带、神采如生"，乡民族人四季奉香火祭祀。800多年来，荆公祠几经成毁，在南宋绍兴初和隆兴元年先后加修过一次，历40余年。至淳熙十五年（1188），抚州知州钱象祖组织大修，扩大了祠堂的建筑规模，颇为壮观。祠堂修成后，交由本府学官负责掌管祭祀之事。金溪人陆九渊为此写有《荆国王文公祠堂记》，文中记叙了祠堂兴建的前后历史过程，客观公正地评价了王安

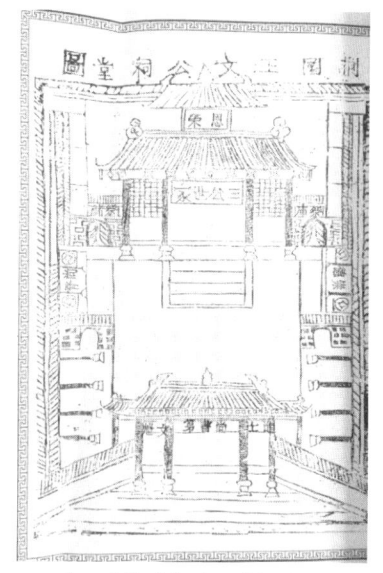

《王氏族谱》中"荆公祠"

石变法的功过，肯定了王安石为人的操守品质，表达了对乡贤王安石的景仰之情。至元初，祠堂又倒塌，由崇仁人吴澄建议，新任郡守主持重修，并请虞集（元文学家，最负盛名的文人，长期居住崇仁）作《重修荆公祠记》，赞颂了王荆公的功德。明清时期该祠堂还修葺过几次，1886年又重修，改名"荆国公祠"，规模已缩小。抗日战争时期，祠堂被日本侵略者的飞机炸毁，只剩一面门墙。1963年门墙被拆，祠堂今不复存在。

（三）王氏宗祠

王氏家祠坐落于东乡上池村村口西侧，始建于宋代，相传为王安石侄子王旂所建，历经元、明、清几朝，其间曾多次维修过，现存祠堂为清代所建。祠堂坐北朝南，背靠双龙山，面对半月塘，占地面积1000多平方米，分上、中、下三堂，宽敞明亮，古朴典雅。在王氏宗祠上堂正中神龛的位置上，依次悬挂着临川王氏一世祖王明，二世祖王用之，三世祖王益的画像，王氏历代其他先祖画像，王安石坐姿画像悬挂于祠堂正中间。祠堂左右两侧墙壁上则陈列着王氏家族世系祖先传承图表及与王安石有渊源的文物史料。祠堂中间的梁柱上悬挂着一副副意韵深远、

古朴典雅的木刻楹联,横梁上镶嵌着"荆公世家"等多块匾额,显得庄重气派。祠内横放着一块断裂的"望重荆槐"石碑,墙壁上挂有"望重荆槐"的文字说明,上池村进士表(二十名进士)等等。高墙深院的王氏宗祠,显得宏伟古朴,进入祠内让人对一代名相王荆公肃然起敬。

改革开放后,随着对王安石研究的深入开展,省、地、县三级政府多次拨出专款,村里集资,对王氏宗祠多次修复,使王氏宗祠等名胜古迹重新焕发文化魅力,吸引着世人的眼球。1985年12月,江西省人民政府确立上池村为"全省重点风景名胜点保护单位",2000年确立上池村的"王氏宗祠"为江西省文物保护单位。

(四)王氏大宗祠

乐安南村乡稠溪村处于群山环绕之中,依山傍水而建,是由石头砌成的城堡式村庄。据村中族谱记载,该村是王安石的后裔曾孙王珏的一个分支。据乐安文物部门的调查,稠溪现存有明清古建筑近20栋,其中祠堂8座,书院遗址2座,最典型的古建则要数"王氏大宗祠"。王氏大

乐安王氏大宗祠

宗祠位于村口之上，是明代建筑，祠堂气势雄伟，三进式，显得宽敞庄严。门首如石牌坊式，高有五层，第三层有石刻"王氏大宗祠"五个大字，第四层是竖排"追远"两字。两旁有两条鳌鱼跃龙门的雕塑和众多的人物花鸟砖雕石刻图案，神态逼真，栩栩如生。王氏大宗祠旁有一棵大枫树，从山顶看"王氏大宗祠"就像一条迎风破浪的船，而枫树就是舵。《稠溪王氏家谱》一直由专人保存，每年上谱时在大宗祠内展出。宗祠建筑风格经考证，属明代建筑，保存完好，如今已被列为县级文物保护单位。

（五）芳谷公祠

芳谷公祠坐落于东乡浯溪村东面，建于清康熙年间，坐东朝西，砖木石结构，条石铺地。祠堂三进四天井，一重院门，一重大门，三重偏门，分祠堂和义学堂两个建筑。上堂的最上端设有暗房，用于摆放祖先牌位。祠堂地面平滑，质地坚硬，历经数百年未有损坏，令人叹为观止。祠堂天井都用板石铺成，大门门楣上方阴刻"芳谷公祠"四字。据村中王氏族民称，该祠堂原为浯溪村某房一个名叫"王芳谷"的个人祠堂，还不属全村的总祠堂。祠堂有宗祠、支祠之别。一族之祠堂称为宗祠，祠堂的门楣匾额上书"某氏宗祠"；支祠是为一公而设，其门楣匾额上则书"某某公祠"。宗祠书姓，支祠书名，举世皆然。"芳谷公祠"应是王芳谷的个人祠堂，确定无疑。该祠堂是浯溪村至今保存最为完好的祠堂，祠内梁柱上有副联语"浯土培育俊杰，溪水润泽英豪"，据该村族谱记载，王氏家族出过进士、举人就有20多名，在明朝还出过一位状元王廷垣，祠内展示的王汝为一家祖孙四代七人名登科甲的事迹中就有王廷垣（系王汝为的来孙）的名字，激励着后人好学上进，博取功名。该祠堂已被列为县级文物保护单位。

（六）太原王氏祠堂

金溪秀谷西门王家，古称金溪邑南明谷里，是王安石大弟王安国后裔的聚居地，现有王氏村民1864人。明谷王氏尊子乔为太原王氏系姓始祖，所建祠堂故称"太原王氏祠堂"。祠堂为三进，由低至高，内有天井，条石铺地,显得高大宽敞明亮。正堂墙壁上并排有序地挂有王氏世祖画像,两边墙壁上挂有明谷王氏世代传承图表及村史演变、科考情况的文字说明,供子孙祭祀景仰。特别引人注目的是堂内悬有两块匾额,一为"彦公流芳",用隶书刻写,一为"进士世家",用篆体刻写,均用金粉涂漆,金光灿烂。祠堂外墙门楣上书有"太原王氏祠堂"几个雄劲大字,外墙上附有砖雕图案,美观大方。金溪明谷第一世祖是王安国的五世孙王彦远。据记载,在南宋战乱期间,彦远随父逃难到崇仁甘坑村,然后又迁到金溪县邑南明谷里。彦远公因而成为明谷王氏第一世祖,明朝万历壬寅秋由裔孙对祠堂进行重修。彦远公非常重视教育,明谷后裔于明朝期间在祠堂东侧建了一座槐阴书院,以供族内子弟进学。彦远公族下人才辈出,明清时代出过进士4人,举人18人,贡生23人,秀才和监生无数。至此,对"彦公流芳""进士世家"匾额的深刻含意就不难理解了。如今的"太原王氏祠堂"已被整修一新,既是王氏族民"尊祖敬宗"的祭祀祠堂,又是社区群众和村民的文化娱乐活动中心,祠堂的功能得以充分发挥。

(七)月塘五圣殿

位于金溪琉璃乡月塘村,又称王氏祠堂。这是一座由庙和祠堂连体合为一处的祠庙。殿内的柱梁为木架结构,外墙的一侧开有石大门,由此进入祠庙。石大门上方嵌有"五圣殿"石匾,匾上刻有"光绪丁丑合族重修"字样,可知现存的庙堂模式为清光绪三年(1877)由族民集资重修的样式。至于老祠庙建于何时就不得而知。整座"五圣殿"面积不大,大约400平方米,内部摆设构造也较为简陋,没有其他菩萨和神灵的雕像。先是由墙侧边的石大门进入庙堂,分前后堂,中间有一天井相隔,既排水又采光,上堂挂有先祖神像,为村民上香朝拜祭祀之地,立有十根木柱支撑房梁。在庙内的侧墙处,又另开一侧石门进入祠堂。祠堂要比庙堂面积略大些,也是分二进前后厅堂,中间隔有一天井,上堂比下堂地势略高,天井上对天空,采光很好。下堂有十根木柱支撑,上堂由十八根木柱支撑。木柱下方均是精美的柱基。上堂正中悬挂有五圣画像,分别附有五位圣人的简历,并设有香案,供族人上香朝拜瞻仰之用。逢时节,香火旺盛。

五圣殿悬挂的五圣画像是月塘王氏族民心目中的五位圣人先祖：王明、王用之、王朝利、王益、王安石。简历的说明文字分别为：

王明，山西太原五十三世祖，明公字克明，改字永泰，静节先生。职方员外郎赠太师中书令，臻古稀葬灵谷峰东后月塘。封谭国公，生子三，用之、观之、质之。

王用之，用公讳贯，任大理寺丞赠太师中书令兼尚书，封卫国公，卒葬于灵谷峰东后月塘。生子四：益、盛、盈、孟（实际王益生五子）①。

王朝利，山西太原六十一世祖王若海之子，朝利公徙过月塘，见山水之秀后开基建村。为月塘一世祖，娶吴氏与夫同葬祖山，生子一，一芝。

王益，益公之舜良，生于淳化甲午，卒于宝元二年。大中祥符八年进士，官至太师中书令兼尚书令，封康国公，②改赠楚国公。娶徐氏、吴氏，生子七：安仁、安道、安石、安国、安世、安礼、安上。

王安石，安石公字介甫，号半山，生于天禧五年十一月十三，卒于元祐元年四月初六，追赠太傅，绍圣元年（1094）获谥号"文"，故亦称王文公，封为舒国公，后又封为荆国公，因有治国之道，出任参知政事，次年任宰相。

五圣殿旁有古树一棵，陪伴在侧，见证着五圣殿的风雨沧桑，见证着月塘王氏族民对先贤的景仰之心。

（八）宜黄舒王祠

王安石于熙宁十年（1077）被封为舒国公，元丰三年（1080）九月改封荆国公。元祐元年四月初六（1086年5月21日）卒。绍圣元年（1094），哲宗亲政，王安石得以配享孔庙，谱号"文"，宋徽宗政和三年（1114）追封舒王。

---

① 曾巩在《永安县君谢氏墓志铭》中记述："其子曰益，曰某，皆已卒。曰某，曰某，曰孟，楚州司理参军亦已卒。"从曾巩的文中可以得知，王用之生有五子。
② 刘成国在《王安石年谱长编》中采用陆佃《陶山集》卷十载《中大夫守尚书右丞王安礼父益赠太师中书令兼尚书令可追封楚国公书》，认定王益被追封楚国公。

据乐安稠溪《王氏六修族谱》中的"祠庙志",崇仁甘坑《王氏十修族谱》中的"祠庙"条目,均对宜黄舒王祠作了相关记载,并载有杜育德作的《舒王祠记》,六世孙王革撰的《舒王祭薄序》,二十七世孙启烈撰写的《新建舒王祠》等文献资料。

宋绍兴三十年(1160),宜黄县知县革公(宁国公,王安石六世孙)创舒王祠,在宜黄县崇十九都之层源。宋进士杜育德作《舒王祠记》载:"公罢相居江宁,弃园屋为僧寺,四传孙王珏徙今之贵溪有言矣。贵溪之后厥四世有曰革者特奏名也。革以先承公荫,义不可以无祀,倡族而为之祠,题其门曰赠舒王祠。"①

杜育德,宜黄崇贤乡鹿冈(今中港镇鹿冈村)人,为王安石老师杜子野孙。绍兴五年(1135)乙卯科汪应辰榜进士。杜育德《舒王祠记》还称:"在宜黄崇十九都层源,宋绍兴庚辰宁国公讳革创为之,时荆公赠舒王爵,故匾曰'舒王祠'。祠之右为勒书阁,凡勒命袍笏遗像遗书俱藏其中。绍定庚寅,汀赣贼破宜黄,道经贵溪,庐舍尽毁。今址后即忠臣之墓犹存……"②说明了舒王祠的建造目的、建造时间、建造人氏、祠的构造、祠在战乱中被烧毁的史实。在清朝乾隆五年(1740)在原址处又新建了一座舒王祠,二十七世孙作有《新建舒王祠记》,记载了此事。

由上述资料可知,宜黄舒王祠是由王安石的六世孙宜黄知县王革创建的,建在宜黄县崇十九都贵溪层源山上,后因战乱被烧毁,在清朝时新建了一座舒王祠。今不存。

(九)清风阁古庙堂

在东乡上池村西口左侧,王氏宗祠的西南端,有座古庙"清风阁",原是王氏族人祭拜神灵的庙宇,祈求天神保佑风调雨顺、民众平安的庙堂。阁内供奉着多位天尊灵神,四乡八邻的民众纷纷前来朝拜,香火旺盛。王安石逝世后,上池王氏族人在古庙原址上重建清风阁,供奉的神灵增添了荆公神,表达对王荆公的敬仰与怀念。阁内奉荆公神像,左右有文神、

---

① 乐安南村乡稠溪村《王氏六修族谱》,1844年重修,现藏于乐安南村乡稠溪村。
② 乐安南村乡稠溪村《王氏六修族谱》,1844年重修,现藏于乐安南村乡稠溪村。

武神及两书童陪伴。自此以后，清风阁更加热闹，香火更加旺盛。上池王氏族民在每年农历九月初十都要举办热烈而隆重的荆公迎神节。农历九月初十这天清晨，村民早早地来到清风阁为神像扫尘沐浴。8点整，荆公神像被抬到门外，摆上祭品，上香点烛，烧草纸放鞭炮进行祭祀。然后将荆公神像抬至各家门口，文神在前，荆公神居中，武神居后，各家各户上香烛，放鞭炮，迎拜荆公神，祈求先祖神灵荆公保佑家人一生平安。下午时分，神像抬至村口兰塘边上，致荆公颂文，告慰荆公神灵，而后抬回清风阁庙内，整个迎神祭祀活动才告结束。

（十）世宦祠

此祠坐落于东乡上池村，是王安石家族的一处祭祀祠堂。据上池《王氏族谱》记载和上池村民回忆，该祠堂是由王安石的叔祖王质之一支兴建的。这是一座典型的具有江南特色的宗祠，极其雄伟，为砖木石结构，用料精良。宗祠坐北朝南，三厅三开间，正大门阴刻石匾"世宦祠"三个楷书大字，两侧大门上方阴刻有"登科""及第"四字，意在激励后人通过读书考进士做官。三扇大门两侧各有一个石墩，称三门六墩。前厅、中厅、后厅呈前低后高之势，中设两天井，封火山墙，为典型的明代建筑。祠内挂有赞颂王荆公的对联，一副为："天变不足畏，祖宗不足法，自古英豪显卓识；祖德可以师，学问可以传，至今乡里仰遗风。"另一副为："政治抗三代之隆，差让伊皋伊旦；文章驾百家而上，殊超韩柳欧苏。"两副联语表达了乡亲族人对王安石的景仰和赞誉。据说，王安石的画像和村中《王氏族谱》就是在世宦祠夹墙内发现，如今成为难得的文物珍宝。每年的正月初一在祠堂内展出、挂出，供村民祭拜。

临川王氏宗祠所形成的宗祠文化，既是家族的历史文化遗产，也是中华传统文化的组成部分，对其发掘整理利用，具有很高的文化价值。

一是建筑文化的彰显。王氏宗祠有一堂进、二堂进、三堂进，甚至四堂进，每进由低至高，寓意步步高升。东乡浯溪村的"芳谷公祠"设计奇巧，上堂隐有暗房，祠堂地面平滑，质地坚硬，天井边用板石铺成，历经数百年丝毫无损，可以说是民间建筑史上的奇迹。乐安稠溪村的"王氏大宗祠"是典型的明代建筑，造型独特，气势宏伟，尤其是门首如石牌坊式，高五层，第四层竖排的石刻"追远"二字，给人高瞻远瞩之感，两条鳌鱼跃龙门的雕塑和众多的人物花鸟砖雕石刻图案，神态逼真，栩栩如生，设计匠心独运，成为该村的标志性建筑。这种融建筑工艺、匾联书法、砖雕石刻为一体的设计理念和建造风格，充分彰显了我国古建筑的艺术之美。二是联匾文化的坚守。宗祠内的几十块匾额、题额、楹联，是宗祠功能得以发挥的重要点缀物，含有丰富的历史文化信息，精美的楹联、匾额起到了点题、重视、渲染的作用。人们面对联匾，驻足流连，仔细吟味当年联匾作者行文的深意，领悟字面背后的深刻义理，如东乡上池"王氏宗祠"内摆放的"望重荆槐"石匾，寓意是德高望重的荆国公这棵大槐树庇佑子孙后代。"世宦祠"内悬挂的"天变不足畏、祖宗不足法、自古英豪钦卓识；道德可以师、学问可以传、至今乡里仰遗风"联语充溢着对王安石的赞颂景仰之情。金溪西门王家"太原王氏祠堂"悬挂的"彦公流芳"金匾寓意彦公一族人才辈出的景象，后人应发扬光大。王氏宗祠内的这些匾额、楹联，寓意深刻，除了文意之外，还有文字、书法、工艺、美术等艺术内涵，既是对匾额文化的传承创新，又是一道亮丽的观赏风景线。三是孝道文化的传承。按古代宗庙祭奠之礼，称祖者有功，称宗者有德。要缅怀传承祖宗的功德，恪尽孝道，就必须把"慎终追远""尊祖敬宗"落到实处，用祖宗功德事迹对后人宣传教化，达到敬畏先贤、学习先贤的教育效果。宗祠内孝之思想、理念、实践无处不在，无时不有，举办的各类祭祀活动，如每年的上谱活动、先祖祭、忌日祭、清明祭、迎神节等，无不闪耀着孝道文化的光辉。"世宦祠"内大门上阴刻的"登科""及第"四字,悬挂的两副楹联，"太原王氏宗祠"内悬挂的"彦公流芳""进士世家"金匾及墙壁上的文字说明，就一直激励后辈学习先贤，读书上进。"王氏宗祠"内展示的祖先画像及宋代进士图表，"望重荆槐"的文字说明，"芳谷公祠"内展示的状元路文字说明，还有王廷垣的传说故事，"一门五进士家庭"的荣誉，都是很好的教育材料。

二、王安石家族几则祭祀祝文

从王安石家族提供的族谱中发现几则祭祀礼仪资料文献，可以看出王氏家族非常重视祭祀礼仪，在祭祀礼仪的内容、项目、操作程序等方面规范得更为完整，更为系统，是不可多得的珍贵文献资料。所形成的祭祀礼仪文化构筑起整个王氏家族尊祖敬宗的精神支柱，为凝聚族民人心发挥着重要的精神引领作用。

现将几则祭祀祝文的新资料辑录如下：

（一）临川孝桥下璜村《王氏十修宗谱》所载《祭礼》

孝桥下璜村是王安石孙子王棣后裔的聚居地，现有王姓村民500余人。所提供的村谱《王氏十修宗谱》中载有《祭礼》文。

《四时祭》：时祭用仲月前旬卜日，前三日斋戒，前一日设位陈器，省涤具馔，厥明夙兴，设蔬果酒馔，质明奉主就位，参神降神，进馔。初献亚献乡终献，侑食，阖门启门，受胙纳主。凡祭主于尽爱敬之诚而已，贫则称家之有无，疾则量筋力而行之，财力可及者自当如仪。

《初祖》：冬至祭始祖，前三日斋戒，前期一日，设位陈器具馔，厥明夙兴，设蔬果酒馔，质明盛服就位，降神参神，进馔，三献，侑，阖门启，受胙，辞神撤馔。

《先祖》：立春祭先祖，前三日斋戒，前一日设位陈器具馔，厥明夙兴，设蔬果酒馔，质明盛服，就位，降神参进馔，三献，侑食，阖门启，受胙，辞神撤馔。

《祢》：季秋祭祢，前一月下旬卜日，前三日斋戒，前一日设位陈器具馔，厥明夙兴，设蔬果酒馔，质明盛服，诣祠堂奉主出就正，初参神降神参进馔，三献侑，阖门启，受胙，辞神纳主撤馔。

《忌日》：前一日斋戒，设位陈器具馔，厥明夙兴，设蔬果酒，质明，主人以下变服，诣祠堂奉神主出，就正寝，能神降神，进馔，三献，侑食，阖门启门，辞神纳主，撤馔。是日不饮酒，不食肉，不听乐，黔巾素服素带，以居寝夕于外。

《墓》：三月上旬择日，前一日斋戒，馔，厥明洒扫布席陈馔，参神降禄，三献，辞神乃□遂。祭后，土布席陈馔，降神参神，三献神，乃□而退。①

此《祭礼》文规范了下璜村王氏族民的六项祭礼及操作程序。六项祭礼分别为：一是四时祭。四时指一年的春、夏、秋、冬四时，每时三个月，其第三个月为季月，季月终则进入另一时。此祭礼一般定在农历二月进行。二是初祖祭。初祖，指最早的祖先，即始祖。此祭礼定在冬至进行。三是先祖祭。先祖，指远代的祖先，此祭礼定在立春进行。四是祢祭。指文庙或祖庙祭，生称父，死称考，入庙称祢。此祭礼定在秋季进行，即秋季的最后一个月。五是忌日祭。忌日，指父母死亡之日。祭礼提出在忌日祭祀这天，有三不准"不饮酒、不食肉、不听乐"的要求。六是墓祭，清明扫墓进行。六项祭礼内容融亲情性、庄严性于一体，体现了村中王姓族民的尊祖敬宗、孝敬父母、追思亲人、告慰亡灵的传统家风。

斋戒，指古人在祭祀前须洁净身心，表示虔敬。献，进献、奉献，此指奉献蔬果、酒席，以示犒劳。古人认为"一献质，三献文，五献察，七献神"②，就是说行礼本来只要一献质朴即可，增为三献，就显得更为文采。至于五献，就更盛大清楚，到了七献，更为隆重，那就等于敬之如神了。③六项祭礼中提出的"斋戒"三献，表明了王氏族人对祭祀态度的认真虔诚。

（二）乐安南村乡稠溪村《王氏六修族谱》之《族祠礼》

据该村族谱载，乐安稠溪村是王安石后裔曾孙王珏的一个分支聚居地，有800多年的建村史，现有王姓村民800多人。所提供的《王氏六修族谱》载有《祠庙志》《族祠礼》两篇文献资料：

---

① 临川孝桥乡下璜村《王氏十一修族谱》，2015年重修，现藏于临川孝桥镇下璜村。
② 胡平生、张萌：《礼记》，中华书局2017年版，第11页。
③ 王梦鸥：《礼记今注今译》，新世界出版社2011年版，第6页。

祠庙志

宗庙所以傧鬼神，亦所以序昭穆，古制也。故河南程子修礼略，谓家必有庙，庙必有主。新安朱子损益司马氏书仪，撰家祭礼，以家庙非有赐不得立，乃名之曰祠。程朱之教行世，族之有祠，旧矣。但贤愚不一，兴废不常，作于前而毁于后者有之，有其祠而无其祭者有之，亦何贵于为人子孙也？是故春秋修其祖庙，明其祭祀，孰非仁孝所有事哉？

族祠礼

①正则参。前一日洁祠设位，备物，厥明夙兴陈设，盛服就位，序立，启读告辞，参神，主人祭酒，献酒、辞神，闭读礼毕。序坐，序拜，推贤序事。坐而饮，歌圣训，饮毕揖而退，封祠。

②朔望则参。即日启祠，序立，序坐，书善恶，明禁，讲学。序立，序坐，读圣谕，歌诗，茶而退，封祠。

③立春祭先祖礼。前三日斋戒，告期，备物，涤器，序事。前一日设位陈器，省牲，习仪。厥明夙兴设牲果酒馔，斋明盛服就位，主人就位，陪祭者就位，执事者各司其事，启读告辞。参神，主人祭酒，执事诣香案前撤馔，进饭羹，初献礼，读祝，分献，亚献礼，分献，终献礼，分献，侑食、献茶，饮福受胙。嘏辞，辞神，送主，撤馔，焚祝文，礼毕，祭毕而馂。序立，序拜，进酒，祝辞，尊长告谕。坐而饮，歌诗，礼毕，藏祭品，封祠。厥明日发公谷周急，序立，揖，序坐，供薄案，审饥户，开仓，酬有功，事毕坐而饮，封祠。

④冬至祭始祖。冬祭薄引，前三日斋戒告期，备物涤器，序事。前一日设位，陈器，省牲，习仪，厥明夙兴设牲果酒馔，斋明盛服就位，序立，启读告辞，参神，祭酒进饭羹。初献礼，读祝，分献，亚献礼，分献，终献礼，分献，侑食，饮福受胙，辞神祭毕，焚祝，祭毕而馂，序立，序拜，祝辞，告谕，坐饮，歌诗，执事藏器。厥明日明谱，序立，揖，序坐，供谱案，查谱，读谱，书续谱，读约，行劝惩，坐而饮，封祠。①

---

① 乐安南村乡稠溪村《王氏六修族谱》，1844年重修，现藏于乐安南村乡稠溪村。

这是稠溪村两份重要的祭祀礼仪文献。《祠庙志》只有几百字，文字简洁，主要是说明宗庙是遵"古制"而建的，宗庙的功能作用，祠与庙的区别，指出对祠庙的态度不同"贤愚不一、兴废不常"而造成"毁于后者有之""无其祭者有之"的状况，作为人之"子孙"应明白"春秋修其祖庙，明其祭祀"仍是"行仁孝"的大事，劝告后人应重视祠庙的祭祀，把祖庙祭祀提升到重要的地位。《族祠礼》则列举了该村王氏族民应遵照施行的四项祭礼：一是正则参。正，指一年的开始，通常指每年的第一个月。参，下见上为参，此指参拜、祭祀。就是说每年的农历正月都要祭拜。二是朔望则参。朔望，指农历每月的初一和十五，就是说每月的初一或十五要进行参拜。三是立春祭先祖礼，四是冬至祭始祖礼，这两项祭礼的时间程序与临川孝桥下瑍村的先祖祭、初祖祭的祭礼项目相类似。这四项祭礼作为稠溪村王氏族民的传统祭礼是合规范，合礼仪的，但在每项祭礼的程序中都附有特别详尽的具体操作说明（因说明文字过多过长而没有辑录），重复啰嗦，显得过于繁琐，操作过于复杂，不便传承施行。《礼记·祭义》中说："祭不欲数，数则烦，烦则不敬。祭不欲疏，疏则怠，怠则忘。"① 就是说，祭祀的礼节不可太繁，太繁使人倦惰，便失去了虔敬之心。亦不可太疏简，太疏简则使人怠慢，怠慢不祭，拖久了就忘了。所以说，祭祀礼仪程序不可太繁，也不可太简，应适中合用，才能真正表达族人的虔敬之心。

（三）金溪琉璃洋幽村《洋幽王氏族谱》所载祭祀祝文

金溪琉璃洋幽村，主要是王安石的叔父王盛的后裔的聚居地，亦是王安石家族祖坟山所在地。有千年的建村史，现有王氏族民300余人。所提供的《王氏族谱》载有三篇祭祀祝文如下：

---

① 王梦鸥：《礼记今注今译》，新世界出版社2011年版，第404页。

清明祭墓祝文

伏以流光冉冉，世间易老百年人；芳草凄凄，圹内不醒长夜梦。切念一杯之黄壤，文逢三月之清明。云山漠漠，感雨露之兴思；烟水茫茫，想音容之宛在。以今虔备真香一心，拜请今年今月今日今时四值功曹使者，欲烦传奏，当假神威意敷宣，愿圣聪德今据大清国某省某府某县某乡某里某保，孝男孙某人于先年安葬故考妣某公某氏于此。今乃清明佳节，礼当祭扫坟茔，仰思义重恩深，无由报答，谨发诚心虔备三牲酒胙香纸钱锭恭叩墓前用伸祭扫，仰烦此间山神土地守魂，童子引魄郎君请出。故考妣某公某氏某家堂上祀奉，前亡后化男女尊魂普赴。墓前受今供养，再运真香一心，奉请土府甄皇大帝，后土紫英夫人，山家将相二十四位神君，五方五帝神君，左青龙，右白虎，前朱雀，后玄武，来山去水进生排衙张坚固李定度度山禁亡。龙神当山，土地招财，童子进宝，郎君某社令正神虚空，过往一切神祇普降墓前，受今供养茶酒在樽开壶酌献。

初献酒，滴杯中，饮尽桃花土脸红。伏望神灵齐举杯，家门日日蔼春风。

二献酒，在墓堂，斟来美味百花香。奉劝诸神齐饮尽，荫出儿孙状元郎。

三献酒，味更醇，神明同醉杏花村。今日虔诚祭扫后，儿孙富贵永长春。

三献已毕，礼不重斟，适来冒渎详位神祇，不敢久留，圣驾外有香纸钱财奉送，天神请回天宫，地祇请回庙宇。内有钱财拜登墓主尊魂，某祖某某多则多分，少则少分，各位收归宝库。自今醮挂之后，山环水绕，地脉兴隆，作千年之吉地，为万代之佳城。二十四山，山山拱秀；二十八将，将将朝迎。文笔峰高生贤出贵，堆钱山现积谷丰财。更祈保佑后昆，人人清吉，个个均安。生男则聪明俊秀，文章盖世。生女则温良智慧，罗绮生春。露冷风清，时听金鸡之唱；天明月亮，常闻玉犬之声。怪梦不生，时灾不惹。是非口舌日日消除，出入求谋般般亨泰。来则祥风熄熄，时时降福于家庭；去则瑞气腾腾，岁岁留恩而庇佑。请回墓府，永降吉祥，顿首虔诚百拜奉送。

冬至祭祖文

维 皇清某帝某月某日，合族裔孙众等虔诚顶礼，谨以香帛牲醴之仪，致祭于本音王氏堂上门中，高曾考妣众魂座前。

而言曰：三界之中，仙佛诸神为上。五伦之内，父母恩深至尊。父恩高如天，母德厚似地，恩深为无双，义重最第一，恩深终有别，义重也分离。历代帝王也要脱骨还原，从今庶士岂能得逃生死。陶浮三万六千岁，却也寿归终尽。彭祖寿高八百春，且乎不满千岁。颜回三二身亡，甘罗二六为相，太上老君生天生地，也要由归于天。释迦文佛藏了金身，亦须游于湼盘。孔圣人天下文章之祖，秦始王驱山填海之能，楚项羽有拔山之力，张子房有缩地之方，女娲氏炼石补天，姜子牙怡乐林泉。尧帝舜帝梁武帝那个长生永在世，汉王汤王杰纣王都抛白骨葬山冈，颜子曾子及孟子那个长生永不死。自古道：花无久艳，从来月不常明，美中积玉堆金，难免无常生死。泰山门下，来来往往多少皇亲国戚；阎王殿前，终身渺渺尽是庶士公卿。惟有生死平等，皆因长短不同。生碌碌，死茫茫，要足何时足，要藏不得藏。说什么荣华富贵，说什么福寿无疆，书信到来如一梦，终身定要入黄粱。老祖宗等归于极乐，名姓列于仙乡。裔后孙等敬将。

王氏门中高曾考妣自周以来，乔公相传八十余世，详载分明。今值黄钟之景，冬至之期，裔孙等谨备牲仪箕冥供献，伏望我祖来格来尝。尚飨。

春秋腊祭文

宗本堂每年春秋腊祭，凡属位下嗣孙族等，皆诣祖堂祭扫。一切祭仪唱赞祝文开具于后：猪全蹄、羊全、鱼四尾、鸡一只、鹅一只、香一炉、祝文一张、香案一张、茶酒果品各祖位前一盆。鸣金三道，擂鼓三通，金鼓同声，乐器同鸣，执事孙等各司其事，众孙就位，正献孙就位，分献孙就位，捧主出就位，奏乐、鞠躬、跪、拜、四叩、平身、乐止。正献孙诣香案前，上香、跪、初上香、二上香、三上香、一奠爵、二奠爵、三奠爵、进帛、献帛、进馔，俯伏，读祝者跪读，腊月祭祖文。维 皇清某帝某年某月某日堂下嗣孙某某等，谨以刚鬣柔毛束帛香楮之仪，致祭于本音王氏堂上门中，历代高曾考妣众神位前。

而言曰：人生首务，孝弟为先。惟水有源，惟木有根。愿我后人，休忘其先。系念我祖，功德俱全。上启源流，下衍派行。时值佛尘，岁终告痊。爆竹催腊，桃符换更。纶祀蒸尝，入道大亨。愿祈福庇，人财双全。虔诚顶礼，冀鉴欢然。祖灵不昧，来格来筵。尚飨。①

这三篇祭祀祝文内容丰富，情感真挚，充分表达了该村族民子孙对祖辈先贤的追思景仰之情。一方面规范了清明墓祭、冬至祖祭、春秋腊祭的祭祀礼仪，有具体的操作程序过程；另一方面以祝文的文体形式表情达意，祝祷场面更显庄严肃穆。第一篇祝文就写得很有文采，语言句式富于变化，散文句式、对偶句式、四六句式交叉使用，增加了祝词的表达效果。还有"三献酒"段落，用诗歌语言押韵，读起来朗朗上口，增强了祝文的可诵性与情境感。第二篇祝文中的"而言曰"段称得上是为人处世的箴言，所列举的古今人物命运的史实，那些告诫今人族人子孙要正确对待生老病死、正确对待人生沉浮、正确对待荣华富贵等等描述语句，写得诙谐有趣，深含人生哲理，发人深省，让人警醒，简直是一剂慰藉心灵的药汤。第三篇祝文中的"而言曰"段，用四字句的韵文作结，告诫后人"人生首务，孝弟为先"，阐明为人应讲孝道、思源、尊祖、敬宗、行善、积德的道理，只有这样，才能得到"福庇"的功德圆满，"人才双全"的美好结局，句句入耳，字字暖心，让人受益匪浅。这几篇祝文中蕴含的人生哲理和正能量，是留给族民子孙的精神食粮，要不断地传承弘扬。

从王安石家族族谱中发现的几则祭祀礼仪资料，有着重要的社会意义和文献价值，主要体现在：

第一，发挥家族精神的引领作用。祭祀是儒家礼仪中最核心的部分，

---

① 金溪琉璃乡月塘村《洋幽族谱》，1862年重修。现藏于金溪琉璃乡洋幽。

是古人对神灵祖先或死者表示敬意的一种仪式。《礼记》说："祭有祈焉，有报焉，有由辟焉。"① 就是说祭祀有三种作用，一是祈求，二是报恩，三是消弭灾祸。至于祭祀对象，选择的原则是"法施于民则祀之，以死勤事则祀之，以劳定国则祀之，能御大患则祀之，能捍大患则祀之"。② 就是说只要是有功于民的、为公务而亡的、有安邦定国功劳的、为大众防止灾害的、保卫民众使之不受苦的，这五种人去世之后才都要祭祀。可见，古人对祭祀的重视和严格。

王安石家族非常重视祭祀礼仪。王安石认识到"礼者，君之大柄也"，③ 是治国的利器之一，并亲自研究《礼记》，对《周礼》重新注释。通过传承儒家礼仪文化，引领王氏家族"尊祖敬宗"。上述几村族谱所载的祭祀项目均是王氏族人根据居住地的实际条件和当地习俗制定的礼仪规范，规定了祭礼项目、目的意义、内容要求、操作程序，使族民在祭祀时有规可依，有章可循，落地生效，为凝聚族人人心、尊祖敬贤发挥着重要的精神引领作用。

第二，丰富家族宗谱的记载内容。族谱是记载一个家庭或家族发展历史情况的真实写照，涉及记载的内容很广泛，详细地记载全族的世系源流、子嗣系统、婚配体系、人物传记、官场经历、祠堂祖茔、祭祀礼仪、族产公田、族规家法等，内容丰富，资料大全，称得上是家族中的宝典，目的是使族人对本族的发展历史有一个准确的认识，清晰的了解。

正是基于族谱所具有的这些功能作用，因而王氏家族就充分利用本村本族的族谱，记载相关的祭祀礼仪规范条文，并作为重要内容定期不断地加以修补完善，代代相传，让族民子孙能依规依章施行。前面辑录的几则祭礼祝文就是村中提供的族谱，从中发现并加以转载的。可以设想，如果族谱缺失祭祀礼仪内容的记载，那世人如何能认识王氏家族的祭祀礼仪文化？因此，只要族谱能认真地做好记载，很好地保存下来，那么这些祭礼规范也就能保存下来。这些都是难得的第一手珍贵文献资料，

---

① 王梦鸥：《礼记今注今译》，新世界出版社2011年版，第23页。
② 王梦鸥：《礼记今注今译》，新世界出版社2011年版，第402页。
③ 王梦鸥：《礼记今注今译》，新世界出版社2011年版，第197页。

可供深入探讨研究。

第三，彰显古代祭文的文体特色。祭文，是古代为祭奠死者而写的哀悼文章，表达追思哀悼之意。因为祭文一般是在祭奠时宣读的，故有一定的条文表达格式。祭文的语言是不拘一格的，或用韵语，或用散体，也用骈文写成。常见的哀悼文体有"祝""讳""吊""祭"等名称。"祝"作为古代哀悼文体的一种，是"祭于神明"的祝词，即祭祀时祷告之语或文词。在语言表达上可以用散文句式、韵文句式、对偶句式、四六句式，是语言运用的综合体，以达到声情并茂的效果。

现代的读者或年轻人很少看到古代祭祀祝文的写作文本，不知祭文特别是祝文的写法。从族谱中辑录的这几篇祭文，尤其是其中的几篇祝文正好提供了祝文的样式范本。作者是写作祝文的高手，让我们大开眼界，细细地观赏借鉴。几篇祝文都写得很精彩，语言生动，韵白交叉，有抒情议论，也可以描述，让人体味出古代祭祀祝文的审美价值。

总之，从王氏家族族谱中发现并辑录的几则祭礼及祝文，是研究和认识王安石的重要文献资料，把它们整理解读出来，不仅是对历史的反思回顾，更是立足现实，传承创新，阔步走向未来的一种文化自信。

三、王安石家族几则家规家训

在王氏家族的谱序中保存着一系列"族规""家规"和乡规民约的记载，这是支撑王氏家族生生不息的最坚固基石。

族谱资料的原文均为文言古文，未作标点断句，以下辑录的几篇家规文献，笔者作了标点断句，有的作了解读或简要评述。

（一）崇仁甘坑村《王氏家规二十三条》

崇仁港下甘坑村是王安石后世子孙聚居之地，该村保存的《王氏九修族谱》载有《王氏家规》是由乡贤明代道士、王氏二十六世孙王天性整理撰写的。笔者对这份家规进行了标点断句，辑录如下：

昔，荆国公有召命，其子雱在京。人问："尊公来否？"雱曰："家大人恐不敢不来，只无一居处。"人言："居处亦易得。"雱曰："不然，家大人之意，欲与司马十二丈卜邻，以其治家严整、事事可为子弟法耳。"故司马温公居家杂仪，乃士君子治家之要法。与夫朱晦翁家范，近代陆氏袁氏家训，无非教诲子孙。余是以会通其旨，著为家规，勒诸谱牒，令后世知所禀仰云。

一议：每岁元旦，不拘长幼，皆整衣冠，诣祠拜谒。不许亵服素冠。其有三年服者，小祥后，亦当墨衰。无故不至及后时而至者罚。

二议：祠堂乃序昭穆之地。自敬老尊贤，一依长幼坐立，敢有越次者罚。

三议：士农工商各有常业，为士者确守高皇卧碑，为民者确守高皇圣谕，方可保世亢宗。吾宗子弟，敢有不孝不友，放辟邪侈，以干明禁者，拘祠处治，削去谱名，其重大不容赦者死之。

四议：冠而告庙，礼也。予宗子姓，宜遵古制。大约二十而冠，礼文仿仪节行之，稍从简易。而三加之祝，申饬必明。盖用可省，而礼不可废也。其不告庙者罚。

五议：婚姻为人道之始，所系甚大，必须择名门右族。娶者，虽不必胜吾家，然亦必清白之女；嫁者，虽必胜吾家，然亦必及时之子。议婚之日，当先告闻期祠下，许婚则婚。如有贪财私婚、门阀不称者，合族诣祠，鸣鼓，责令休亲，追谱出族。

六议：丧礼，为送死大事。今居世丧之家，饮食宴乐，破涕为笑，至于溺浮屠者，召僧供佛，泥堪舆者，暴露亲骸，岂仁人孝子所为？吾宗子姓，务宜哀痛惨怛，衣衾棺椁，富者分当从厚，即贫者亦当量力而行，不使有后日之悔。其行礼，一遵仪节，无得惑志浮屠。至于卜葬，亦勿泥堪舆之说，死者欲其速朽，停亲不葬，大为不孝。其族属治丧，亦宜齐赴吊哭，以贫富少长异视者罚。

七议：祭祀礼仪，悉尊祠堂祀典。每房子孙各一人，亲行临山拜扫，不得慢视，而以家人摄之，此大不敬。如亲丁不行者罚，途中分用仪物者罚，燕毛序齿，越次酗酒者罚。

八议：士无田不祭。其祭田登谱者，敢有移易议，同族举首，以不孝论。

九议：坟山，有一房共者，有各房相共者，各守本等。不许替越吞占，倘或犯禁，合族鸣鼓，令其改正，仍责酬谢。或祠下公山，亦当通闻祠正，踏勘有无于犯，然后许葬。间有将祖冢毁灭，卖与他人，此不孝之甚者，呈官以律治之。其护坟树木，不许砍伐，及挖竹笋等类，守山报闻通族，罚猪祭祖警众。

十议：争竞成讼，初多起于不平，以小忿而辱身及亲，何益？遇有争竞，当通闻族长，辨明曲直，以正其罪。如有强凌弱，富吞贫，及未通闻而先告于官者，族长会同赴证，务宜秉公，不可徇私颠倒，违者共罚。

十一议：族有无嗣者，于同祖同父中子侄，择而立之。若本房无相因之人，然后别选外房，不紊伦次者立之。慎无别养异姓，以乱宗支。其继产听族长处分，继母继子，不得私自典卖。族豪有力者，亦不得私受典卖，以启讼端。

十二议：族有妣妇，程子谓"饿死事小，失节事大"，其当守必矣。间有不能守者，自服阕，听其姑舅或房长主张，不许分破财礼，违者攻之。妇能守而逼嫁者，亦攻之。

十三议：男女之生，皆吾之子也。而女或溺之，男或鬻之，此伤天理者所为。宜痛革此俗，犯者以故杀子孙论。

十四议：《易》之《象》曰："男女正，天地之大义也。"《孟子》曰："男女授受不亲，礼也。"《小学》云："男女别，然后义生，义生然后礼作，礼作然后万物安。无别无义，禽兽之道也。"故礼义莫严于男女之际。凡我同宗，宜恪守先训，男不轻入，女不轻出，庶几无玷礼义之风。间有溺于道释，妇女路谒山寺，淫于娼优，男女偷情，荡与乱伦灭法，成何风俗？犯者追谱出族。

十五议：族有卓行，如子之克孝、臣之效忠、妇之坚节、民之尚义，是皆禀天地之正气、立万古之纲常，所关风俗甚大，先世而上，往往有之。自今以后，倘获徼福，先入挺生贤哲祠堂，春秋祭祀，宜致胙存问，果应表扬而力未逮者，当出力呈请，无使沦湮，以章善行。

十六议：达尊有三，齿居其一。乡党所独尊也，何况宗族？凡我同姓，有高年者，无论贵贱贫富亲疏，皆宜敬礼。问则起答，过则拱立，言则逊让，祭则致胙存问。至于年高有德为后进楷模者，尤当表扬，以风于世。

十七议：七岁入小学，十五岁入大学，古之制也。凡有子弟者，必先以小学之法教之，一入大学即当遣就经师，涵育熏陶，以俟其成，无以不中不才弃之。贤子弟读书，其造就有成，如入大学应试，帮补援，例科贡计皆等仪，祠堂俱有成规，无得擅自损益，以乖前人作兴盛典。

十八议：继母孽子，古今最难处之事。以妾为妻，及以宠妾弃前妻，以子逆母，及以庶母逐嫡子，俱律有明禁。凡我同宗，无得冒犯。至于子烝父妾、父淫子妇，为乱常之极者，俱追谱出族。

十九议：族内凡有茕独无依、贫之不能存者，今祭产颇称富饶，度其所用多寡，以赒恤之，无使流移失所。其死不能葬者，合族备棺椁以葬之。孤贫之女择婿，赠资妆以嫁之；孤贫之儿，赠聘礼为其娶之。至于称贷偿息，世俗通行，贫不能偿者，宜宽之，庶见一体之谊。

二十议：族人贫极不幸，至于鬻子者，必要告闻族富，求为牧养。不问亲疏。立券，领价，听。自养父看待，宜念一本，勿以奴仆例视。年至长成，生父及本童，不得妄称过房立继等说，背义启争。若养自爱与己子同者，听。若族无收养之家，止许恩与道释为徒，不得贪财，投献富宦为奴，玷辱先人。若过养与亲姑舅姨姊为子者，亦听。此外，有违前议者，径自削去谱中父子名字，永不与祭。

二十一议：仆之与主分，犹君臣等有良贱。间有强梁之徒，或自本主而外稍贫弱者，漫无敬畏，倘至越理犯分，此不可不训也。凡我子姓，当念一体，严加约束，犯则痛惩，无当纵以滋尾大之患。违者，众共攻之。

二十二议：祠下祭银祭租，掌之祠首。在后子姓，宜公直照前。董事出入必谨，簿历必明，注完交付下手，不许侵克。犯者，罚赔其数并力生息，以兴义学、义田，举公礼、修公解，一切浪费，悉宜禁革。

　　二十三议：谱，有以一人领者，有以二人三人轮领者，公给木匣贮之，务要封钥固守。于每岁冬至日，各挟原谱，赴祠查对，并报后生子孙名表、年岁、娶葬等项，会录公谱，以为后修张本。若风雨虫鼠所毁，则罚银五两入祠。有盗卖不存及假与入阁，因而窃录世系，以紊本枝者，合族公黜，仍追原谱。其有故而交代者，亦当赴祠告众，择贤子弟与之，不许私相授受，冒领争领者罚。

以上二十三款，所以为正身齐家、尊祖敬宗设也。凡我族人，宜恪遵之，使子孙世为善人，世称善族，庶无负今日立规之意。①

　　这份《王氏家规》，分二十五个自然段，由前言、正文、结语三部分组成。内容翔实，特色鲜明，规范具体，操作性强，凝聚了王安石家族及后世子孙的治家智慧和对家风家规的重视，是一份既难得又珍贵的族谱资料。《王氏家规》的发掘整理解读，增添丰富了王安石家族族谱宗谱的新内容、新谱种，对研究王安石的家世、家风、家训、家教等方面具有重要的学术价值。其中释放出来的正能量和规范理念，对当今弘扬和传承中华优秀传统文化，加强家风建设，细化社会主义核心价值观的教育，有着重要的借鉴意义。

　　前言部分，开门见山，说明了制订这份家规的缘由及依据。这份家规是充分吸收前人关于家教、家规、家训成果的基础上而制订的，"会通其旨，著为家规，勒诸谱牒"。并且在继承的前提下，又结合王氏家族家风实际，参阅其他族氏家规资料而有所充实发展。所列举的先贤圣哲司马温公的治家要法、理学家朱熹的治家家范，还有陆氏、袁氏的家训，都是我国古代家风家教史上的优秀成果。而这份《王氏家规》则是这些成果中的优品，值得"让古籍中的文字活起来"，认真整理和解读。

　　正文部分，重点突出，归纳整理出二十三条家规。涉及内容广泛，切合族民实际，要求具体，针对性强。提倡什么，反对什么，违规如何处治，

---

① 崇仁港下甘坑村《王氏十修族谱》，1989年重修，现藏于崇仁港下甘坑村。

让人一目了然，也便于实施操作。具体来说，二十三条家规涉及仰祖祭宗、修身齐家、尊老敬贤、扶贫帮困、助学重教、公正廉洁、社会担当、破除陋习等诸多内容及治族理念，有不少可圈可点之处。

在仰祖祭宗方面：爱乡爱族，爱家爱村，不能忘记老祖宗，不能忘记根系，这是对族民及后代子孙的根本要求。在族规中都有体现。如家规第一条就规定："每岁元旦，不拘老幼，皆整衣冠，诣祠拜谒。"拜谒谁呢？就是祭祀老祖宗。第二条规定："祠堂乃序昭穆之地。"还有第四条规定"冠而告庙，礼也，予宗子姓宜尊古制"等等，类似的规定要求还散见于其他条规中。

在修身齐家方面：品德素质如何，可夯实为人之基，能成就处世之道。家规要求族民村民必须注重人的品德修养和道德修养，违犯者必须重治重罚。如第三条规定："吾宗子弟敢有不孝不友，放辟邪侈，以干明禁者，拘祠处治，削去谱名。"第十四条强调："故礼义莫严于男女之际，凡我同宗宜恪守先训，男不轻入，女不轻出，庶几无玷礼义之风。"对于"溺于道释，淫于娼优，男女偷情，荡与乱伦"等行为的犯错者要"追谱出族"。

在尊老敬贤方面：尊老敬贤是中华民族的传统美德。家规中对此都有明确的规定和要求。如第十六条规定："达尊有三，齿居其一。乡党所独尊也，何况宗族。凡我同姓有高年者，无论贵贱贫富亲疏，皆宜敬礼。问则起答，过则拱立，言则逊让，祭则致胙存问，至于年高有德为后进楷模者尤当表扬。"还有第十五条等也有这方面的规定和要求。

在帮困扶贫方面：对孤贫者、特困者、不幸者，要求族民必须伸出援手，济困扶贫，互帮互助，以示同宗同族的团结与爱心。如第十九条规定"族内凡有茕独无依、贫之不能存者"，可从"祭产"中"度其所用多寡以赒恤之，无使流移失所"，并对这些人的死葬安排、子女婚姻等方面都有具体的帮助措施和要求。第二十条也有对"族人贫极不幸，至于鬻子者"的帮助具体规定。

在助学重教方面：重视教育，关系到人才的培养，族规中对此有清醒的认识，作出了明确的规定和要求。第十七条就规定："七岁入小学，十五岁入大学，古之制也。凡有子弟者必先以小学之法教之，一入大学即当遣就经师,涵育熏陶,以俟其成。"并对成绩优异者要给予补贴,加以奖励,选派人品素质、学识水平高的老师对其进行辅导,助其参加科举考试。

在公正廉洁方面:为人要公正廉洁,办事要勤俭节约,这是家规对族民尤其是族首及管理人员的要求。如第九条、第十条对"争竞成讼"的处理就规定"遇有争竞当通闻族长,辨明曲直,以正其罪",就是打官司"族长会同赴证,务宜秉公,不可徇私颠倒",要求予以公正处理。另外,关于坟山的管理、丧葬的安排、婚姻的嫁娶等方面都有公正、节约方面的要求,第二十二条就提出"一切浪费悉宜禁革","不许侵克"公共财物等要求。

在社会担当方面:祠堂、宗庙、坟山、族谱等的管理,都是本族的公共事务,必须热心服务、勇于担当,培育族民的集体意识。如第二十三条家规中,对如何保管族谱就作了具体规定:领谱人的挑选、保管者的职责、过失者的处置等等都有规可依。再如对坟山管理的要求,对祠堂公产财物的管理职责,在相关的家规中都有明确规定要求和具体措施。

在破除陋习方面:本族应保持良好的民风民俗,破除陈规陋习,家规中有很多这方面的规定要求。劝导族民不要沉迷佛事、泥于风水,提倡生男生女一个样,"皆吾之子也",不准"溺之"或"鬻之";坚持打击卖淫嫖娼、偷盗吞占、伤风败俗等行为,违犯者"追谱出族";对祭祀、冠礼、丧葬中发生的一些不良行为,也都提出了具体的处理办法、管理措施。

(二)孝桥下璜村《王氏家规劝谕十三条》

1. 敦孝弟:孝弟之心,本乎天性。孩提稍长,并知爱敬。为圣为贤,由是而进。五常百行,非此莫罄。

2. 崇忠义:忠臣义士,世所罕希。赤胆真心,毫发莫欺。光争日月,诚动天地。朝隆旌奖,家建庙碑。

3. 重廉节:世道昌明,廉节风成。士树清操,女励孤行。一介不苟,九京自盟。高山流水,夜月寒冰。凡廉士节妇,给饼胙。年迈请区旌奖,尊高年。养老之典，自虞庠。二膳馐频，优礼有常。国老备位，庶老安详。居乡论齿，尤宜尊上。凡六旬，受饼胙；七旬、八旬、九旬、百岁，以渐倍增。

4.尚有德：达尊有三，惟德最隆。辅世长民，道合风同。小率以正，大能有容。今有其人，先正是崇。

5.贵有爵：爵别天人，有之皆贵。名位道德，何取何弃。天爵不修，人爵鲜至。古由此道，矧在今际。凡生员吏监，给饼，贡举甲第仕宦，渐次加增。

6.恤无告：鳏孤寡独，最足怜。命生不辰，气数有偏。苦无告，仁政是先。目惕，心惠宜溥，遍端继嗣。世绝则续，自古为昭，玷宗嗣祖，大宗承祧，统宜亲支，犹子克肖，无嗣螟蛉，毋得混招。凡嗣有应，继无爱继。爱继之说，特世俗争。取财产耳，律例无至。以女招婿，坐家招夫。及抚异姓，为子俱属。灭姓乱宗，一概不许。故宜端继嗣。凡立嗣先血，次房侄。亲服无人，渐及疏服。总以房族，接招取一，本同气之义也。重丧祭。慎终追远，典礼尤详。亲丧自致，碎肝裂肠。先灵如在，陈豆浆。尽情尽物，莫敢或忘。

7.勤职业：士农工商，国号四民。各司其事，业精于勤。尽心竭力，善作善成。出人头地，闻见咸称。

8.戒忤逆：父母天伦，孝敬是崇。下气柔声，怡色婉容。敢行忤逆，子道何存？首须戒饬，不得姑息。凡族责不改，呈官究治，甚则处戮逐匪类。奸盗诈伪，如鬼如蜮。不顾廉耻，不畏羞辱。官法自在，服刑就戮；族规加严，早向收束。凡族责不改，呈官出族处死。

9.惩充横：乡党宗族，礼让为先。一任血气，干公行横。逆禽兽又何难焉？法律昭悬，早宜改迁。一责罚，二呈官，三出族。

10.禁赌博：耍牌斗钱，日赍夜缠。典当不足，借贷来填。坑害人己，遗不浅。合向祠中，明规正典。革会盟。结盟拜，成群耍乍。恃党属，人莫我惹。功令森严，罪不小也。律分首从，斩绞不赦，呈官处治。

11.摈邪术：妖道邪术，诬世惑民，王法不宥。圣世所惩，倡首加等，从者亦刑，邪归正训，尔准绳。凡不归正道者出族，呈官黜浮，虚花浪荡，异饬别装，言伪而辨，行辟而专，自喜智能，人指轻狂，黜华崇实，慎勿虚张斥贱。谁无廉耻，谁无礼义？唯彼下流，靡所不为。男或隶卒，女甚娼妓，中生犹死，教诲何与？犯者出族。

12. 傲游惰：一息尚存，不容少懈。花鸟虫鱼，且偷安，终身何赖，夫征里布，游民重戒，从古成人，原不自在。

13. 慎婚姻：男婚女嫁，人道初基。许配定偶，彼此须宜。门庭，辩家声之。一有不慎，后悔则迟。①

此份王氏家规共有十三条，是村民长期养成的行为规范。内容较为全面详尽，涉及修身养性、孝悌重德、治家婚姻等多方面，亦是王氏村民长期重视家风家训的历史见证和经验总结。如，对敬老就有明确要求："尤宜尊上，凡大旬，受饼胙，七旬、八旬、九旬、百岁，以渐倍增。"要定期、按年龄发给慰问品。家规的条例要点，简明扼要，文字精练，四字句式，朗朗上口，如"达尊有三，惟德最隆。辅世长民，道合风同。小率以正，大能有容。今有其人，先正是崇"。这份家规家训的不足之处，则是缺少对子孙教育的重视及相关要求，并且对村民的家族担当强调也不够。此家规还须结合现实，从实际出发，作进一步的充实完善。

（三）东乡上池村《上池王氏族谱家训十三则》

1. 父母之德，昊天罔极。受人壶飧，尚计其值。浩荡深恩，岂是应得。贤者养志，无形无声。口体之奉，随人可行。试问此身，从何得生？及哺之报，何遂无情？悟曰：白发街头走，家中无好儿。此语虽俚，令人心惊。又或游远，音信杳然。皤皤父母，山中扫叶。汲水井边，道旁相问，泣涕涟涟，诉子不顾，尚未朝烟，人非禽兽，胡勿早还。学者不孝，风晨月夕，请诵蓼莪之篇，如而未学听谚歌：滴水檐前，凡厥子孙，敬而思焉。

2. 弟兄宜和忍矣，倒戈生来一气。我亦是他数十年的弟弟哥哥，

---

① 临川孝桥乡下璜村《王氏十一修族谱》，2015 年重修，现藏于临川孝桥镇下璜村。

光阴迅速催兄老，日月逼弟亦如梭，长亭一别，再来会磨。或系争钱，遂至熬煎，煮豆豆泣，永不相怜。富贵有命，枉用垂涎，何如相爱，其乐陶然。更宜谨慎，恭友两全，勿与旁人作话传。

3. 夫夫妇妇，人伦之始，近则倡和，远成考妣，始之不慎，曷有其已。孟母敬姜，世能有几？大抵长舌，理短言美。朝夕喃喃，十鲜一是，惟兹庸夫，听焉而喜。不孝不弟，半由此起。我戒儿曹，坚塞两耳，中馈之外，不与同齿，纵彼有言，我心似水，凡此诸毗，以及伯娣，自然和睦，家兴福祉，若抛琴瑟，快兹妾婢，妇叹绿衣。夫毁纲纪，龙战于野，维谁之耻。

4. 子弟不和，万事无解。勉强支遮，终难脱摆。及早责呵，勿令入魔，为虺弗摧，为蛇若何？士农工商，择其所长，教之执业，业在自忙。又察所短，预为之防，浪荡赌博，东家踰墙，出必告处，归问何方。所交必正，匪类惩创，衣冠饮食，保暖便良。毋使奢侈，宁入膏粱，举动言笑，恬雅端正，稍朴尚可，最虑闒将。更有微者，心无偏倚，好知其恶，恶知其美，否则蔽锢，恣情偏获。人言忤怼，便逢彼怒，积成忤逆，呼天已暮。启我后人，慎勿自误。

5. 发言宜实，所怪斯人，长谈竟日，随口无根，十踰其七。究彼深情，欲掩其行，如见肺肝，识者自明，微言指破，两颊红作，笑而唯唯，则以为喜、嗟乎哉，欲盖弥彰，竟不自知，其可慎之。慎之言行，君子之枢机，枢机之发，荣辱相随，其可欺乎？

6. 仰事俯育，悉资于财，聚之有道，勤俭生涯，俭则有节，勤则能开，一人奢侈，祖业成灰，一岁懈怠，十年受灾。水既下流，越分以求，上焉赌博，下则窃偷。辱及祖宗，累及孙谋。更有无良，忍心相伤。取财骨肉，利其死亡。如蝇逐臭，味在必尝。如犬争骨，势在必忙。煌煌清义，任人道旁。昭昭天理，视之秕糠。若而人者，别有肺肠。不知积善之家，必有余庆，积不善之家，必有余殃。戒我后人，莫待梦醒黄粱，收拾好也，趁太阳早凉。

7. 族须和训，毋生隙忧。父母虽殊，祖宗宜认，递而衍之，凡此多人，逆而溯之。一人之身，血脉流通，其乐融融。尊卑秩序，长幼和同，贵不凌贱，富不骄穷。智愚相济，强弱无攻。鸠杖父老，竹马儿童。社饮酒远，笑语酡颜。犬眠深巷，桑柘影间。如是仁风，祖无怨恫。陟降左右，福我后昆。

8. 族多书声，气自峥嵘。恃多财帛，钱虏人轻。诗书发达，震世扬名。门庭改换，过客必警。更赖学者，摩荡鄙野。渐清礼义，风流尔雅。近蒙四方，称族书香。凡厥后世，此誉宜长。族有善读，所当心服，善读而贫，尤当加情。

9. 训尔读书，立志为主。志有二三，遇难即阻。志攻坚垒，研磨书理。知其当然，更求所以，悟缘疑以，生疑悟起。所患少年，依稀便已。富于取材，架步方开，胸藏今古，笔有根荄。言论风旨，海倒山排。少见多怪，令人笑来。

10. 惟是网罗，静细揣摩。心神接会，水乳交和。炉冶方具，烹炼以过。用我非我，用他非他，口耳涉猎，其奈彼何？急友高朋，虚心从绳，文先自誉，即夸称，意稍自得，彼亦因仍，知不能受，徒为取焉。故人长谢，所学日蹦，未闻真士，暗室孤灯，具此五长，吾家栋梁，书香是赖，祖宗有光。

11. 士农工商，业各有主，成则为王，败皆为虏。农者力田，衣食田全，业虽独苦，人亦称，耕深耨易，积极争先。雷鸣备早，月白湑川，等待临局，辛苦枉然，日勤三四，岁取十千，人如远商，业已非良，双亲白发，倚闾回肠，身栖客邸，念宜家乡，断情花酒，勿畏风霜，积铢累寸，藏锋敛铓，业贵专久，运至荣昌，鱼书频寄，归鞭早扬。或业技工，心贵玲珑，规知发授，巧如心通。农商工者，惟工最下，于利则微，其名亦哑，首读次耕，商有工寡，我家流传，至今未舍，事急相随，工亦聊且。

12. 风俗人心，必有由来。农商不与，绅衿所开，耳目毕集，少长咸推。所宜自慎，每合风颓。奢从俭救，野以礼培。威仪不忒，言笑有则。衣冠从时，饮食从啬。外持清议，内以身示。相时推移，不使偏倚。凡厥绅衿，宜为其率。

13. 事宜整顿，共相撑持。明则有法，廉则少私。惟明惟廉，无怨无咎。一人为倡，众力共勷。积聚卷石，倏忽太行。人无千岁，生幸此方。毋轻没世，空赴北邙。功垂于后，德莫能忘。某宗某祖，某支某房。指其子孙，爱如甘棠。春秋祀事，俎豆馨香。①

上池村的这份王氏家训十三则，内容较为完整具体，有说理，有要求，涵盖伦理道德、尊老敬贤、为人处世、风俗民情等方面的规范要求，亦是该村王氏族民长期坚持良好家风家训的经验总结和行为规范，值得传承发扬。此家规文字简洁，多为四字文，便于诵读。不足之处，就是在对激励子孙立志报国、勤奋读书等方面强调不够，没有更明确的要求，应充实完整。

（四）乐安南村乡稠溪村《王氏族规约十条》

1. 敦五伦：观孔孟之言，莫不以五伦为重，则知国家之教，尤当以五事为先。盖五者天伦也，数天伦者，天之所诛，人之所弃，生不齿，死不服，葬不送，主不入祠，谱不书名。吾王氏之嗣人，何为而不知所敦乎？

①君臣之义无所逃于天地之间，今天下一君，四海皆臣。

②父子之亲，天性也，父之匪慈，子之匪孝，俱失所性。

③夫妇人道之次纲，固以和为贵也。亦以谨为正也。

④昆弟非止于同胞之兄弟，凡族之同辈者皆是。故孟子不曰兄弟，而曰长幼。

⑤朋友之交不惟异性有之，同吾族者共相与，而能相责以善，亦友道也。

2. 谨四礼：礼者天下之经也，地之义也，民之行也。冠礼废而天下无成人，婚礼废而天下无家道，丧礼废而天下遗其亲，祭礼废而天下忘其祖。

①冠而字之，先王教天下以成人之道也。

① 东乡黎溪乡上池村《王氏族谱》，2007年重修，现藏于东乡区黎圩镇上池村。

②婚礼者，圣人教人以人道之始也。

③丧礼者，圣人教人以厚终之道。

④祭者，圣人示人以追远之孝，所谓大事在祀者也。

3.明教化：故无善教则无善士，无善士则无善俗。教化之系于人也，大矣！圣贤之教六经具备，苟非其人，其何以明之所望于吾之族者，择师以立教而已矣。

①择师教子不但有子弟者为，然在族众均当楝其人而宗之。

②七岁入小学，十五入大学，古制也。小学之训在养其良知良能，方其能言。至于一入大学即当遣就经师。

③科举之学，固非志道德者所急。然国家以此取士，亦进身一途，孰能废之？

④读书以讲学修德迁善改过为事。

4.厚风俗：老者不教，幼者不学，俗之不祥，故欲风俗之美者，亦存乎教与学而已矣。

①男女正天地之大义，其淫纵破义者风俗之大蠹，各宜切耻。

②争竞成讼，初多起于不平，以小忿而辱身及亲，何益哉？族凡大小事情俱听祠正讲和，万不得已启祠通闻尊长，斯文辨其非曲直，各息其争。

③饥死事小，失节事大，其当守毕矣。故察其可守而能守者，许之外自服阕，听其姑舅或房长主嫁，不许分破财礼，违者攻之。

④男女之生，皆吾之子也。而女多或溺之，男多或鬻之，此则伤天地之和。

⑤道释异教倡优淫类乱风俗者，此流也。

⑥邻里相周、患难相恤、守望相助、疾病相扶持、仁厚之俗也。

⑦敛贮公谷，祖宗旧制。

⑧崇尚节俭，礼之本也。故宾客馈遗、饮食衣服，虽不能缺，然亦当量力斟酌，不可过侈过侈者罚。孔子曰：礼与其奢也，宁俭，俭则见取于圣人，不然则见恶矣，何乐而不为，其见取者哉。国朝大禁，早素午荤，衣服有等，吾族其慎守之。

⑨有田纳粮，有粮当差，国有定法，各宜如法。

5. 励行检：励行检，以厚风教，则行检之繁于人也。

①贤者表而出之，或立其祠，或表其墓，或文其事，亦所以作后进之范。其有力者，尤当扬之于上，以风于世。

②每月朔望，尊长斯文诣祠。会参祖毕，各陈族内疚善，仿古者族师月吉，书其善恶之意，预立文簿二册，一名赏善，一名黜恶。

③善恶既书，不可无劝惩之法。每岁于冬至祭毕，典礼者以谱至，坐而读，众序坐，以听善恶之在。善之多者，长者命以酒赐之。胙，少者，咸拜之。

④行检不庄，恒起于职业之废。各安生理，毋作非为。

6. 正名分：礼莫大于分，分莫大于名。

①称谓坐立分，所由系者也。故位以尊卑长幼为序。

②子生三日，命之以名礼也。

③既冠而字列之，以行礼也。

7. 修祠寝：祖不可无祭，祭不可无堂矣！然则祠堂之设，其报德报功之不可废者与！

①祠堂之设通乎一族，所以为初祖与先祖设也。

②祠堂之门，非祭祀参谒不许擅开。

③每岁元日寅时，不拘长幼，皆整衣冠诣祠。

④每岁值祭后者，当祭祀朔望有事之时，先一日启门，洒扫排列以候行事。

8. 保坟垄：是坟垄者，诚祖宗棲神之域，仁人孝子之所重而保焉者也。

①宗庙致祭，坟墓致守，皆孝道也。吾族之祖墓，广昌之镇头、临川之灵谷、尽安之梅山、宜黄之贵溪及地远无后者，不严其祭省何以示守？故在临川者，以祭荆公祠行之；在贵溪者，以祭贵溪祠行之；在官陂稠溪者，亦如之行。咸视其时，违者罚。

②墓有祭者礼也。

③坟山各有定守，不许冒葬。

④坟或有平塌者,祭扫时即要增土封培。

⑤不肖子孙有将祖塚灭毁卖与他人,此残贼之甚,神人共愤者。

⑥坟有一房共者,有各房相连者,亦宜各守本等。

9. 明谱牒:谱之系于人也,重矣。则夫修之续之与守之,而不失者,不有望于王氏之来贤也耶!

①今之为是谱也。信者述之以传信,疑者阙之以传疑,不可详者略之以著实,而惟以续修者望乎?吾之后每冬至祭毕读谱,长者即以谱传所列源流绝续迁徙承传之故,晓谕其后。典礼者读之,亦提其纲领。凡世系之不可不明,人物之不可不法,文章功业之不可不诵,举以示劝。读毕,即查各续谱,书一年之生殁葬娶,善可书者,亦书之,书毕,封铊如故,付之原领。

②今则合系世文献为一系世列于前,而总图以统其本分图,以辨其支,文献列于后,而事类以昭其名,文章以纪其实,非敢求异于先人也,欲便览耳,后修者共鉴之。

③领谱者择其忠实诚确之人。

④谱有一人单领者,有二人轮领者,公给一皮匣贮之。务要封锁因守。

10. 重器业:祭器之不可失。祭田之不可无。况器也、田也俱先人所遗者,可不重欤。

①祭田之租,每年值祭役者,收贮祭仓约其所入书之于簿,不许指称减免以图利己。

②祠祭之田仅足以供祭祀,增而广之。

③祭器每值役者,于祭毕之后亲自洗涤当堂验过,以付下首。

④遗书乐器贮以二柜,族长收之。①

这十条约,最后强调:"所以为正身齐家尊祖敬宗设也。凡我族人宜恪遵之,使子孙世为善人,世称善族,庶不负立约意也。"

---

① 乐安南村乡稠溪村《王氏六修族谱》,1844年重修,现藏于乐安南村乡稠溪村。

稠溪村族规约十条，辑录的仅是摘要。原文引经据典，有理有据，内容翔实，要求精细，目标明确，可以操作。文字内容虽较长，全文约有8000余字，但不觉乏味，是一份难得的并具有重要参考价值的族规文献资料，值得重视，认真研究。作为族规条约，宜简明扼要，文字不宜过长，要求不宜过细，这份族规就显得文字过长，要求过细，作为文献资料尚可，作为条约则应精简，突出要点。否则会给人以繁杂之感，不易操作执行。

第三节　与王安石相关的遗迹遗存

抚州域内的王安石家族后裔村落，有着丰富的文化遗存和大量的文物古迹，具有重要的历史文化价值。对其认真发掘并充分保护利用，能为建设美丽乡村，打造旅游胜地发挥重要作用。现列举几处与王安石相关的主要遗存遗迹如下。

一、临川区相关遗迹遗存

（一）荆公路古民居

该民居位于抚州城内十字街路段。十字街，清代即有此街，新中国成立后改名为荆公路，为纪念乡贤王安石而命名。

在抚州老城区荆公路范围的盐埠岭原有王安石的祖居地，曾建有荆公祠，现已毁。目前，此街区仍有五处古建筑，分别是儒林第、大夫第、维角钟祥、常平仓4号和邓氏宗祠。

儒林第：在荆公路段，清代建筑，坐东朝西，砖木石结构，硬平顶山墙。二楼式门坊上嵌有"儒林第"红石横匾。室内的建造为三厅二进两侧厢房式，坐西朝东，进深17.6米，宽13.2米。

大夫第：位于唐家巷1号，清光绪年间建。该民居原属唐姓盐商，新中国成立后收归国有用于民居。坐北向南，面积约500平方米，砖木材料建造，穿斗式结构，硬山顶屋面，两进一天井，带前院，有围墙；天井由青条石铺就，屋内地面为三合土铺就，结构大体完整。

维角钟祥：位于邓家巷159号。该民居为邓氏人家于清末所建，当时邓氏从抚州城西伍塘迁居于此地,并建造了维角钟祥民居。该民居进深 21.7 米,宽 12.5 米,坐西朝东,砖木结构,两侧有厢房,整体保存一般。

常平仓 4 号:该民居为清代建筑,砖木结构,进深 68 米,面阔 22 米,穿斗式结构,前有院落,总面积达 1500 平方米,保存一般。

邓氏宗祠:位于邓家巷。该民居为清代建筑,坐北朝南,砖木石结构,单厅一进两侧厢房式建造。硬平顶山墙,进深 17.5 米,宽 14.5 米。两侧厢房为后修,整体保存一般。

这 5 处古建筑,处抚州荆公路街区,体现了清代的抚州民居特色和宗祠建造技术。

(二)湖南乡灵谷峰读书堂

王安石 13 岁时随父回老家,在灵谷峰为祖父王用之守墓三年,其间,在灵谷峰隐真观书院就读。据说,那时的王安石很顽皮,常邀伴游山玩水。有一天,王安石竟逃学,并偷走先生惩治学生的戒尺。先生发现后,气喘吁吁地追到蛤蟆山山腰,才将顽皮的王安石追上。在对王安石进行了严厉的训斥后,先生顺手折下一根荆条,狠狠地抽打王安石几下。也许是被抽打而使大脑开窍了,王安石自此后不但不顽皮了,反而发奋攻读,刻苦用功,学业猛进,22 岁就考中进士,后来竟官至宰相。有一年王安石回乡省亲,专门重访书院和蛤蟆山,看望老先生。可时过境迁,老先生早已过世。当王安石看到蛤蟆山荆树时,十分怀念老先生,立即翻身下马跪倒在地,对着一棵高大的荆树恭恭敬敬地连拜三下,拜谢先生的教诲之恩。同时,王安石捐款,请人在山上建一石亭以示纪念,又在山脚下竖一石碑,上刻:"文武百官到此下马。"从此以后,蛤蟆山就改成了下马山。

灵谷峰隐真观读书堂现已不存。2011 年,当地政府根据地方文献记载,在灵谷峰寺主殿的前下方,用上等的花岗岩石雕刻了一尊表现少年王安石读书的雕像。该雕像高 2.6 米,形神兼备,表现了王安石勤奋好学、锐意进取的精神面貌。

(三) 高坪大坂源村 "荆魏后裔" 牌楼

在临川高坪镇大坂源王村耸立着一座牌楼,牌楼正门上方横匾刻有"荆魏后裔"几个雄劲大字。这座门楼也是大坂源村的祖门。

大坂源王村是王安石家族的后裔村落,所谓"荆魏后裔"就是指荆公、魏公的后裔。荆国公是王安石的封号,魏国公是王安石弟弟王安礼的封号,表明这个村的王姓族民均是荆公、魏公的后人。

明万历年间,福建巡抚朱钦相(临川人)在《三公王氏族谱序》中写道:"……安礼魏国公则徙庆延坊(今抚州城内六水桥),徙为东乡之荛源、南乡之荣山、西乡之溪头、大坂、金溪之壕湖、鹅湖,皆魏国公之嫡系,诚言之详矣。王氏有七兄弟,其中荆国公声名最显,文章居八大家之一,魏国公次之,其后裔繁茂。"① 为承袭香火,安礼后裔村落亦称荆魏后裔村。据《三公王氏族谱》记载,安礼曾过继一个孙子到王安石长子王雱名下。学术界有另一种说法,认为其实过继给王雱为继子的是安道的孙子。因敬重荆国公的品德才能,安礼后裔村亦多称荆魏后裔村。

作为大坂源村王氏的祖门,自然建得较为气派雄伟,昂然挺立于村口。此牌楼修建于明代,门楼石柱上刻有修建时间"万历四十一癸丑岁季冬吉立",清晰可辨。由四根石柱支撑,开三门即正大门,两边小门。正大门上方嵌有石雕横匾"荆魏后裔"四个雄劲大字赫然在目。横匾两边分别雕有人物、花鸟等图案。砌有五级台阶,逐级上得门楼前,才能进门,寓意步步高升。村中逢年过节或有大喜事,欢庆队伍都要从门楼前经过,热闹祥和喜庆。

该村王氏尊"荆魏"为先祖,建村有800余年的历史,已传至34世。时过境迁,村子多经沧桑,但祖门楼依然挺立村口,村民集资维修,善加保护,既是族民子弟对先祖的追思怀念,也是他们的一种精神寄托。

---

① 临川高坪大坂源村《三公王氏族谱》(十三修),1990年重修,现藏于临川高坪镇大坂源村。

二、金溪、崇仁、乐安相关遗迹遗存

（一）金溪浒湾镇黄坊榉林书舍

黄坊村位于金溪县浒湾镇，背依灵谷，面临汝水。据记载，北宋嘉祐九年（1056），黄坊村始迁祖为南丰禾坪双井人黄振基、黄庆基兄弟开基建村，故名黄坊。同治版《金溪县志》载，黄坊，又名榉林，今又名举林。

同治版《金溪县志》载："榉林书舍在十八都灵谷山之南，宋直秘阁黄振基由南丰迁居今邑，构书舍于山麓，偕其弟御史庆基（黄庆基，字吉甫，正直敢言，和王安石亦相契，时有诗词唱和。王安石有《送黄吉甫归金溪》等诗，脍炙人口，在金溪广为传诵）与王安石兄弟同学于此。"黄坊村秉承崇文重教的传统，先后建立了众多书院，其中要数"榉林书舍"设立最早也最为著名。榉林书舍今不存在，但书舍屋基尚存。

（二）崇仁甘坑村祖传珍宝金筛锣

甘坑村保存了祖传珍宝——两面金筛锣。此锣青铜质，每面净重5公斤，直径59.5厘米，声音洪亮，犹如洪钟。传说王安石封荆国公时，神宗皇帝有二十四面金筛锣，赐给荆国公两面（一说，这两面金筛锣一公一母）。金筛锣，青铜质地，声音纯真，细腻，清亮，圆润，悦耳。由工匠用手工慢慢敲击而成铜锣，显示出古代铜匠高超的手工技艺。这两面铜锣由荆国公的直系后裔——甘坑村人精心保管。他们制定了严格的保管措施，由族长分派，责任到户到人，若有丢失则对丢失者进行抄家严惩。由于保管措施严厉，从未丢失，得以代代相传，至今完好无缺。

新中国成立之初，甘坑村人欢度春节时，在"伯润公祠堂"门口以及各家各户的门口，村民们制作的皮笼灯、彩灯、手提灯上都贴有"荆国世家"四个大字，闪闪发光，显得喜庆洋洋。特别是除夕之夜，只待金筛锣声一响，全村顿时灯火通明，"荆公世家"灯笼高挂在家家户户门前，大放异彩，以示世世代代怀念荆国公王安石。

（三）乐安稠溪村两处古迹遗存

"移来辋川"民居　这是王安石后裔稠溪古建的名片和灵魂建筑，寓意深刻，彰显了住宅主人喜好山水的隐逸情怀。辋，车轮的外框，引申为环绕之意。辋川，为一地名，是唐代著名山水诗人王维的别墅处。辋川位于陕西蓝田县约5公里，这里青山绿水，峰峦叠嶂，奇花野藤遍布幽谷，瀑布清流随处可见。因辋河水流潺缓，波纹旋转如辋，故名辋川。辋川在历史上不仅为"秦楚之要冲，三辅之屏障"，而且是达官贵人、文人骚客心醉神驰的风景胜地。"辋川烟雨"为蓝田八景之冠。辋川在唐初是著名诗人宋之问的别业，后被王维购得。从此，王维便过起了"晚年唯好静，万事不知心"的闲适生活。

依山傍水的稠溪村，有着类似辋川的山水美景。民居主人取"移来辋川"之名，似乎在刻意营造王维隐居辋川之意境，诗情画意，休闲去处，令人心驰神往。

岭背书院　位于稠溪村东北山顶上。据稠溪王氏族谱记载，宋开庆元年（1259），王安石后裔子孙王积贤与子从学于稠溪，定居于稠溪，创建岭背书院，辟有教学设施与住房，吸引四方学子来此读书。晚清时期，后人对书院进行过维修。书院坐东朝西，为两进一天井硬山式砖木混构建筑，现保存完好。

（四）宜黄鹿冈书院

鹿冈书院又称拏云馆，位于宜黄县中港镇鹿冈村。由北宋宜黄乡贤杜子野创建。雍正《江西通志》卷二十一记载："鹿冈书院在宜黄县鹿冈，宋嘉祐间杜子野建。王荆公曾师事子野，受业处名拏云馆。"

拏云馆原名称香林寺，是宜黄境内较大的一座寺院。这里四周古木参天，花繁叶茂，四季如春，门前小溪潺潺流水，未近古寺就能闻到阵阵的檀香味，人们就把这座寺院称为"香林寺"。杜子野曾寄于香林寺内读书，后又在此招生授徒，开始他的教学生涯。

王安石13岁时随父归临川，为祖父守孝三年。其间，来到宜黄向饱学隐儒杜子野拜师求学。在杜先生的严格管教下，王安石学有所进，后考中进士，并当了宰相。名师出高徒，杜子野功不可没。据嘉靖《抚州府志》记载：杜子野到京师看望当了宰相的弟子王安石，王安石赠送恩师礼物，除了将颜真卿所书的像赞赠送给恩师，还同时赠送了许多金帛。杜子野只接受像赞，将金帛原数退回。杜子野的高风亮节，不仅感动了王安石，也为世人所夸赞。

三、东乡区相关遗迹遗存

（一）上池村三处遗存

上池村总门里建筑群　总门里是建于清代的一个建筑群。相传是王安石第二十三代后裔王来期这个人，在湖北开炼铁厂发家致富后，回乡花了五年时间建造起来的。该建筑群工程设计巧妙，工艺精进。总门里只有一个总门可以进出，四周有5米高的围墙圈着，里面有7幢大房屋依次排列，分上、中、下屋，其中屋并排三栋整体相连，每栋均为三堂两天井。房屋结构精细讲究，梁柱粗大，选材上乘。内置花圃、鱼池、马间以及灭火瓦缸等附属配套设施。屋后建有多功能的暗道水沟。其功用一是用来排水用水，二是发生火灾时便于就地取水灭火，三是防盗贼土匪袭扰时，每户人家都可以搬开水沟面上的石板，钻进水沟逃到屋后的密林中躲藏。水沟的空间很大，可以宽松地容纳两人并排弯腰行走。水沟从山上一直通到各个房间，取水、洗澡、洗涤衣物极为方便。时至今日，它仍然还在发挥着一定的作用。

上池村"望重荆槐"石匾　据上池村族谱记载，村中的兰塘边曾有王安石住过的旧宅，兰塘中有荆公钓鱼台。王安石幼弟王安上的小儿子王防自金陵回上池后对王安石住过的房屋进行维修，并将大型阴刻石匾"望重荆槐"置于大门上方。后房屋损毁倒塌，该石匾失去踪影。直到20世纪80年代，村民无意中于兰塘边挖出该石匾。现此石匾保存于上池王氏宗祠内。槐，从木、鬼，取"鬼"的"一人死，身体入土，灵魂归祖庙"之意作参照，表示槐树是"属土树"，是"守望故土之树"。这种树一般栽于村口或庙门前，借"怀"音，昭示后人及外出游子记住村口庙前的大槐树，期望外地游子能叶落归根，魂归故里。古时有尊槐之风，槐在古代是吉祥、长寿和官职的象征，故而槐树亦是一种象征庇荫的树。槐树为落叶乔木，枝干绿色，羽状复叶，花淡黄色，结荚果，花、果实、根、皮皆可入药，可谓全身是宝。此处之"荆"，指荆国公王安石，"望重"，指德高望重。"望重荆槐"的意思为德高望重的荆国公王安石，犹如全身是宝的大槐树，永远庇佑着上池村的子孙后代。这四字既表示了王氏族人对先贤的敬仰，又期盼着后人光宗耀祖，奋进前行。

上池村十家书院：上池村的古建筑"常肇居"遗迹相传始建于宋嘉祐六年（1061），目前所保存下来的建筑实际上是清代重建的。据《上池王氏族谱》记载：此建筑为两层三进三厅，有房20多间，后改为"十家书院"，由十户人家负责管理修缮。上池、源里王氏村民子弟均可入学读书，培养了许多优秀人才。该书院占地400多平方米，外围墙右边开有大门，上书"别墅"二字，中间是口池塘，池塘正中的围墙上书"浴云池"三字。左有竹林，有大樟树三株，梅花树一株。之后是内围墙，左、右开大门，分上、中、下三进；中厅对称开了两个四方天井，室内采光很好，阳光充足，空气清新；上厅左楼开着圆窗，晴天夜晚可看到倒映的月亮。窗上方有木质匾一块，书有"听月楼"三字。恬静优美的环境正是上池学子居住和读书的好地方。有位私塾先生曾撰对联一副："听月楼台伴我图书千古秀，浴云池上宜人花鸟四时春。"联语赞叹了这里诗情画意的优雅环境，让人长于此地沐浴云池，静听月亮中的神仙故事。

（二）浯溪村四处遗存

状元路 在浯溪村有一条曲曲折折的状元路，用麻条石板铺就，宽90厘米，厚7厘米，用条石竖立隔开，形如铁道，两侧各宽75厘米。此路是当地学子、官员因敬慕明天启乙丑状元王廷垣在学术上的造诣和为官的清廉，而自发捐款近千两银子在村内用麻石修建的路，供王廷垣还乡时行走。中间道路只供状元王廷垣行走，其他文武官员则从石槽两侧路道通过。状元路南连"南垣萃秀"门亭，北接"科甲里"门亭，几乎贯通了浯溪全村。当时设有专人看护。路过此地的官员，文官自行落轿，武官自行下马。此后，村人将这条路称为状元路。

"奕世甲科"牌楼　进入"南垣萃秀"门亭，沿着状元路便到达"奕世甲科"牌楼。奕世，累世，一代接一代。这是一座非同小可的牌楼，由抚州知府、同知、部院，东乡县知县为纪念王汝为一家四代七人名登甲科而建。牌楼为八字形，中间一正门，两边各一偏门，正门为长方形，偏门上为圆拱形。正门门楣上嵌有一块麻石匾额，刻有"奕世甲科"四个楷体大字。牌楼一一排列着："永乐丁酉乡贤进士文林郎为父王汝为，赐进士巡按两直广西督察御史子王堂""赐进士奉直大孙王显、甲午举人文林郎孙王昌""天启乙丑进士翰林院编修来孙王廷垣""赐进士朝列大夫孙王统、甲午举人承德朗孙王盛""詹事府詹事晋礼部左侍郎来孙王廷垣"的功名字样。牌楼前，一对公、母石狮分别端坐于正、偏门之间，每座石狮胸前抱有彩球和一只小狮，小狮嬉戏于公、母石狮膝前，形态各异。石狮威武雄壮，人们在凭吊时好生敬畏与仰慕之情。

王廷垣官厅　又称"官吏府"，是浯溪最大的明代建筑。王廷垣系王安国第十九世裔孙，明天启乙丑年状元，官至礼部郎，是浯溪村史中最显赫的乡贤人物。这座官宅坐东朝西，砖木石结构，平面呈边长28米的正方形，高6米，面积784平方米，南北两栋紧为相依，结构相同，面积相等。每栋均分上、中、下三厅，设卷门互通。大门处立有与房屋等高4.1米的照壁，以方砖拼成斜方格图案。官吏府由三栋紧密相连的宅院组成，宅院保存完好，有的至今还住有人家。官吏府前面有一条小巷，长达百米，贯穿东西，巷口处宽敞明亮，头顶一线蓝天，脚下曲径通幽。巷道由条石铺就，大小相互衔接，地势渐高却错落有致，行走在其间如履平地，毫不费力。小巷两旁是高耸的院墙，在小巷石凳上避暑纳凉，清风微吹，让人倍觉凉爽；在蒙蒙细雨时走过小巷，让人体味雨巷中的诗画意境。

贞孝牌坊　位于村南路口，建于清道光二十五年（1845）。清朝时，金溪对桥李氏姑娘许配给浯溪村儒士王士柏，而王士柏未婚先亡。18岁的李氏扶棺嫁到浯溪，住进"斋月轩"（又称绣花楼），独自守贞尽孝整整54个春秋，直到72岁卒，都没有离开过"斋月轩"，一直为英年早逝的丈夫守寡，侍奉公婆终生。道光皇帝为表其贞孝，特下旨建造此坊。牌坊坐东朝西，四柱三间五层，由花岗岩石板砌成，高7.1米，宽7.9米。第一层是"双龙戏珠"镂空雕刻；第二层是柳体双面阴刻"旌表儒士王士柏未婚之妻李氏坊"；第三层镂空雕有花、人、动物风景图案，还有麒麟、大象，风景有青松、翠竹等；第四层是笔力遒劲的颜体，双面阴刻"贞孝"二字，右侧刻有"道光二十有五年春月吉日"，左侧刻有"儒学教谕廖晋、儒学训导谢轮香、东乡县知县张炳、抚州府知府文海、布阵使司布政使费问绶、提督全省学政孙瑞珍、江西巡抚部院吴文容、两江总督部堂耆英——题请"，字样清晰可见。第五层正中间是石刻"圣旨"，"圣旨"由两对龙凤图案护卫，龙凤图案的两侧是四环四棱的花窗，窗的两边各有仙鹤一只，上面是整齐排列的菊花饰边。整座牌坊由149块大小麻石斗榫而成，巧夺天工，镂空浮雕工艺精细，形态逼真，巍然屹立，在江南地区实为少见，是古代劳动人民智慧的结晶。

（三）厚畲村三处遗存

问渠书院　该村有书院三处，问渠书院是最具特色的，位于村的中南部，创建于清康熙五十年（1711）。书院的北面有甲第门楼，东面有方塘一口，南面是菜园，西面与王氏宗祠隔塘相望。书院门前有一条小溪，溪水从方塘流出至南边。书院的名称取自南宋理学大师朱熹《观书有感·其一》中"半亩方塘一鉴开，天光云影共徘徊。问渠那得清如许，为有源头活水来"中"问渠"二子，表示书院是一所耕读传家、文风鼎盛的书院。该书院坐西朝东，分南北两栋排列，长33.6米，宽22.1米，总面积742.56平方米。阳雕"问渠书院"四个苍劲的柳体大字，嵌在东面墙上的十字长方形窗楣上。从北栋的石拱门进入到北书院，为二进三堂，中间有一长2.8米，宽1.8米的小天井。与石拱门相连的是长10.8米，宽1.8米的走廊，将上堂与下堂连成一体。木制走廊，工艺独特美观，造型一次成型。下堂门背又有一口很小的天井，天井中有一个小天桥和一个小石墩。天井两侧为过道，过道旁各有两个小书房。上堂中央深6米，宽4.2米，两边各有一个房间穿过中堂，中间为长4.5米、宽4.5米见方的返厅，旁有一个与其对应的大天井，两侧各有两个书房。南边书院为二进二厅，设有两个厅堂，四个房间和中间一个天井，天井南边设有两间专门供私塾先生用于收学费的谷粮仓。书院整体设计科学合理，木雕砖雕工艺精湛，室内采光充分，便于学子读书。这样的书院在抚州古建的书院中是比较少见的。

兄弟进士第　此古建筑为清代乾隆十三年（1748）村里学子王廷枢、王定符兄弟高中进士后所建。"兄弟进士第"匾额原是挂在门楼墙上的。王廷枢，字晋三，天资敏捷，工于诗赋，雍正丙午举人，乾隆壬戌进士，曾在福建邵武和湖北黄陂任县令，体恤民情，办事公道，卒于黄陂官舍，楚人深表悼念哀思。王定符，字冠三，笃志好学，乾隆辛酉举人，戊辰进士，曾在山西绛州河津县任县令，重视教育，官声俱佳。兄弟进士第建筑为两栋并列，长30米，宽26.75米，总面积802.5平方米，坐西朝东。正屋门前有两重石拱门，门上有雕楼，类似福建围屋。南第为一厅一堂，上下两层共8个房间，下堂房的水道后墙处的18个方格石洞，经水槽流入下水道。上堂有一个3.34米正方形的天井，天井四周有1.3米宽的走廊，上堂正厅及厢房均用木板铺盖。北第为一进三厅，两个天井，两边过道，共有6个正间和4个厢房组成。建筑设计独特，方便实用，显得端庄大气。

绣花楼　村里有五处绣花楼，保存完好，各具特色，堪称抚州古建中的一绝。绣花楼，顾名思义，为闺门小姐的起居之地，也是接待才子和玩乐之处。"梯荣"绣花楼在正房后面，上面有大才子苏东坡返乡的壁画。楼的左边嵌有"梯荣"二字，寓意以攀缘禄位为荣。右边为私房。楼上有二个圆拱门，中间为小姐绣楼，两边为小姐休息之地。一楼中间客厅为小姐待人接客地方，客厅两边是小姐休息的房间。"品德公房绣楼"设计精美，厅堂宽敞，采光充足；坐西朝东，长7.45米，宽7.19米。楼房左方为青龙大门，进门靠墙有一长2.24米，宽1.4米的天井，天井上面的石墙上绘有壁画，依稀可见。厅堂宽3.6米，深3.2米，为四柱三格式结构，吊柱、横梁、拱梁都一一对称，浮雕上的仙桃、金鱼、喜鹊、莲花等物件栩栩如生。返厅地面用平板麻石铺就，厅堂为熟糯米、黄土、石灰、桐油等搅拌捣注成的四合土地面。整座绣楼从墙体到室内，从房顶到地面，从木材到石料，无有损坏，雕刻工艺美轮美奂，油漆着色光彩夺目，极为珍贵罕见。另外三座绣楼设计各有特色，有的古朴端庄，有的小巧玲珑，工艺独特，有的雕梁画栋极为美观。此村绣花楼建得这么多又很讲究排场，表明这里曾是文风鼎盛之地，吸引众多文人骚客、才子佳人驻足流连。

第四章 乡人缅怀王荆公

高山仰止,景行行止。王安石是一个"光照临川之笔"的大才子,"千古风流人物"的真豪杰,是享誉千年、值得称颂的历史人物。他的改革精神、文学才华、哲学思想、做人品行,彪炳史册,传颂于后人。故里临川人民缅怀、纪念王安石,学习、研究王安石,致力把王安石留存的文化遗产保护好、传承好,进一步发扬光大。

第一节 临川历代乡贤对王安石的评颂

前贤步履,后贤敬之。从北宋到清代,故里临川人民及乡贤、学者们不断地著书撰文研究王安石,敬畏王安石,为王安石的改革变法、为王安石的人品节操正名,为王安石所作的历史贡献礼赞。

一、宋代曾巩与陆九渊对王安石的评价

(一)唐宋八大家之一的曾巩的评论

在文坛上享有盛誉的文学家曾巩,临川南丰人,一直对王安石的才学文章非常推崇,两人因诗文相知相交而成为挚友。在王安石声名未振时,曾巩就在《上欧阳舍人书》中说:"巩之友王安石,文甚古,行甚称文,虽已得科名,居今知安石者尚少也。彼诚自重,不愿知于人,尝与巩言:'非先生无足知我也。'如此人,古今不常有。如今时所急,虽无常人千万不

害也，顾如安石不可失也。先生倘言焉，进之于朝廷，其有补于天下。"①曾巩在信中，认为王安石是个从古到今难得一见的人才，如果被朝廷重用，一定会对国家治理大有帮助，给国家带来利益，于是几次向朝廷大臣蔡襄、欧阳修等人极力推荐。

后来曾巩与王安石因在朝廷任职不同，加上工作环境的变化，两人交往渐少。但这并没有影响两人深厚友情。曾巩曾经妙语评价王安石，在《宋史·曾巩传》有段记载，说的是神宗与曾巩议论王安石一事。有一次，神宗皇帝召见曾巩，问他："你与王安石相交多年，王安石这个人到底怎么样呢？"曾巩为人正直宽厚，襟怀坦荡，不因自己与王安石多年的交情而随意抬高王安石，客观直率地回答："王安石的文章和行为确实不在汉代著名文学家扬雄之下；不过他为人过吝，终比不上扬雄。"宋神宗听了这番话感到很惊异："你和王安石是好朋友，为什么这样说他呢？据我所知，王安石为人轻视富贵，你怎么说是'吝'呢？"曾巩回答："虽然我们是朋友，但朋友并不等于没有缺点。王安石勇于作为，而'吝'于改过。我所说的'吝'乃是指他不善于接受别人的批评而改正自己的错误，并不是说他贪惜财富！"宋神宗听后道："此乃公允之论。"曾巩在皇帝面前，用妙语回答皇帝的问话，在答话中亦对王安石作了公正客观的评价。后来，王安石听到曾巩对他的评价，不仅没有生气，反而更加钦佩曾巩的为人。

（二）南宋理学家陆九渊的评论

南宋理学家抚州金溪人陆九渊对王安石非常敬重。在南宋孝宗淳熙年间，正当群臣诽谤王安石，荆公之名被污之时，陆九渊冲破阻力，挺身而出，力排众议，挥笔写下了著名的《荆国王文公祠堂记》。此记"乃是继百余年未了底大公案"②的名记，在文中，陆九渊先是回顾历史上各朝优秀人物的事迹，把荆公与前代各朝之伟人相提并论，并认为王荆公的地位不亚于孔孟。然后又简要地回顾荆公与宋神宗的关系及君臣的共

---

① 曾巩：《曾巩集》，陈杏珍、晁继周点继，中华书局1984年版，第235页。
② 蔡上翔：《王荆公年谱考略》，上海人民出版社1973年版，第33页。

同志向，对于荆公与神宗努力变法、有所作为的战斗精神给予高度的评价。同时，还对荆公与神宗的关系做了一个新的论述，即"君臣相与，各欲致其义耳"，认为君臣两人在精神上是平等的。文中对王安石的评价也很高，大赞荆公"英特迈往，不屑于流俗"，对于"声色利达之习，介然无毫毛得以入于其心"，其"洁白之操，寒于冰霜，公之质也"，并能"扫俗学之凡陋，振弊法之因循，道术必为孔孟，勋绩必为伊周，公之志也"，[①]世上鲜有可比者。在南宋时能敢于这样评价王安石，陆氏之公心天地可鉴。

对于王安石变法，陆九渊也作了一番评述。陆氏采取了褒贬并行的方式，对王安石变法的精粹作了高度评价和总结，指出荆公变法的立足点就是强调"人者，政之本也"，一语点明了王安石变法的基石。陆氏认为"新法之议，举朝喧哗"，而"行之未几，天下汹汹"，"自信所学，确乎不疑"，以至于"君子力争，继之以去，小人投机，密赞其决，忠朴屏伏，憸狡得志，曾不为悟，公之蔽也"，指出荆公推行的新法是合天理的，但重点应在于确立宪章、法度、典则等基本原则，不应该拘执于繁琐的法令条款，而且如果把重点放在推行具体的法令上，这就造成趋末忘本。陆氏的洞见是实事求是的。

然后，陆氏痛斥了那些所谓的君子们的谬论，为王安石辩诬。陆氏对君子们的谬论提出了切中要害的批评驳斥，"世之君子，天常之厚"，表面上看起来忠厚仁义谦逊礼让，但做起事来缺乏能力，"不究其义，不能大有所为"只能修补式的小打小闹，不求有功，但求无过，这些人的表现正是王安石耻于与他们为伍的主要原因。而那些攻击王安石变法的人并没有什么真知灼见，"大抵极诋訾之言，而不折之以至理"，信口乱说，所提意见的人偏激者十有八九，既不能取信于神宗，也让荆公难以接受。所以，如果新法有什么不足之处或罪过的话，"诸君子固分之矣"，你们这些人也是有责任的。陆氏对这些人的批评指责既大胆又中肯。后来，司马光等元祐大臣废除新法，一切更张的做法，也遭到陆九渊的指责，认为他们的理论"雷同一律，发言盈庭……岂善学前辈者哉"。根本不是

---

① 陆九渊：《陆九渊集》，中华书局2010年版，第231—234页。

学习前辈的改革经验,而是赤裸裸地谋取集团利益及私利。陆氏在义正词严地为王安石辩诬。

陆九渊看到眼前的荆公祠堂"隳圮已甚,过者咨叹"而痛心不已,"今怪力之祠,绵绵不绝",供奉不断,香火不息,"而公以盖世之英,绝俗之操,山川炳灵,殆不世有",祠堂却平简破落冷清,"邦人无所致敬"。认为这种非正常现象都是"议论之不公""人心之畏疑"造成的,现在的人早已变得"士心不明,随声是非,无所折中",还能到哪里去找寻王安石这样有胆识有眼光有能力有文采有修养的伟人呢?陆氏对当时社会现象的点评真是一语中的。

陆九渊的这篇《荆国王文公祠堂记》写成后,自认为这是平生文章中最得意最有分量最有价值的一篇,于是就用大字抄写在自家书房内。凡有客人来访,必让其读此记。陆氏指出,对荆公的功过得失的认定,可以此文作参照就足够了,不必再有其他的议论评说。

二、元代吴澄与虞集对王安石的评论

(一)著名理学家吴澄的评价

吴澄(1249—1333),字幼清,又字伯清,抚州崇仁人,人称草庐先生,著名理学家,翰林学士。在诗文中表达了对王安石的评价和缅怀。他在《王安石文集》的序中是这样称颂王安石的:"荆国文公,才优学博而识高,其为文也,度越辈流。其行卓,其志坚,超超富贵之外,无一毫私欲之汩,少壮至老死如一。"①意思是说王安石博学才高,见识非凡,所写的文章超越社会上其他文人。他的行为卓绝,志向坚定,超然于富贵之外,无一毫私心杂念,终生一以贯之。可见草庐先生非常钦佩荆公的才学品行。吴澄在文中又说:"公负盖世之名,遇命世之主,君臣密契,殆若莘葛。主以至公至正之心欲尧、舜其民,臣以至公至正之心欲尧、舜其君。"②这几句肯定神宗与荆公的关系是出于"至公至正之心"的君臣关系,两

---

① 王安石:《王安石文集》,刘成国点校,中华书局2021年版,第1944页。
② 王安石:《王安石文集》,刘成国点校,中华书局2021年版,第1944页。

人出于公心致力变法，密切配合，是效法尧舜、符合天道的合理行为。

吴澄在文中还说："宋政和间，宦局编书，诸臣之文，独临川集得预其列。"意思是说，北宋政和年间，朝廷书局将朝廷大臣的文章汇集编书，择优选用，最后只有王安石的《临川文集》得以选中，列入出版计划。吴澄在文中再次称赞了王安石的文学成就。

（二）著名学者、诗人虞集的评论

虞集（1271—1348），字伯生，号道园，抚州崇仕人，世称邵庵先生。元代著名的学者、诗人，翰林学士，曾师从理学家吴澄。虞集对王安石也是称赞有加的，他曾说："陆先生王丞相廖乎天地之间，气卓于千载之豪杰，殆非临川山水所得而私者也。然而临川有如是之父兄君子也，岂他郡之所可望哉。"[①]认为王安石、陆九渊是人类历史上的"千载之豪杰"，一方水土孕育一方文化和一方人才，得天独厚的临川山水灵气，滋润着王安石、陆九渊这样出类拔萃的人才。表达了对临川先辈王安石、陆九渊的敬意和缅怀。虞集还说过："王丞相精白高洁，前无古人学之所至，虽莫溯其源，而绝俗遗世，自信以圣王经世之论，见诸文字者，无一家习俗颓靡之类。[②]再次赞颂了王安石的人品"精白高洁，前无古人"，王安石的文字"无一豪习俗颓靡之态。"尤其是在《王文公祠堂记》文中，虞集对王安石作了高度的评价。对王安石变法和优秀的人格志向表示赞颂和肯定。他认为"荆公文集，吴公为之序"，是对王安石的最好纪念。在文中，他还认为"以尧舜其君民，而又得君以行其志，则未有如公者""况乎冰霜之操，日星之文""卓然命世之大才子者""安得有如公立志操行者"。[③]从改革志向、操行文章等方面赞颂王安石是个大才子。对有些人的"偏私""世俗口耳相传之议""彼颓风靡""廉耻道丧，士习愈下"等不正的歪风邪气、胡言乱语现象予以揭穿和痛斥，还王安石一个公平公道。

在记文的最后，认为建造王荆公祠堂是"使人士拜公之祠，瞻公之相，

---

① 虞集：《虞集全集》，天津古籍出版社2007年版，第483页。
② 虞集：《虞集全集》，天津古籍出版社2007年版，第435页。
③ 虞集：《虞集全集》，天津古籍出版社2007年版，第659、660页。

诵公之文，考公之行，以求公之志而有所感发""则贪者可以廉，懦者可以立矣""于人心风俗"不是"小补"，而是大有裨益。肯定了建造王荆公祠的教化功能和启迪意义，表达了对王安石的推崇和敬仰。

三、明代谭纶、王英、汤显祖、章衮等人对王安石的评价

（一）兵部尚书谭纶的评价

谭纶（1520—1577），字子理，号二华，抚州宜黄人。历事嘉靖、隆庆、万历三朝，沉毅知兵，德才兼备，主持兵事30余年，战功显赫，政绩斐然，成为明代抗倭名将。有一支王氏家族，自宜黄黄华桥而徙居崇仁三十五都甘溪。1573年，兵部尚书宜黄人谭纶应乡人所请，为崇仁甘坑王氏家族的谱牒撰写了《万历癸酉叙》，记叙了这支王氏家族的徙居情况："考其居徙自临川，而贵溪则有四世之岳公，自贵溪而官陂则有十世之五居士，至五居士之后有讳积义者，同文信公勤王，其子若孙流寓宣黄侯氏，以元末红巾四起，官陂基址残毁，遂徙今黄华桥上，数传又徙甘溪。"能如此精确地记叙王氏家族的迁徙情况实属罕见。在叙中谭纶对王氏家族进行了高度评价："王氏自先世以来，忠贞侠烈，礼乐文章灿然。"① 对王安石家族长期以来形成的家风人品、祭祀礼仪、著述文章的优良传统进行了概括称颂。

（二）礼部尚书王英的评价

王英（1374—1449），字时彦，别号泉坡，抚州金溪人。明永乐二年（1404）进士。掌机密文字授翰林院修撰，修太祖、太宗、仁宗实录，累官至礼部尚书。王英端凝持重，历任四朝，在翰林40余年，累为会试考官，朝廷制作多出其手。他又是明代书法家，其书法劲丽飞动圆转，有怀素之风，四方求铭志碑记者不绝。作为抚州金溪的乡贤，具有很高的声望。王英对宋代名相乡贤王安石极为尊崇，又是同族同源，先后为抚州域内的王氏家族谱牒作序。如东乡《上池王氏族谱》、甘坑《王氏十修

① 崇仁港下乡甘坑村《王氏十修族谱》，1989年重修，现藏于崇仁港下甘坑村。

族谱》，孝桥璜溪村《王氏十一修宗谱》就辑录有王英撰写的谱序。他在永乐十一年（1414）写的序中明确地记载了荆公祠的建祠时间，"崇宁五年（1106），诏立荆公祠于盐峰之西，象山陆氏邵庵虞氏相继记之甚详"，并称赞王氏家族世代为"盛世系之传之久远""声望文学，高称海内""其旷百世而希""弥远弥隆"，称赞王安石祖辈兄弟"皆显"，兄弟"簪笏联辉，名垂竹帛，书香德业""而名公世家之传，科甲题名之藉，指陈甚悉，王之盛于临川"①。这些记述既可作为荆公祠建祠、王氏家族盛世的珍贵史料，同时，又是王英本身对王安石尊崇的具体体现，寄托了王英为王安石正名的情结。

（三）戏曲家汤显祖的评价

明代戏曲家汤显祖（1550—1616），字义仍，号海若，江西临川人，万历十一年（1583）中进士。汤显祖在《滕侯赵仲一实政录序》《赵子瞑眩录序》二文中对王荆公的变法作了恰当的评述。他肯定了王安石的这些变法在一定的情势之下"治其县"的可行性，"至王荆公以用宋效异者，何也，势不行也""如以王公自治其县，青苗固效；专之方岳，则均输方田无不可者；专之边郡，则保甲保马无不可者。何也，势所得为也。是故举天下而急为之，安石不能用宋；取一国而急为之，赵仲一可以用滕"。②真是一语中的，点到了问题的要害。他肯定了王安石变法是治国良药，"王安石信于其君，所用药物亦种种当宋人病。而其时与为瞑眩者，韩、富、司马公诸人也。此皆所谓惠君良吏者，卒以不胜而止。世遂谓安石无能医天下矣"③。由此指出王安石的治国良药之所以不能达到疗效，主要是因为朝廷中有韩绛、富弼、司马光等一些昏庸忠臣大臣阻挠变法所致，该评价可谓大胆中肯。

---

① 东乡黎溪乡上池村《王氏族谱》，2007年重修，现藏于东乡县黎圩镇上池村。
② 汤显祖：《汤显祖全集》，北京古籍出版社1998年版，第1093—1095页。
③ 汤显祖：《汤显祖全集》，北京古籍出版社1998年版，第1093—1095页。

(四)明代博士陈九川的评价

陈九川(1492—1562),字惟濬,号竹亭,江西临川人,明中期诗人、理学家。生而秀异,聪明好学,超行耿介,敢于进言,学问渊博,能诗能文。对先辈先贤怀有景仰之心,特别是对乡贤王安石是敬佩至极。他在嘉靖二十五年(1546)《王临川文集》编成之时,欣然命笔,为《王临川文集》做后序。在《王临川文集后序》中,他写道,"刻荆公集成""是文献之所存也,夙志系焉岁,虽不敏,其何敢辞",说自己虽不敏,但为荆公"夙志""所存"的文献写序,是义不容辞的。又说:"公文章发于经术,长雄一代""公以世之英,气魄盖世,负伊、周之志,崇孔、孟之学,其不迩声色,不殖货利,难进易退之介,固已信于天下。遇大有为之君,而师先王之法意,虽其条理驰张,或未尽善,彼其志盖昭然可睹也"。①对王安石的文章、学术、学问、志向、人品等给予了高度评价。对王安石推行的新法,他也认为"然而新法一行,群议鼎沸,一时攻评成风致诋为奸邪,其何故哉"。指出这种现象的形成是不公正不正常的。他在探寻思考造成这种状况的原因,认为是"圣德绝而学术裂也",这怎么能归罪于王安石呢?为王安石蒙受的污名鸣不平。进而,他认为介庵(章衮)、象山(陆九渊)对王安石的评价是"公矣精矣",是公正的,是精准的。从这些论述中,可以显见陈九川对王安石的认知是公允深刻的。

(五)明代御史章衮的评价

章衮(1489—1550),字汝明,号介庵,江西临川人,嘉靖二年(1523)进士,授御史。他撰写的《王文公集序》,洋洋洒洒数千言,专就王安石推行的新法挺言,其中的见识多为前人所未发。此篇序文全面肯定荆公变法的合理性、时代性,并就变法产生实施的过程,变法在当时所处的形势,所依据的主客观条件进行具体的论证阐述,并就新法实施的前后不同的社会现实、新法所含的具体措施、项目内容进行对比分析,逐层地展开评述,得出结论:这些新法的实施都是王安石出于利国利民之心,

---

① 王安石:《王安石文集》,刘成国点校,中华书局2021年版,第1957页。

"皆以为天下而非私己也",①肯定了王安石变法的动机目的。另一方面,章衮在序文中无情地鞭挞嘲笑了一些士大夫们的短视偏见,"士大夫竟以含糊为宽厚,因循为老成",②表面看起来儒雅得不得了,高谈雅望,空话连篇,实际上这些人并不能成就任何事业。进而责问这些君子们,"祖宗之法概以为善,其果皆善乎?新创之法概诋为恶,其果皆恶乎?"③章衮在文中毫不留情地揭穿了这些人虚伪的真面目,对王安石变法的效果和王安石的功绩给予了全面的肯定。

四、清代李来泰、李绂、蔡上翔等人的评价

(一)清初著名文学家李来泰的评价

李来泰(1624—1682),字仲章,号石台,江西临川城南人。顺治九年(1652)进士,参加《明史》修撰,时人称誉他"独备三长(史才、史识、史德),不愧鸿博之选",博学多识,工诗善文。李来泰在诗中怀古仰风,其所作《玉茗堂》《荆公故宅》二首诗就抒发了诗人对临川乡贤汤显祖、王安石的仰慕之情。李来泰认为:"半山学问经济,本非宋代诸贤所可及,新法功过自不相掩,温公考亭已辨之。当日毁谤之言,后人附会不白,尤可浩叹。"④因此作咏荆公故宅诗二首,意在阐幽,表达内心的感慨。

其一

十年高卧此峰东,出处无端衅已丛。
洛蜀党成终误国,熙丰法弊岂缘公。
争墩已赋三山石,记里犹传九曜宫。
漫向春风寻旧泽,史书功过亦蒙蒙。

---

① 王安石:《王安石文集》,刘成国点校,中华书局2021年版,第1947页。
② 王安石:《王安石文集》,刘成国点校,中华书局2021年版,第1987页。
③ 王安石:《王安石文集》,刘成国点校,中华书局2021年版,第1947页。
④ 蔡上翔:《王荆公年谱考略》,上海人民出版社1973年版,第30页。

其二

盐埠庭除犹可问，辛夷踯躅自成丛。
周官实政难终毁，宋史虚言久失公。
不侈文章谋馆阁，未酬经术乞祠宫。
盛名孤立应成谤，赤写当年亦雨蒙。

荆公故宅位于临川城内香楠峰之东峰——盐埠岭上，附近有道观"大中祥符观"，观内有九曜阁。李来泰在诗文中对此自存直道，荆公为新法受谤，遭宋史之诬，"宋史虚言久失公"，功过是非历史自有公认。王安石作为一代伟人，必定名垂青史。

（二）清代名臣李绂的评价

李绂（1673—1750），字巨来，号穆堂，江西临川荣山人。康熙四十八年（1709）进士，历任翰林院编修、内阁学士、广西巡抚、直隶总督等职，清代名臣、理学家和诗文家。学问宏深渊博，为一代学术伟人，著有学术著作多部。他在《书〈辨奸论〉后二则》《书〈宋名臣言行录〉后》《书〈邵氏见闻录〉后》等文中敢于坚持真理，摒弃世俗偏见，实事求是地为荆公辩诬。他的许多见解观点均被蔡上翔《王荆公年谱考略》中引用。他在一封书信《与方灵皋论删荆公虔州学记书》中对王荆公的文章极为推崇，说："荆公生平为文最为简古。其简至于篇无余语，语无余字，往往束千百言十数转于数行中。其古至于不可攀跻踪迹。引而高如缘千仞之崖，俯而深如缒千寻之溪，愈旷而愈奥，如平楚苍然而万象无际。"[①] 李绂作为功底深厚的古文大家，能这样精辟地概括王安石文章的特色，其识见真是高人一筹。蔡上翔非常赞同李绂的看法，并举例加以印证。例如，荆公唐百家诗选的序言仅58字，就是"简古"的典范。

（三）著名学者蔡上翔为王安石辩诬

蔡上翔（1717—1810），字元凤，别号东墅，抚州金溪城东门蔡家人。

---

① 蔡上翔：《王荆公年谱考略》，上海人民出版社1973年版，第38页。

清代著名学者、文学家。乾隆二十六年（1761）进士，授四川东乡知县，"在任八年，政尚严肃"，被当作名宦载入四川史志。他一生勤于治学，喜好唐宋八大家诗文，著作丰富，著有《东墅文集》20卷，《东墅诗钞》4卷，《不求甚解录》4卷，《王荆公年谱考略》25卷，《论语续言》4卷等。

蔡上翔对临川乡贤名相王安石非常推崇与敬仰，除喜好王安石的诗文外，亦有感于"世人积毁荆公，几同于詈骂，不啻千万人矣"[①]的不正常现象，早在入仕之前，即有意撰写王安石年谱，要为王荆公正名，还荆公公道。蔡上翔辞官后，不阿流俗，力排众议，用后半生之精力，阅读正史及百家杂论数千卷，详证博考，穷毕生之力，白发皓首，写下了25卷的《王荆公年谱考略》，极力为荆公辩诬，大白沉冤，并明确指出："荆公之时，国家全盛，熙河之捷，扩地数千里，宋朝百年以来所未有者。"[②]认为北宋之所以灭亡，与元祐诸贤之子孙及苏程之门人故吏有直接关系，这些人才是"败乱之由"，那些指责荆公误国者，"皆妄说也"。

蔡上翔曾在所撰的《王交三墓志铭》中说："余读荆公书，常愤后世诋毁者皆失实。窃计倘尽取公事实论次之以为年谱。宜得以正其谬妄，而君亦以为然。"[③]说明撰写王荆公年谱的意图目的，并得到好友王交三的理解支持。蔡氏在铭文中还就王安石画像之事说："东乡上池王氏荆公之弟安上之后也。世藏有荆公画像，君又亲往求之，至则设几席焚香戒予具衣冠肃拜，然后得从瞻仰焉。"[④]表明了蔡氏在王交三的帮助下看见过王安石的画像而顶礼膜拜，蔡氏对荆公的虔诚敬仰之心于此可见。

蔡氏所说的荆公画像是怎么回事呢？蔡氏在铭文中有所记载：王安石罢相后，一直住在金陵定林院中的昭文斋。当时著名的画家李公麟亦为王安石结交的友人。李公麟在王安石的居所昭文斋，一连为王安石画了三幅肖像画，其中就包括一幅工笔线条画。画像完成后，王安石的好友苏东坡在画作的上方题写了一段文字。后来尚书何进见到这幅画作后，

---

① 蔡上翔：《王荆公年谱考略》，上海人民出版社1973年版，第1页。
② 蔡上翔：《王荆公年谱考略》，上海人民出版社1973年版，第329页。
③ 蔡上翔：《王荆公年谱考略》，上海人民出版社1973年版，第374页。
④ 蔡上翔：《王荆公年谱考略》，上海人民出版社1973年版，第374页。

一直对王安石怀有崇敬之心的他也在画作上题写了"忠贯日月，孝通神明，功在王室，泽润生民"12个字，对荆公的高尚品质进行了精辟的概括。元丰七年（1084），王安石的侄子（王安上之子）王旊因事来到南京见到王安石。王安石便将李公麟画的三幅肖像画让侄子一并带回临川。王安上在家人祭祀王氏祖先时就将王安石的画像带到宗祠供族人祭拜。王安石去世后，其画像则由其后人收存。乾隆十五年（1750），时任江西布政司的彭家屏见到王安石的画像，亦欣然为画像题词。因画像出自名家之手，又有大文豪苏东坡及尚书何进的题字，使得这幅画像就显得弥足珍贵，不少人都以亲眼所见这幅画为荣。

一直对乡贤王安石怀有缅怀之心的金溪学者蔡上翔在得知东乡上池藏有王荆公画像的消息后，便千方百计地想亲眼看看这幅画像。为此，蔡氏就求助于其东乡黎圩的好友、王安石叔祖王质之的后裔王交三。王交三为实现蔡氏愿望，就亲临上池，为其讨要画像并带回家中，然后再通知蔡氏前来玩赏。蔡氏兴奋圣极，终于在王交三家中见到这幅画像。当时，王交三在请出画像后就设坛焚香祭拜。蔡氏更衣戴冠，毕恭毕敬，虔诚跪拜。在了却了这桩心愿后，蔡氏对好友王交三深为感激。王交三去世时，时年87岁的蔡上翔特地为王交三撰写了墓志铭，在铭文中再次谈及借画之事，表达了对王交三的感激之情。清同治八年（1869）《东乡县志》"古迹"篇中记载了此事，并明确此画系"宋时古文物"。鉴于此画的珍贵价值和文物保护的需要，该画作最后由江西省博物馆收藏。上池村现存的画像是按原件复制的，画中的苏东坡和何进的题字均被隐去。蔡氏知画、求画、拜画像的故事，印证了蔡氏对王安石的景仰之情。他用后半生精力来研究王安石的行为就顺理成章了。

蔡氏在撰写荆公年谱之前，已有宋人詹大和所撰的《王荆国文公年谱》，清人顾栋高于乾隆十五年（1750）时所撰写的《王荆国文公年谱附遗事》上中下三卷、遗事一卷，但詹大和所撰的年谱内容过于简略，就像一张仕履简表，顾栋高所撰的年谱取材主要用宋史，而宋史是否定王安石及其变法运动的，很多史实失真，因而顾谱并没有全面评价王安石及其变法，并不能还历史的真面目。这两部年谱对研究王安石、认识王安石没有参考价值和实际意义，不符合蔡氏的初心愿望。蔡氏初心不改，决心已定，在辞官后，不阿流俗，不附众说，更加坚定不移，花了几十年的时间搜寻王安石的相关资料，终用多年之力，所阅正史及百家杂说不下数千卷，历经27个春秋，完成了鸿篇巨《王荆公年谱考略》，尤为不朽之业。书成时，蔡氏已是年高九十、须眉皓齿的老者。

蔡氏《王荆公年谱考略》全书计卷首3卷、年谱25卷、杂录2卷，30余万字。在成书的过程中，蔡氏不畏"公之没，去今七百余年，其始为诋毁者，多出于私事。既而采私书为正史，而此外事实愈增，欲辨尤难"①的艰难和阻力，而是力排万难，广泛阅读正史及百家杂说数千卷，精密考证，去伪存真，祛疑辨妄，无怪乎后人有"非读破万卷，不能成此巨著"之说。蔡氏采取的撰谱方法是"因年以考事，考其事而辨其诬"，全书的宗旨则是在于为王安石洗冤辩诬，尤其是辩《宋史》之诬，使王安石变法的真相、王安石的人品志向和改革变法的措施，初步得以澄清，为自南宋初年至清朝末年的有关王安石的生平及变法的研究，提供了不少有价值的资料。

蔡氏在书中通过旁征博引，摆史实，讲道理，理直气壮地驳斥一切诋毁王安石的流言蜚语，旗帜鲜明地为王安石辩诬正名。书中为王安石辩诬正名的内容很多，略举几例于后。

关于王安石的年龄，《宋史》"误载年六十八，后来以史学名家者，不特无一人正之，且有因史误而改为生于天禧三年己未，正史之不足凭"②，后续史家没有一人站出来纠正，直至蔡氏考定"公生于天禧五年辛酉，至哲宗元祐元年薨，年六十六"③，才把王安石出生年龄纠正过来。

关于王安石考中进士，《宋史》载："友生曾巩携以示欧阳修，修为之延誉，擢进士上第。"蔡氏认为这不符合事实，《王荆公年谱考略》曰："曾巩上欧阳学士第一书在庆历元年，至二年再上欧阳第二书，及欧公送

---

① 蔡上翔：《王荆公年谱考略》，上海人民出版社1973年版，第1页。
② 蔡上翔：《王荆公年谱考略》，上海人民出版社1973年版，第39页。
③ 蔡上翔：《王荆公年谱考略》，上海人民出版社1973年版，第39页。

曾巩秀才序，皆无一语及安石，而子固遂归临川矣。"①就是说，庆历二年王安石考中进士完全与欧阳修、曾巩无关。以至于"元人修史""开卷而乖谬若此""六七百年来从无正其谬者"。

关于《邵氏闻见录》造谣污蔑王安石，《邵氏闻见录》言康节于洛阳天津桥上闻杜宇之声，便预见王安石将相而乱天下，蔡氏认为这是无稽之谈。《邵氏闻见录》又言王雱于安石面前提出，请枭斩韩琦、富弼之首，蔡氏认为这也是一派胡言。《邵氏闻见录》还言安石坐钟山，常恍惚见子雱荷枷如重囚，遂施所居半山园宅为寺，蔡氏认为这更是荒谬。蔡氏认为《邵氏闻见录》所载，都是这类谎言，甚为荒唐可恶。

关于王安石少年怀刺见濂溪之说，南宋有史料称"王荆公少年不可一世，怀刺（指名片）谒先生（周敦颐），足三及门而不得见"，意思是说王安石三次求见先生都被拒之门外，这是有意贬损王安石。蔡氏经考证认为："公自丙子以前，常随宦游至韶州，丙子以后年十七至江宁，旋居丧三年，庆历二年成进士，官淮南三年，归临川即作有《忆昨诗示诸外弟》一诗，而二十三岁以前，历历可据如是也。"造谤者谓荆公少怀刺见濂溪，则"无其时无其地也"。②可见濂溪之说是不成立的。

关于苏洵《辨奸论》污名王安石，《辨奸论》指称王安石"口诵孔老之书，身履夷齐之行，收召好名之士，不志之人，相与造作语言，私立名字"。③蔡氏则广引史传，认定此书是后世诋毁者的伪作。蔡氏指出，苏洵在嘉祐元年（1056）至京师时，安石未为时用，交游亦稀，治平三年（1066）苏洵卒，在苏洵死后三年王安石才开始推行新法。可见所谓苏洵著《辨奸论》是别有用心的诋毁者的伪作。

关于神宗与王安石的君臣关系，蔡氏认为，自古治君贤相乘风云之会而有鱼水之欢，固然多有，而无若神宗与安石之相得者。就是说神宗与王安石是历史上极为少见的一对君臣关系，君臣相得益彰，志同道合，共推变法。驳斥了世之学者谓神宗厌恶安石，太后亦涕泣后宫中以求去安石的

---

① 蔡上翔：《王荆公年谱考略》，上海人民出版社1973年版，第43页。
② 蔡上翔：《王荆公年谱考略》，上海人民出版社1973年版，第45页。
③ 蔡上翔：《王荆公年谱考略》，上海人民出版社1973年版，第150页。

谎言。

关于王安石的兄弟关系,蔡氏指出,王安石兄友弟恭,孝友是王氏家风家训所致,世所共见。亲人逝世,王安石都会哀悼之甚为悲痛。"安仁、安道皆为异母兄,而相继早丧,安石为文哀之,甚痛",① 平甫逝世就作有墓志铭哀悼。"而世传公与平甫弟兄不相能者,妄也",② 驳斥世之轻薄者诬王安国不悦其兄,王安石兄弟不和的无稽之说。

关于王安石的诗歌创作,蔡氏认为,"公诗高出一代,未尝自矜其能,与较量前人短长,则谓不喜李白诗,亦传之者妄也",③ 还认为"荆公《明妃曲二首》,同时欧阳公、刘原父、司马君实皆有和篇",④ 然而有人歪曲荆公诗意。实则这两首诗的意蕴,一是哀怨之情,二是和戎之意。蔡氏对荆公唐百家诗选"序言五十八字,简甚矣,而为世所诟病久,实误甚",因为"欲知唐诗者,观此足矣。何谓也?全唐诸大家诗,其全集已见于世矣,其佳者固不再选也"。⑤ 那种责怪荆公百家诗选未选唐大诗人之诗的论调是不对的,因为在当时,唐那些大诗人的选集已在社会广泛流传,所以没有必要再选。

关于司马光等人在著述中对王安石的诋毁,如司马光的《巢语》和《涑水记闻》,魏泰的《东轩笔录》以及历代诋毁安石的私书杂录、野史小说,蔡氏在《王荆公年谱考略》中均有所批驳,认为是污蔑造谣,失实之处骇人听闻。

关于熙宁新法,蔡氏亦作了肯定,全面肯定王安石的道德经济功业,认为"安石以文章节行高一世,而尤以道德经济为己任",是古之大有为之臣。颁行实施新法,荆公的目的在于"振累世因循苟且之习,而措天下于家给人足"。⑥ 推行的青苗法,已经过实践,虽不尽可行,而未可以为不善,可以有一定成效。反对者以征利攻之,实在是不知安石新法的

---

① 蔡上翔:《王荆公年谱考略》,上海人民出版社 1973 年版,第 380 页。
② 蔡上翔:《王荆公年谱考略》,上海人民出版社 1973 年版,第 311 页。
③ 蔡上翔:《王荆公年谱考略》,上海人民出版社 1973 年版,第 72 页。
④ 蔡上翔:《王荆公年谱考略》,上海人民出版社 1973 年版,第 122 页。
⑤ 蔡上翔:《王荆公年谱考略》,上海人民出版社 1973 年版,第 139 页。
⑥ 蔡上翔:《王荆公年谱考略》,上海人民出版社 1973 年版,第 337 页。

初心，也不知神宗颁行的本意。役法至宋已呈现大弊，行免役法是形势所需要。保甲法是军民联防，为万世良法。熙河之役不能否定，扩大疆域，固疆保国，效果显著。蔡氏认为数法推行，得其人行之则为大利，非其人行之则为大害。这是安石自己所言，他怎么会有意任用小人？反对者动辄搬用管商之术加以讥诮，其实也并不明白经营天下大计。至于新法最后被废，因王安石被二次罢相，不能大有作为于当世。这完全是朋党之争造成的结果，不能由王安石个人来承担历史责任。蔡氏既辩诬，又在还安石以公正清白。

概而言之，蔡氏在《王荆公年谱考略》中，还有多处为王安石辩诬的文字，恕不一一列举。在蔡氏笔下，王安石似乎成了一个完美无瑕的贤相圣人，有过度拔高王安石之嫌。蔡氏对王安石及其新法的认定只作全面肯定，没有一分为二地分析评价，亦有其片面性，近于溢美，这也有失公允。

另外，蔡氏这部年谱，考证论述亦不免显得繁琐，且带有较为浓厚的封建伦理色彩，在他看来，"安石以文章节行高一世，而尤以道德经济为己任""道德莫重于五伦"，① 特作《君臣考》《父子考》《兄弟考》《朋友考》，附在书中"年谱考略杂录"卷。

从总体上看，蔡氏的这部著作是我国古代研究王安石的一部重要专著，在王安石之后蔡上翔之前，没有一位学者像蔡上翔那样倾半生精力，耗时27年，阅读考证数千卷资料来为王安石辩诬，澄清很多事实真相，确为前无古人。光绪《抚州志·文苑传》曰："蔡氏归田后，以王安石一代伟人为新法受谤，慨然推本陆文安公之意，博考诸书，参互证明，明辨《宋史》之诬，成《荆公年谱》一书，尤为不朽之业。"② 蔡氏的奋发精神，治史态度是值得肯定钦佩的。

这部著作对于后人深入研究北宋政治、经济、文化状况，研究王安石的生平，有很重要的参考价值和借鉴意义，对当今增强文化自信，传承创新中华优秀传统文化，具有一定的启迪作用。

---

① 蔡上翔：《王荆公年谱考略》，上海人民出版社1973年版，第337页。
② 蔡上翔：《王荆公年谱考略》，上海人民出版社1973年版，第459页。

第二节　王安石研究会的成立及研究活动

历史的车轮进入20世纪80年代，科学的春天已经来临，改革的浪潮滚滚向前。此时研究王安石，纪念王安石，亦正当其时。临川没有忘记王安石这位曾经叱咤风云的历史人物，举办了一系列的研究纪念活动，推动王安石研究，并提升到了一个新水平。

一、抚州地区王安石研究会的成立及活动

1986年为迎接纪念王安石逝世900周年，抚州地区相关部门积极筹划相应的纪念活动，着手准备成立抚州地区王安石研究会。

抚州地区王安石研究会于1985年4月9日在王安石的家乡抚州市正式成立，首届会员代表大会在抚州地委小礼堂隆重开幕，会期2天。

我国第一家王安石研究会在王安石家乡抚州成立，是抚州地区学术界的一项盛举，获得省内外一大批专家、学者、名人和大专院校、学术团体的热烈赞赏和支持。夏征农、杜宣、罗竹风、石凌鹤、邓广铭、漆侠、徐盼秋、方诗铭、程应镠、冯英子、何满子、谷霁光、郭杨、吴慧、周宝珠等，以及北大中文系、复旦大学中文系、河南大学历史系宋史研究室、华东师范大学古籍研究所、上海师范大学历史系宋史研究室、中国人民解放军海军学院政治部和江西省历史学会、省文研所、江西大学语言文学系等单位纷纷发来贺电、贺信。

北京大学历史系教授、著名宋史专家邓广铭先生在得知王安石研究会即将成立时，亦写来贺信以表祝贺，在贺信中道：

> 王荆公是以一身而兼具政治家、思想家和文学家的一位伟人。欣闻贵区的同志们已组成研究会，从各个方面对荆公业绩进行研究，实为一大盛事。谨此致贺！并祝大会胜利召开！①

河北大学历史系教授，著名宋史专家漆侠先生为抚州地区王安石研

---

① 《王安石研究通讯》（1—13期）。

究会成立寄来了贺词：

祝贺在杰出改革家王安石的故乡成立王安石研究会。它必将推动王安石研究向纵深发展，为我国当前第二次革命作出贡献！①

江西师范大学中文系教授胡守仁先生欣闻抚州成立王安石研究会，特赋诗一首，以表祝贺：

敬为荆公一瓣香

一代伟人欧曾王，文章光焰万丈长。
同时又同江西产，得未曾有难为双。
欧于曾王乃先辈，子弟视之喜榆扬。
或云百鸟而一鹗，或以白愈相比方。
其中荆公尤特出，文章而外振官常。
措意国计与民生，厉行变法图富强。
岂以失败减身价，改革名家久愈光。
即以文章一端论，向为士子作津梁。
唐宋八家享盛誉，风格各具各擅场。
荆公学韩不似韩、卒与韩并两堂堂。
国命维新重涉古、文化名人更芬芳。
研究荆公遍海内，风气之盛推故乡。
成立学会文会友，互勉互学月有将。
定是不乏后继人，不独昌文诗亦昌。
鲰生所好在文墨，敬为荆公一瓣香。
扪心自尚何所得，惭愧至今犹面墙。②

中共抚州地委主要领导以及地区各有关部门和群众团体的领导同志

---

① 《王安石研究通讯》（1—13 期）。
② 《王安石研究通讯》（1—13 期）。

出席了大会。中共江西省委宣传部、江西省社会科学院、江西省社联等有关领导同志专程莅临大会指导。大会还宣读了省内外一些大学、学术团体和著名专家、学者的贺信、贺电、贺词、贺诗。

参加会议的一百多位代表认真讨论，制订了会后学术研究规划，决心遵循"双百"方针和"古为今用"的原则，把对王安石的研究推向一个新的阶段。

大会经过民主选举产生了理事会，傅柏林任会长，宋有贤、陈光荣、罗传奇为副会长。讨论制定了《抚州王安石研究会关于一九八五年学术活动的安排》。

抚州地区王安石研究会在1985年4月成立后，一年多来，分布全区的会员们撰写了王安石研究论文157篇，论著1部。在此期间研究会还召开了两次学术讨论会，编印了论文集和会刊，并与全国许多名家学者、学术团体和学术刊物建立了联系，交流研究信息和研究成果。

1985年11月12日至15日，由抚州地区王安石研究会在"抚州文艺之家"主办了第一次王安石研究学术论文讨论会。出席会议的有来自各地的哲学、史学和文学工作者72人。江西省社科院副院长姚公骞、北京出版社副总编辑周应鹏莅临大会进行了指导。当大会传达了中共中央宣传部已批准1986年5月在抚州市举行全国性纪念王安石逝世900周年的学术活动和宣布中央顾委委员、中国人民解放军军事科学院副院长、全国书法家协会名誉主席舒同为本会名誉主席，吴自强、萧涤非、谷霁光、姚公骞、漆侠等著名专家、学者为本会顾问时，全场欢欣鼓舞，热烈鼓掌。接着，姚公骞作了题为《如何研究王安石的学术报告》。学术讨论会收到论文和相关资料共56篇。这些论文涉及面很广，内容也很丰富，对王安石变法革新的政治、经济、哲学、法学、教育、人才、文学、美学以及家世、故里、交友和轶事等方面，都有所探讨和考证。整个学术讨论会、贯彻了实事求是、百家争鸣的方针，在占有史料、阐明观点和民主讨论，学术平等的气氛中进行。同时还本着"古为今用"的原则，对如何把王安石研究为当前改革和社会主义建设服务，进行了有益的讨论和交流。经过宣读、讨论、评议，从中选出论文10篇、资料2篇，并编印成《王安石研究论文集》。

王安石研究会首届年会于1986年10月27日至30日在抚州召开，罗传奇作了《一年来会务工作报告及今后工作初步安排》的报告，与会代表对罗传奇同志的报告进行了广泛认真的讨论。在与会代表参观了王安石纪念馆预展以后，宣读和交流

《王安石研究》

学术论文17篇，对王安石思想、业绩和生平进行了多角度、多层次的研究和探讨。并积极准备，精心挑选，推出研究会组织的论文参加11月份在抚州市举行的江西省纪念王安石逝世900周年学术讨论会的论文宣读。会议一致认为，王安石研究会一年来的工作在各方面取得了可喜的成绩。研究会不仅发展了会员325人，而且聘请了舒同为名誉会长，萧涤非、谷霁光、漆侠、吴自强、姚公骞等专家教授担任顾问，同时还与全国研究王安石的专家和学者进行了广泛的联系。一年来共收到有关论文和资料157篇，对王安石的政治、经济、哲学、文学、军事、教育、美学、伦理、生平事迹等方面进行了具体论述和评价，开拓了文学研究的一些新领域，具有一定的深度。

1986年11月，王安石研究会翻印了《王安石研究资料汇编》，内含梁启超的《王安石评传》、顾栋高辑录的《王安石年谱》，还有《王安石言行录》《王安石政略表解》等。1986年3月，王安石研究会创办了会刊《王安石研究通讯》（后改为《王安石研究》），至1989年下半年，四年间共编印会刊《王安石研究》计13期，刊发了100多篇关于王安石研究的论文及资料。这些富有成效的工作，有力地推动了王安石研究的深入开展。

二、抚州市县王安石研究分会的成立及活动

按照抚州地区王安石研究会的部署安排和研究会的章程要求，相关县市陆续成立了王安石研究会分会或小组，由牵头单位开展了形式多样的学术活动，取得了一定的成效。

抚州市成立了王安石研究分会。为了深入开展对王安石的研究，于1985年11月5日在市委会议室召开了王安石研究会会员大会，出席会议的会员有54人，会议讨论和通过了会章，民主选举了理事会。抚州市委宣传部部长张志群当选为会长，刘金石、胡义先为副会长，杨华林为秘书长。接着，会议进行了学术讨论，先后由胡一辉、付林辉、杨华林等同志在会议上宣读了论文和介绍研究王安石的情况。编印了《王安石研究论文专集》，刊载了10多篇研究文章。会议之前，相关部门的人员在市郊区孝桥乡璜溪村和长岭乡黎王村分别发现了《王氏族谱》各两部。其中璜溪村《王氏族谱》是王氏三十三世后裔修的，黎王村《王氏族谱》是王氏二十七世后裔修的,这些族谱对于王安石在羊城（原临川县城别名）的故居遗址、房屋田产、当年活动情况及其远祖由来，继孙王棣生平事迹、兄弟后裔徙居各地等等，都有明确的记载，是研究王安石的珍贵资料。《江西日报》1985年8月2日作过报道。

临川县成立了王安石研究分会。在抚州地区王安石研究会成立后，临川县王安石研究分会于1985年4月25日在上顿渡召开了成立大会，全县30名会员出席了会议。会议由临川县委宣传部部长张吉山主持并作了工作报告,接着通过了会章，民主选举了5位理事。张吉山被选为会长，吴员峰为副会长，徐润科为秘书长。研究分会要求全体会员积极开展王安石研究活动，为1986年纪念王安石逝世900周年做好准备。此前，在临川县展坪竹溪王家一个村民家中发现王安石家族的族谱，为进一步研究王安石提供了宝贵资料。这套族谱共有四本,《江西日报》对此作了新闻报道。临川县为纪念王安石逝世900周年，还做了几件事：一是积极赶排新编大型历史剧《龙吟虎啸》，进度快、效率高。二是举行文艺晚会来纪念王安石逝世九百周年，演出的节目中有王安石的生平故事、诗作

朗诵、大型历史剧《龙吟虎啸》选段。三是组织力量编印《王安石故事》一书。还在11月举行了论文宣读会，有10位同志宣读论文，交流他们研究王安石的成果和经验。县社联主办的《临川社会科学》(1986年第3期)为纪念王安石逝世900周年的专辑，刊登了10篇研究王安石的论文。

东乡县于1985年4月26日召开了县王安石研究学会成立大会，全县38名会员参加了会议，县属各有关单位的负责人列席了会议。会议经过民主选举，选出了7名理事。梁滕州当选为会长，并抽调人员组成论文写作小组和王安石事迹考证小组，将有关工作落实到位。1986年1月4日，东乡县王安石研究学会召开了年会，对学会成立以来的工作进行了小结，并对下一步的纪念活动进行了研究，决定4月前召开两次有关学术研讨会，协助上池村保护和维修有关王安石的文物，抓紧王氏祠堂的维修翻新。东乡县王安石研究学会于1985年5月通过调查访问，发现了一批有关王安石的珍贵文物，王氏历年族谱多部，墓葬2座，《江西日报》于当年的6月2日进行了报道。为纪念王安石逝世900周年，东乡县王安石研究学会于1986年4月主编了"论文选编"专辑，县委领导亲自撰写前言，选用了5篇论文，并附录王氏世系图等资料。

南丰县于1985年5月4日在县政府会议室召开了"南丰县王安石研究分会"成立大会，出席会议有32人，其中会员25人，县委副书记等领导出席了会议。会议传达了抚州地区王安石研究会首届会员代表会议精神，学习了相关文件，通过充分酝酿，选举产生了南丰县王安石研究分会理事会，邱模楷当选为会长，夏老长、李士剑为副会长。分会还进行了多次学术讨论会和小型座谈会，写出了3篇研究论文。

崇仁县于1985年10月8日，成立了王安石研究小组。通过民主选举，黄长孙当选为组长，张齐、王文鹏为副组长。小组确定了王安石研究项目和会后的工作安排。研究小组积极开展活动，在港下乡甘坑村发现王安石族谱《王氏九修族谱》一部共五册，内含很多有关王安石的重要资料。崇仁县社联主办的《巴山论坛》，1986年5月21日出版的第一期为纪念王安石逝世900周年专辑，内载多篇质量较高的王安石研究论文。

三、抚州地方高校王安石学术研究活动

抚州师范专科学校（下简称"抚州师专"）作为当年的抚州地方高校（后并入东华理工大学），充分挖掘教学科研潜力，发挥科研人员的作用，积极开展王安石研究等学术活动。

一是成立王安石教育思想研究室（下简称"王安石研究室"），积极开展各种学术研究活动，并取得一定的成果。1984年6月，学校成立了王安石教育思想研究室，由罗传奇、黄宜福、刘崇汉、吴云生、全仁经等人组成，他们是具有一定科研能力的中文、历史、教育专业的骨干教师。随后由罗传奇副教授带队，一行五人沿着王安石活动足迹，先后三次考察调研王安石的生平事迹。考察过程中，主要是通过调查访问、查看县志、翻阅族谱、座谈讨论、购买图书、聆听专家指导等方式进行。搜集并复印了50多万字的资料。在占有大量资料的基础上，每人潜心撰写研究论文，写出了一批质量较高的研究论文，有的论文提交到了抚州王安石研究会学术讨论会交流，有的在相关报刊上发表。青年历史教师全仁经提交的论文《北宋中后期的三次兴学运动》，约1.2万余字，发表在《抚州师专学报》1985年的第2期上，后又对此文再提炼加工，以文题《北宋三次兴学运动的主要特点及失败教训》发表于《江西师范大学学报》1987年的第一期上，人大学复印报刊资料《宋辽金元史》1987年的第2期全文复印；还以王安石教育思想研究室名义提交了《王安石年表简编》。另外，罗传奇、吴云生、刘崇汉的论文在抚州师专学报上发表，在王安石学术研讨会上交流。他们的研究成果在学术界取得了良好的反响。

二是取得科研成果的新突破。抚州师专罗传奇教授和吴云生教授（后调南昌大学任教）合著的《王安石教育思想研究》于1993年由江西教育出版社出版发行。这是两位先生多年来研究王安石教育思想的新成果，也是列入国家"八五"出版计划的重点图书《江西古代教育丛书》中的一部专著。数百年来，专家学者研究王安石这位历史人物的专著论文，可以说是汗牛充栋，硕果累累，但是作者多是从政治家（王安石变法）和文学家（唐宋八大家之一）的角度去探索研究王安石，对其教育思想，

特别是教育改革思想进行系统的研究不多,没有一本这方面的专著问世。罗传奇、吴云生二位先生致力于王安石教育思想研究,充分运用地方历史文献资料,对王安石教育思想的形成和发展,教育改革的主张和措施,以及王安石教育思想的特征、地位和产生的影响,均作了系统而翔实的研究及论述,撰写了长达20余万言的专著《王安石教育思想研究》,填补了这一研究领域的空白,为王安石研究作出了新的贡献。

  抚州师专主管教学和科研工作的副校长张世俊教授对这本专著作了精当的点评。发表了评论文章《一部颇具特色的王安石教育思想研究专著——读〈王安石教育思想研究〉》,从五个方面评述了这部专著的特色意义。文章认为这本专著是一部具有一定特色和深度的王安石教育思想研究的力作。主要体现在:第一,这本专著是作者对王安石教育思想的方方面面进行了深入发掘、整理工作。作者在书中精当地梳理出王安石教育思想的产生、形成和发展的线索,归纳出三个阶段:知鄞县时创办县学,"以教养县子弟"的理论与实践,为王安石的教育思想奠定理论基础。是王安石教育思想形成过程的一座里程碑;《上仁宗皇帝言事书》标志着王安石教育思想已经完整地形成,并进一步系统化和理论化;《三经新义》和《字说》标志着王安石教育思想与发展到一个更新更深的阶段。第二,这本专著把王安石的教育思想同他的哲学思想、政治思想、学术思想联系起来,作了多层次多角度的论述。第三,这本著作突出了王安石的教育实践活动。作者遍访王安石活动过的地域,查阅了大量文献资料,用了很多新材料,从理论和实践上论证了王安石确是我国古代一位有巨大影响的教育改革家。第四,专著中作者把王安石教育思想放在历史的长河中,恰当地进行了纵横比较。通过纵横比较,既肯定了王安石同前辈学者、教育家之间的历史渊源关系,又突出了王安石的教育思想的新特点和独创性,有力地论证了王安石在中国教育史上的重要地位和作用。第五,这本专著努力地运用了马克思主义观点,按照"古为今用"的原则,系统地总结了王安石教育改革的成效、经验和教训,以及对当前教育改革的启示和影响。王安石教育思想的研究,不仅具有较高的学术价值,而且具有积极的现实意义。

另外,抚州师专非常重视临川文化研究。由罗传奇、张世俊教授主编的《临川文化史》于1993年由广东高等教育出版社出版发行。其中"世界著名的改革家王安石"这一章节,全面介绍评述了王安石。涂木水副教授主编的《临川文学史》在1998年由江西高校出版社出版发行,其中"诗文大家王安石""临川王氏家族文学家"等章节,介绍评述了王安石及其家族的文学成就。在这些专著中,同样有学者对王安石的相关研究成果。

三是充分发挥《抚州师专学报》学术园地的功能。《抚州师专学报》创刊于1982年,并在1985年设立了《临川文化研究专栏》《王安石研究专栏》,积极组织稿件刊登了不少研究王安石的论文。《抚州师专学报》自1982年创刊到1986年间发表的论文编制成目录索引,其中"王安石研究"专题目录就有22篇之多,分为五项:王安石人才思想2篇,王安石教育思想7篇,王安石诗文评论和研究4篇,王安石文学思想3篇,王安石传6篇。按篇名、著者、出处编排。这个特色栏目是我国高校学报中创建最早、持续时间最长的区域文化研究专栏之一,至今已有几十年的历史,其间从未间断。在刊登的500余篇论文中,就有不少研究王安石方面的论文,有名家、教授,如姜国柱、李华瑞、李承贵、李才栋、任树民、张立文、王琦珍、万斌生等人的论文。姜国柱,国防大学教授,国家有突出贡献专家,他写的论文是《曾巩的军事思想》;任树民,西藏民族学院教授,他写的论文是《王安石与北宋西部开发》《从宋人笔记看王安石人格》;万斌生,东华理工大学特聘教授,他写的论文是《王安石"礼义治国"的思想与实践》等。还有青年学者刘成国博士研究论文《王安石与曾巩交疏辩》。特色专栏办出了特色,成为高校学报中的优秀专栏。

《抚州师专学报》曾出过两期王安石研究专辑:一期是纪念王安石逝世900

《抚州师专学报·王安石研究专辑》

周年,《抚州师专学报(社科版)》1986年第2期为王安石研究专辑刊登了10多篇有关王安石研究的论文。主要刊载本校老师有关王安石研究的论文,有吴云生、周长春、邹自振、涂木水、周维民、罗传奇、刘崇汉、黄宜福、林树善等老师的论文。其中,吴云生的《论王安石经世致用的文学思想及其嬗变》、罗传奇的《王安石在抚州故乡的事迹考略》、刘崇汉的《论王安石人才思想的历史地位》、黄宜福的《浅论王安石对科举制度的改革》,从不同角度研究王安石。本专辑扉页《王安石画像》是江西师大教授彭友善应《抚州师专学报》编辑部之约,以辞海及有关历史资料为素材精心创作的。人物肖像造型严谨,设色典雅,笔力遒劲,形神兼备,使王安石的形象跃然纸上,为专辑增添了光彩。另一期是纪念王安石980周年诞辰,《抚州师专学报(社科版)》2001年第2期为王安石研究专辑,刊登了19篇论文,其中就有河北大学教授李华瑞的论文《论李焘对〈王安石日录〉的取舍》,南昌大学教授俞兆鹏的论文《评陆佃对王安石变法的态度》,青年学者刘成国(浙江大学博士研究生)的论文《王安石与苏轼关系新论》。这19篇论文对王安石的方方面面均有所涉及,研究领域宽泛,真知灼见迭出,是一份研究质量较高的论文集,在学术界获得好评,产生了良好的影响。

《抚州师专学报(社科版)》推出的《临川文化研究》《王安石研究》特色专栏和王安石研究专辑,刊登了累计数十篇学术水平较高的研究论文,成为重要的研究成果,对进一步推动深入研究王安石、研究地方名人起到了良好的作用,在学术界、期刊界取得广泛好评,并多次评为优秀期刊。

四、抚州学术界关于王安石研究的几项主要成果

抚州王安石研究会成立后的几年间,相关县市给予高度重视,组织人力、物力,开展调研,保护文物,撰写研究王安石的论著、论文、文学作品、戏剧作品等,取得了一批令人瞩目的重要研究成果。

傅林辉的《王安石世系传论》《王安石全传》论著。傅林辉,临川人,是抚州的一位知名学者,长期致力于临川文化的研究。先后出版学

术著作多部。于2000年5月由长江文艺出版社出版《王安石世系传论》，2001年10月由中国戏剧出版社出版《王安石全传》，2004年10月由百花洲文艺出版社出版《王安石》，2006年11月由中国社会出版社出版《曾布日记校注》，这些论著共计120多万字。其中《王安石全传》计45万字，写出了王安石完整的一生，填补了王安石研究的一项空白。《王安石世系传论》是傅林辉倾半生精力研究王安石的心血结晶，是一部具有很高文献学术价值的史论专著，全书计41万字，从写作成书到出版问世，历经了20余年的坎坷才终成正果。其间，傅林辉拜读查阅了大量的文献资料，抚州域内的数部《王氏族谱》，其中的辛劳不言而喻。傅林辉先生对王安石这位临川乡贤一直怀有敬仰之心，在王安石诞辰980周年纪念之际，于2000年5月由长江文艺出版社出版了《王安石世系传论》，以这本论著作为厚礼献给九泉之下的王安石，了却了傅林辉先生心中不灭的心愿。傅林辉先生耗时20余年精心研究王安石，可谓抚州域内的第二个"蔡上翔"，是位值得我们尊重的学者。这部论著的结构合理，层次分明，分为父系、母系、思想、变法等章节梳理王安石家族的世系脉络，分析王安石的思想变法及才能，其中的评述到位中肯，引证的资料真实可信。这部论著的问世引起学术界的高度关注和广泛好评，产生了良好的社会影响力，为王安石研究者提供了一部有启迪意义的参考书。

由于傅林辉先生在临川文化研究领域的独特贡献，被抚州域内学术界同行称赞为：抚州社科的开拓者、临川文化的守望者、荆公精神的传承者。

随着抚州地区对王安石的学术研究逐步深入，学术水平亦并提升到一个新水平。其中，引人瞩目的是先后出现了两部长篇历史小说，一部是万斌生的《王安石》，一部是陈金泉的《千古风流——王安石与熙元变法》。这两部著作的产生，是抚州区域对王安石研究的新突破、新成果。

万斌生，江西临川人，1946年7月出生，毕业于江西大学（现南昌大学）中文系。曾任抚州市社科联主席、调研员，抚州市作家协会主席，中国作家协会会员，中华诗词学会会员，东华理工大学兼职教授。万斌生坚持文艺创作和临川文化研究30余年，发表、出版、播映各种题材的文艺作品逾300万字，还出版了《千载文昌》《紫钗记评注》《临川词曲释评》等学术著作。其撰写的电视剧《明月照我还》还获得重要奖项。戏曲电视剧《明月照我还》（两集）是由抚州剧作者万斌生、黄金亮、熊啸空三位同志编剧，剧中主要人物多为抚州演员扮演，唱腔以抚州采茶调为主，场景拍摄选在抚州，剧情取材抚州乡贤北宋王安石变法的史实。剧作具有浓郁的抚州乡土特色。该电视剧目1989年1月5日开拍，至4月25日就成片在抚州隆重试演，可以说是高速度、高质量、高效益和低成本的艺术精品，获得一致好评。该剧主题鲜明，以王安石变法中试行免役法的斗争最尖锐、最激烈的"东明事件"为背景，展开了一场错综复杂的变法与反变法的戏剧冲突，艺术而真实地从多侧面再现了900多年前那场席卷中华大地的变法风暴。它既表现了变法给当时生活苦难的农民带来了希望和憧憬，给"积贫积弱"的北宋王朝注入了新的生机和活力。也反映了改革的征途荆棘丛生，步履维艰而又壮怀激烈。这部剧作既以北宋熙宁变法的史实为依托，又以鲜明的现代意识渗透其中，引导观众以热烈的情感在历史实践中观照现实，激发理想，唤起力量，精神昂扬，步伐坚定地投入当今社会改革的潮流。这部剧作在该年全国第四届戏曲电视剧评比中获得三等奖。

万斌生长篇历史小说《王安石》

万斌生的长篇历史小说《王安石》，2006年8月由江西人民出版社出版。这篇小说的出现，是万斌生对王安石研究的一个重要成果。万斌生怀着对乡贤王安石的深深敬意，以一个作家的使命感和艺术功力，经过十余年的艰苦努力，精心打造，终于写成了110多万字的鸿篇巨制《王安石》，以文学作品的形式来表现王安石作为一代伟人的人格品质和精神风范。《王安石》分上、中、下三部，构思精细，结体缜严。第一部《功名》，通过王安石不入京与入京具体细节的描述，为王安石变法高潮的崛起作了精心的布局和铺垫，微波细澜，跌宕有致，丝丝入扣。第二部《苦辛》是重头戏，王安石变法伊始，即刻遭到朝廷重臣、贵族豪门的激烈反对。本卷情节曲折，斗争尖锐，高潮迭起，波澜起伏，人物性格刻画细致入微，栩栩如生。第三部《乱真》是压轴之作，时过境迁，世态炎凉，变法斗争中的君子与小人面目，在此卷中得到客观真实和淋漓尽致的刻画，王安石的人格精神得到进一步的升华。作者以史实为据，既坚持了历史的真实性，又按文学创作规律，讲述着王安石的人生故事，让读者从书中刻画的王安石形象中体味艺术魅力，获取奋发上进的正能量。

此书问世后，得到社会的认可和广泛好评。2007年3月30日，《王安石》出版研讨会在江西省社科院会议室隆重举行。由江西省作家协会、江西人民出版社、江西省社科院文化研究部、抚州市委宣传部联合主办。在研讨会上，作者万斌生介绍了自己的创作经历，许多专家、学者发表了对《王安石》的评论看法。

著名文学评论家，江西社科院文学所原所长、资深研究员吴海点评，认为：王安石是"唐宋八大家"之一，也是江西古代文坛的骄傲，对其人其文的研究成果甚多，但以小说的形式来表现，这是首创。洋洋百万余言，如此规模的鸿篇巨制，既表现了作家的巨大创作勇气，也表现了作家的坚强毅力和执著追求的文学精神。小说以王安石几起几落的人生轨迹为结构主线，有着丰富的思想内涵和厚重的历史感。读者能从中获得诸多的历史启示和艺术感受，这是纯粹的历史读物所不能取代的。小说描写了大量的历史人物，做到了人各有貌，形象鲜明，能给人留下深刻的印象，这是小说成功的基础。小说的语言流畅清新，大量的四字句的运用，散发出浓郁的书卷气息，与描写的题材、人物相吻合。这是作家付出的巨大劳动的血汗结晶。南昌大学历史系教授、著名宋史研究专家俞兆鹏点评认为：万斌生创作的历史小说《王安石》，它多角度全方位地反映了北宋神宗时期的政治、经济、军事和文化状况的全貌，又真实而具体地描写了当时的社会危机以及统治阶级内部革新势力与守旧势力之间的尖锐斗争，并以熙丰变法的成败得失为我们提供了有益的历史教训。同时，本书历史知识丰富，人物形象生动，情节铺排合理，文辞优美流畅，部分虚构的故事也是符合生活和艺术的真实，给人以一种美的享受。尤为可贵的是，作者并未任意戏说历史，因此本书可以说是一部当今文坛上不可多得的严肃而高雅的作品。东华理工大学副教授周世泉先生，系江西省作家协会会员、江西省文艺评论家协会会员，主要从事文学理论教学兼及地域文化研究和文学评论工作，是颇有影响力的文艺评论工作者。周世泉先生在认真拜读万斌生长篇历史小说《王安石》之后，发表了《历史小说创作的新突破——万斌生长篇历史小说〈王安石〉读评》的重要评论文章，对小说《王安石》作了精当的点评。文章认为：《王安石》是一部雅俗共赏，诗史结合的好书。并从此书的可读性、艺术魅力、社会效应三方面展开了细致的评述。《王安石》是一部史诗性的、雄阔厚重的大书。并以"波澜壮阔的生活画卷""风云际会的人物长廊""文化知识的百科全书"作为立论依据而逐层评述。《王安石》还是一部极富艺术创造才情的智书。对此书的艺术结构展开分析评述，点评了小说艺术结构上的成功方面和不足之处。周世泉先生认为《王安石》是一部"好书""大书""智书"的评述，确为精当之言，肯定了这部小说的问世，是江西抚州对王安石研究的一个重要成果，是江西文学创作实力的又一次展示，是江西省历史小说创作的重大突破。

时隔12年，江西省又一部研究王安石的力作，长篇历史小说《千古风流——王安石与熙元变法》由江西教育出版社于2018年12月正式出版发行。作者陈金泉，1942年9月出生，江西临川人，江西师范学院（现江西师范大学）中文系毕业，豫章师范学院教授、中国作家协会会员、省政府特殊津贴专家。早年在《百花洲》《星火》等期刊发表过中短篇小说20余篇，后来主要从事文学理论教学和文学评论工作。在《文学评论》《昆仑》《文艺理论》等国家级刊物以及省内外刊物发表长篇论文60多篇，还有一部25万字的专著《真正的小说：张恨水小说审美世界探微》问世。多项作品获江西省社科奖二等奖、三等奖及谷雨文学评论奖。

作为临川人，陈金泉对王安石这位临川先贤，自然情有独钟。早在五十多年前就已经萌生要创作王安石小说的想法，为了创作这部"还愿之作"，陈金泉把中国古代文论、诗词、小说、戏曲等中国古代典籍读了个遍，用十年的时间打磨出了这部作品，真可谓十年磨一剑。

《千古风流——王安石与熙元变法》共四卷，分别为《江山如画》《乱石穿空》《惊涛裂岸》《大江东去》，全书165万字。该书出版面世后，在学术界和文坛引起了轰动，好评如潮。小说讲述的是北宋王安石所倡导的新法变革的兴起，推行及其被废的波澜壮阔、曲折多变的故事，全方位、多角度、深层次地展示了王安石变法的宏伟画卷，既对主人公心系天下、敢于论事、执拗率真、品格高洁的人物形象，作了精心的刻画，又对变法中的君子之争、小人之计、朋党恩怨作了淋漓尽致的描写。小说讲述的是一个巨大审美世界里的故事，呈现出壮阔、刚大、苍茫和雄奇的审美品貌，生动地反映那个时代的历史真实。可以说，该书不仅有着丰厚的美学价值，而且有着巨大的历史文化价值。

2020年6月19日，抚州市举办长篇历史小说《千古风流——王安石与熙元变法》出版座谈会，由江西省作家协会、江西教育出版社、抚州市文联、抚州市社联主办，南昌豫章师范学院、抚州市作家协会协办，来自出版界、作协的30多位代表参会。座谈会上，大家踊跃发言，认为该书是研究王安石的重要成果，对宣传江西历史文化名人，弘扬中华优秀传统文化有着重要的推动和借鉴作用，对当前社会改革发展有着积极的现实意义。

座谈会上，作者陈金泉表示，唯有关西大汉执铁板唱"大江东去"才能把王安石倡导的千古未有的变法故事及其所蕴含着的巨大而又深刻的历史社会、文化心理的审美容量淋漓尽致、大气磅礴地表现出来。50多年前萌出的念头，终于得成，此书是一部还愿之作。江西省作家协会副主席、著名作家江子认为，作者以赤子的身份借助这部作品向故乡还愿，多年来孜孜不倦，潜心创作，这就决定了这一作品是百科全书式的，有正确的历史观和较高文学美学考量的，有温度的作品。这是作者个人才华的一次淋漓尽致的展示，也是江西作家开掘江西本土文化的重要收获。

喻致评在评论文章《关西大汉铁板颂新法——读陈金泉长篇历史小说〈千古风流——王安石与熙元变法〉》中，对这部作品给予了高度的评价，认为该书十分真实地展示了我国千年王朝无人可比的王安石新法的成功魅力，十分有力地揭示了士人和平头百姓中，始终蓄藏着一种谁也阻挡不住的革求创新动力。王安石新法，成也罢败也罢，皆蕴含对今人不可小觑的思想撬动力。于是《千古风流》在获得十分宝贵的审美张力的同时，也让作品雄浑厚重起来。豫章老华在评论文章《一幅宏伟的历史画卷——读陈金泉长篇历史小说〈千古风流——王安石与熙元变法〉》中认为，全书充满了扑面而来的各种情思意趣，让阅读者欲罢不能，必致终卷方肯撒手。全书聚焦于风云变幻的熙元变法全过程，其中各色人物多达百余之众。在相同的历史大背景下，均各有其独特的语言神态。然而，着墨最多的就是王安石和司马光苏轼了。他们都以性格"拗"著称于世，然而在作者笔下，他们所共有的"拗"，却又表现得各个不同。作者对王安石、司马光和苏轼这三个重要人物的描写是成功的，是磁石般吸引读者眼球的地方。此外，《千古风流》一书入选了"江西故事中国梦"江西文学重点扶持工程，并被江西省作协隆重推荐参评2019年度的第十届茅盾文学奖。

邓禄田的《王安石传奇》是一本王安石故事集。作者是一个文化工作者，热心于搜集王安石的故事传说和遗闻轶事。王安石的生平事迹，富有传奇色彩，王安石的故事传说，具有神奇魅力。《王安石传奇》一书分学习与尊师、家庭与生活、作文与交友、从政与政绩、退隐与终老五个方面，有条理地安排篇幅，使读者能从王安石传奇故事中，深入其精神世界，并且从中汲取有益的养分。这部书是一本通俗易懂的读物，亦是王安石研究成果。

杨华林的《王安石轶事汇编》虽是资料汇编，却极具文献价值。杨先生从选题到广泛搜集资料，反复修正修改，积多年心血，费十年时间编成此书，在王安石诞辰980周年之际，终于付梓，作为厚礼祭奉荆公，以告荆公在天之灵。该书约计20万字，资料翔实，搜集广泛，阅读量信息量较大，足见作者的辛苦。作者行文时基本上是按王安石的生平阶段、生活经历进行排列的，之中又将相关资料归类，分门别类排列，便于读者或研究者查阅资料。可以说这本资料汇编虽是内部出版，但极具参考价值，是文史爱好者和王安石研究者的案头必备的一部工具书。

五、抚州隆重纪念王安石逝世900周年

1986年11月11日至14日，江西省纪念王安石逝世900周年的学术讨论会在王安石的家乡抚州地区抚州市隆重举行。来自全国的100多名专家、学者和论文作者以及省地有关领导参加了学术讨论会。

这次学术研讨会共收到了全国各地的专家学者提交的学术论文200多篇。省筹备组和地县有关部门还提交了专著、增刊和学术资料16本。与会代表通过大会宣读论文与分组讨论相结合的方式，在大会与小组讨论中踊跃发言，广泛地进行了学术交流。经大会秘书处学术组的安排，有9位论文作者在大会上宣读了自己的论文。他们是江西省历史学会秘书长许怀林、上海师大古籍研究所所长朱瑞熙、中共抚州地委宣传部部长傅柏林、湖北大学副教授骆啸声、南京大学助教郑杰章、抚州师专副教授罗传奇、宜春师专教授傅义、省法学会唐旭东、抚州地委党校副校长吴汉。其中，抚州三位学者宣读的论文分别是：傅柏林的论文《从有作为的县令到一代名相——试论王安石在鄞县的局部改革与后来实行熙丰变法的联系》，围绕王安石变法革新思想的形成、王安石在鄞县的局部改革是成功的、从鄞县局部改革到熙丰变法等三方面进行论述，得出的结论是熙丰变法取得的部分效果应当肯定，作为这次变法的倡导者、主持者王安石所做出的努力和业绩也是应当肯定的，王安石不愧为坚持改革的一代名相。罗传奇的论文《王安石在抚州故乡的事迹略考》，通过考察王安石在家乡活动的事迹，结合王安石回乡所作诗文，论述了王安石青少年的成长轨迹和思想形成的过程，给人以启迪。吴汉、全仁经的论文《试论王安石的"饶之以财"》，论述王安石的财经思想，重点围绕王

安石"饶之以财"思想的形成、内容、实践意义等方面进行详细论证。结论是必须正确地认识王安石的"饶之以财"这一思想。小组讨论分改革、文学、教育等三个组进行，代表们畅所欲言，各抒己见，自始至终地体现了"双百"方针，发扬了学术民主，充满了宽松和谐、大胆探索的气氛，与会代表就王安石变法的作用和地位，王安石变法的具体内容（如青苗法和市易法等），王安石的文学成就，王安石的教育思想等问题进行了热烈的讨论，提出了不少新颖的见解，扩大了王安石研究的领域。不少专家、学者对王安石和他所主持的熙宁变法的历史地位及其经验教训做出了新的估价，对他的哲学观点、法学观点、教育观点、财政观点等都作了进一步的研究和阐述。有的专家还对湮没了几百年的王安石的《字说》进行了新的探讨。

会议期间，全体代表参加了抚州王安石纪念馆的揭幕式，参观了王安石家族后裔的居住地东乡县上池村，还到了明代著名戏曲家汤显祖的墓地祭拜，观看了由抚州地区京剧团创作并演出的反映王安石变法的大型历史剧《汴京雷》。

在1986年举办的江西省抚州地区创作剧目调演会上，抚州地区京剧团，临川县采茶剧团分别演出了新编大型历史剧《汴京雷》（京剧），《龙吟虎啸》（采茶剧）。这两个剧都是以"王安石变法"为题材塑造王安石革新进取和坚持斗争形象的。在演出期间，抚州王安石研究会组织了部分会员观看，并于6月16日召开了相关人员的座谈会进行评议，提出了改进意见。

第三节　熙丰楼里说荆公

王安石作为中国11世纪的改革家，无论是他以天下苍生为己任的家国情怀，为实现"富国强兵"的梦想践行他大无畏的改革精神，还是他高洁的人文品格，抑或他杰出的文学成就，都令他在中国历史上留下浓厚的一笔，他不仅是临川人的骄傲，更是中国人的自豪。为了缅怀这位中国11世纪时的政治家、改革家、思想家、文学家，其家乡人民在1986年不仅举办了王安石逝世900周年的纪念活动，同年还建立了抚州市王安石纪念馆。

一、王安石纪念馆正式开馆

江西历史文化源远流长，数不清的历史名人诞生于此，他们对江西，对中华民族优秀的传统文化发展作出了巨大贡献。为了传承和弘扬中华民族优秀的传统文化，20世纪80年代初期，江西省委宣传部与省文化厅决定在江西这块热土上分批兴建历史名人纪念馆。第一批兴建的名人纪念馆有十家，这十位名人分别是陶渊明、欧阳修、王安石、曾巩、黄庭坚、朱熹、文天祥、汤显祖、宋应星、八大山人。王安石名列其中，无论从其哲学思想、改革成果、文学成就、历史影响上讲都是比较突出的，抚州市王安石纪念馆也就当之无愧地成了江西省第一批建成的十大名人纪念馆之一。

抚州市王安石纪念馆位于抚州市赣东大道1085号。关于王安石纪念馆馆址选址，当时相关专家与学者提出了三种方案以供选择。第一种方案是在抚州市荆公路邓家巷建纪念馆，这里是王安石故居所在地，王安石去世后其故居被改为荆公祠堂，专家认为在此兴建王安石纪念馆具有历史厚重感。但由于荆公祠堂在历史上是屡修屡毁，在"文化大革命"时期被彻底毁掉，之后此地逐渐建成民居，道路狭小，人口比较集中，拆迁工作难度较大，因而最终放弃此方案。第二种方案是在抚州市人民公园内的西湖中间的小岛上建馆，此处环境优美，在此修建王安石纪念馆可以将自然环境与人文环境完美地融合，打造成为抚州的一大文化旅游景点。但由于这座小岛面积不大，单独建一栋综合大楼可以，但如果兴建园林式的纪念馆则面积太小，最终这个方案也被否决。最后经过多方比较，选中了第三种方案，即将馆址选择在当时抚州市赣东大道南段200米处（即现在的抚州市赣东大道1085号）右侧的一块平地。此地占地面积约20亩，整个地形比较规整呈长方形，符合建成园林式的建筑要求，且正处于抚州市主干道赣东大道的延伸段上。此地交通便利，方便大量游客进出，同时离王安石故居荆公路邓家巷不远，游客在参观后如有兴趣也可以去王安石故居所在地寻幽访古。

抚州市王安石纪念馆于1985年9月10日破土动工，整体设计是由南京市园林规划设计院设计的。设计师根据王学专家提出的要求，结合王安石纪念馆的占地面积、地形和周边环境，最后确定纪念馆大门居中朝东，面向赣东大道，馆内所有建筑按照南方的建筑习惯靠北朝南，纪念馆的建筑整体风格是设计成由楼、阁、亭、台、水榭、回廊组成的宋府邸式园林建筑。主体建筑设计成高大的两层宫殿式大楼，大楼门前矗立着三米多高的王安石全身雕像。回廊、水榭、亭台等其他建筑则对称分布在主体建筑两侧，亭台楼阁错落排列，回廊曲径相连，玲珑精致，楼阁、回廊四周修竹树木掩映，给人一种"虽由人做，宛自天开"的感觉。从高空往下俯瞰，纪念馆犹如一只张开翅膀的雄鹰。这种设计既体现江南园林的自然之趣，又暗含王安石作为北宋宰相在朝堂上叱咤风云的一生。

为了做好王安石纪念馆的筹建工作，抚州地区文化广播电视局成立了王安石纪念馆筹备小组，专门负责落实好纪念馆的兴建、展品资料的收集和陈列布展工作。为了收集王安石的有关资料，从1984年6月开始，资料组的工作人员沿着当年王安石的足迹，考察当地留存的王安石遗迹遗存，并且拜访当年的宋史专家邓广铭等人，听取了他们对王安石纪念馆陈列布展的建议。最终敲定将整个展览内容分五大部分，分别介绍荆公的生平事迹、经术学问、道德人品及千载毁誉，做到雅俗共赏，深入浅出。同时配以实物陈列，其中最具有特色的就是一组有关王安石的雕像。这组雕像按照少年王安石、王安石与鄞县百姓、王安石与神宗，入参大政的王安石、王安石与司马光、王安石退隐江宁著书立说、荆公与驴等顺序，展示了王安石从少年求学到他任地方官、宰相及退隐江宁的生动形象。这组雕像陈列在整个展厅中，与陈列版面有机结合，对整个展览起到画龙点睛的作用。

经过一年多的紧张施工，抚州市王安石纪念馆于1986年11月11日隆重揭幕，正式开馆对外开放。

这次参加江西省纪念王安石逝世900周年学术研讨会的省内外专家、学者与代表共100余人，作为王安石纪念馆的第一批观众参加了揭幕式。

王安石纪念馆自剪彩开馆以来，每天游客络绎不绝，游客在回廊、碑林、凉亭、水榭间凭栏游览，瞻仰王安石的塑像，领略千年前这位改革家的风采、文学家的风貌。

截至目前，抚州市王安石纪念馆已成为抚州市内著名的文化旅游胜地和文化教学点。1994年被省委、省政府命名为"江西省爱国主义教育基地"；2017年被评为"抚州市中小学生研学旅行实践教育基地"；2018年被评为"江西省优秀社会科学知识普及宣传基地"；2018年被列为"中国井冈山干部学院现场教学点"；2021年被列为"红领巾讲解员实践教育基地"。

不忘历史，才能开辟未来；善于继承，才能善于创新。王安石纪念馆将进一步落实习近平总书记"要打造精品展览，坚持政治性、思想性、艺术性相统一，用史实说话，增强表现力、传播力，影响力"①的要求，以更高标准，更优质量打造好展馆的各项建设，高水平地传承好、弘扬好优秀的临川文化和王安石文化，让文化遗产"活起来""火起来"，为广大观众游客提供更多的心灵滋养与精神力量。

二、走进王安石纪念馆

抚州市王安石纪念馆坐落在历史悠久、文化昌盛的抚州市中心城区主干道赣东大道中南端，距离王安石故居地盐埠岭（即现在的荆公路邓家巷）大概有2.6公里路程，是一座具有江南园林意境和宋代建筑遗韵的仿宋府第园林式建筑群。

王安石纪念馆大门正处于赣东大道上，大门两旁围墙外花圃内栽种着花姿绰约、花色鲜艳的山茶花；围墙内侧栽种了一排苍翠欲滴、高大挺拔的丛竹，纪念馆古朴典雅的木质大门就掩映在这清净优雅的修竹中。大门门楼檐角飞翘，门楼中央悬挂着赵朴初先生题写的"王安石纪念馆"六个金色大字的匾额，匾额右边竖排落款："赵朴初题"，使大门门楼显得格外的气派、精神。清晨，一缕阳光照射在大门上，古朴的木质大门

---

① 习近平2021年6月25日在中共中央政治局第三十一次集体学习时的讲话。

抚州市王安石纪念馆

霎时变得明亮起来,"王安石纪念馆"六个金色大字在阳光照耀下,熠熠生辉。跨过两扇沧桑古朴的木质大门进入馆内,古色古香的气息迎面扑来。站在布满了青苔的鹅卵石铺成的台阶上,望着绿树掩映中的隐壁、水榭,让人有种从喧闹的都市突然回归到幽静安宁的古代园林的感觉,两旁白墙灰瓦的隐壁下盛开的月季更是时不时地送来淡淡清香,令人心旷神怡。

沿着鹅卵石铺成的小路逐级而下,不远处隐壁左右两边各有个门洞,开辟了踯躅园、辛夷园,里面分别栽种了王安石诗文中经常提及的金溪外婆家的踯躅和辛夷,表达了家乡人民对王安石的怀念之情。

石阶尽头是临近池塘的水榭"问月"及连接主展厅"熙丰楼"高低错落有致的回廊,池塘边周围杨柳垂风。夏天,池塘内荷叶连连,鱼儿在翠绿的荷叶下悠闲戏水,回廊旁边翠竹偶尔飘落下的叶子成了鱼儿争相追逐嬉戏的对象。水榭两旁石柱楹联题写的是南宋著名理学家陆九渊对王安石的评价,上联"奕烨生辉扫俗学之凡陋",下联"英特迈往振弊法之因循"。

水榭连接回廊处左右两边是镌刻的石碑,右边是原江西省委书记万绍芬题写的代表王安石改革精神的"三不足",即"天变不足畏、祖宗不足法、人言不足恤"。左边则是中国佛教协会会长、著名书法家赵朴初先生题写的王安石诗歌《岁晚怀古》："先生岁晚事田园，鲁叟遗书废讨论。问讯桑麻怜已长，按行松菊喜犹存。农人调笑追寻壑，稚子欢呼出候门。遥谢载醪怯惑者，吾今欲辩已忘言。"

穿过曲折的回廊，则是位于馆内中央的主展厅熙丰楼。该楼是一栋仿宋式的二层楼楼阁，歇山飞檐，筒瓦花窗，圆柱环绕，对称庄严，与左右两边的附属建筑明月轩、半山堂和谐对称，相互衬托，交相辉映。2000年，既是世纪之交之年，也是抚州撤地设市之年，王安石纪念馆为了迎接这一新纪年的到来，对整个陈列布展进行了一次全面提升。主展厅熙丰楼的楼名是依据王安石变法主要是在宋神宗熙宁、元丰年间推行，故取神宗这两个年号"熙宁"的"熙"字和"元丰"的"丰"字组合而成，突出王安石的改革成果及改革精神。题字特邀请原中国宋史研究会会长朱瑞熙教授题写。朱瑞熙教授在接到邀请后，感受到王安石纪念馆的诚挚之情，为纪念馆题写了"熙丰楼"三个大字，落款为："朱瑞熙题2000年国庆。"同时，他在写给纪丽波馆长的回信中谦逊地说道："遵嘱为熙丰楼等题字，其实我的字并不好，只得献丑了。各字的大小和上下左右悉听贵馆安排，总之符合贵馆的要求为止。"主展厅一楼门楼悬挂着红军书法家舒同题写"革故鼎新"四个大字的匾额，左右两侧石柱上的对联是江西省社科院原副院长姚公骞题写："天变不足畏，祖宗不足法，人言不足恤，自古英豪钦卓识；道德可以师，学问可以传，文章可以诵，至今乡里仰遗风。"这副对联将王安石的改革精神、道德文章及后人的尊敬、景仰之情浓缩在其中。

熙丰楼的正前方耸立着花岗岩雕刻的王安石全身雕像。此雕像坐北朝南，高

主展厅熙丰楼与王安石像

达三米,由座基与雕像组成,座基是个长方体立柱,王安石雕像站立于座基之上。这尊雕像在1986年开馆时就已经雕塑而成,由中国美术家协会会员、上海油画雕塑院王大进教授雕刻。雕像依照王安石任职宰相的形象雕塑而成,头戴北宋官帽,身穿官服,表情冷峻,炯炯有神的目光直视前方,展现了王安石作为一位改革家的风采。

熙丰楼右边是掩映在柏树下曲折的碑廊,碑廊的右边白墙上的碑刻则是近代学者、艺术家题写的王安石诗歌及他们对王安石的赞颂之词。其中,有刘海粟先生题写的王安石诗歌《孤桐》,赖少其书写的《梅花》,康有为女弟子肖娴女士题写的"一朝变法 千载讴歌",中国美术家协会理事陆俨少书写的王安石词作《桂枝香·金陵怀古》,中国当代"一身精三艺,九十臻高峰"的著名篆刻书画家钱君匋题写的王安石诗歌《登飞来峰》后两句"不畏浮云遮望眼,只缘身在最高层",北京花鸟画研究会会长许麟庐题写的诗歌《示长安君》等书法作品,共计16幅,汇集了当代众多名家之墨迹。

碑廊的尽头拾级而上则是一座古香古色的六角亭,因王安石晚年被封为荆国公而命名荆公亭。台阶旁的亭柱上悬挂的一副楹联,草书荆公晚年诗歌《北山》的后两句:"细数落花因坐久,缓寻芳草得归迟。"表达了荆公晚年生活的闲适之意。荆公亭的西面是一块花圃,栽种了各种花草树木,有梨树和树形玫瑰等。东边则是清澈见底的小池塘,池塘栽满了荷花。荆公亭旁有一棵参天大树,炎炎夏日,坐在掩映在树荫下的荆公亭,看着满眼的夏色,听着知了的鸣叫,别有一番滋味。

穿过碑廊,则是一栋仿宋民居,大门上题有"半山堂"三个字。半山堂位于馆内最西边,是一栋被水杉与丛竹围绕着带小庭院的一层仿宋民居式建筑。此栋建筑前面是门厅,两侧是小厢房,进入门厅后有一个100平方米左右的小院,小院的西侧回廊墙壁上挂着六幅历代诗词评论家对王安石诗歌的评价。穿过小院,拾级而上,进入一栋大约100平方米的仿宋式平房。这栋平房现在被辟为专题展览《王安石诗词欣赏展》,从王安石创作的1500余首诗歌当中选择了62首具有代表性的诗词作品,分四部分展示了王安石作为诗人精彩纷呈的一面,让观众从其诗歌当中了解他的跌宕起伏人生历程及丰富的情感。

时光悠悠，王安石所处的年代离我们已有千年之久远，但这位历史伟人为我们留下宝贵的精神财富和优秀的传统文化依旧闪烁着它的光芒。王安石纪念馆将这一深厚的历史文化与精神财富巧妙地融合在一山一水一楼阁中，让您记住"才子之乡，文化之邦"这片文化昌盛的热土。

三、王安石纪念馆基本陈列

熙丰楼是王安石纪念馆的主展厅，对王安石的生平事迹作了一个基本陈列展览。陈列展览从历练郡县，革故鼎新，文学成就，高尚品格，千秋品说五部分展出王安石这位北宋杰出的改革家、思想家、文学家、诗人的一生。

第一部分　走出临川 历练郡县的王安石

临川王氏家族世居临川县城盐埠岭，但随着王贤、王益叔侄先后踏入仕途后，打破了这一现状。王安石从小就随父宦游，踏遍了祖国的大江南北，既开阔了视野，又聆听了父亲的亲自教导，再加上天资聪颖，勤奋好学，从青年时期就立下了"材疏命贱不自揣，欲与稷契遐相希"[①]的理想和抱负。

庆历二年（1042）三月，王安石参加春试，以优异的成绩考中进士。开始为国家出力。同年，王安石任职淮南判官。庆历七年（1047），王安石调任鄞县知县。治鄞期间，王安石推行了一系列的改革措施，除"起堤堰、决陂塘，为水陆之利"外，还试行"贷谷于民，立息以偿，俾新陈相易"。同时，王安石重视教育，敬重乡贤，在治理鄞县期间将孔庙改为县学，并聘请当地大儒为师。宋仁宗皇祐二年（1050）春，王安石鄞县任满，上京述职候迁，被授殿中丞，任舒州通判。舒州任上，王安石不畏人言，敢于触动豪绅巨富利益。后人在当年州衙之侧，荆公政余读书处，建舒王台以纪念王安石。宋仁宗嘉祐二年（1057），王安石任常州知州。嘉祐三年（1058），王安石任提点江东刑狱。直至嘉祐四年（1059），

---

① 　王安石：《王安石文集》，刘成国点校，中华书局2021年版，第206页。

王安石一直在地方任职。

这一部分通过王安石青少年时期的求学苦读故事，地方官任上执政为民的业绩，展示了王安石的志向抱负和积极奋进的精神。

第二部分　叱咤风云的改革家王安石

北宋中期，积弊千端。朝廷士大夫阶层因循守旧，综合国力日益衰微。入参大政后的王安石在宋神宗的大力支持下，为改变积贫积弱的国势，与守旧势力几经较量，在艰难中推行新法。新法的推行主要是在北宋熙宁年，并延续到元丰年，因此历史上把王安石变法也称之为熙宁变法。

嘉祐四年（1059），39岁的王安石任职三司度支判官。他根据自己16年地方官生涯对现实的观察和体验，写下了长达万言的《上皇帝言事书》，剖析了北宋中叶严重的社会政治问题及其根源，尖锐地指出：国家正处于内外交困的险境，变法图强迫在眉睫。提出改革吏治、培育人才、发展生产、富国便民等变法主张。

治平四年（1067）宋神宗赵顼即位。当年9月，赵顼任命王安石为翰林学士，召王安石越次入对，君臣际会，共商改革大计。王安石撰写了奏疏《本朝百年无事札子》，并就吏政、农业、财政、军事等方面的改革提出整改方略。

宋神宗熙宁二年（1069）二月，王安石任参知政事。在宋神宗支持下，成立变法机构——制置三司条例司，先后颁行了一系列新法。轰轰烈烈的王安石变法，涉及国家政治、经济、军事、教育等各个层面，不仅在当时推行了十七年，而且对后世产生了深远的影响。

王安石变法有利于平民百姓和中小地主阶级，得到他们的衷心拥护，从而缓和了阶级矛盾，发展了生产，增强了北宋的综合国力，初步达到了富国强兵的目的。

由于新法触及大官僚大地主阶级的既得利益，引起了他们的恐慌和激烈反对。熙宁二年（1069）五月，变法才刚刚开始，吕诲就罗列"十大罪状"，上书弹劾王安石；熙宁三年（1070）春，司马光连写三封信给王安石，全面反对新法，王安石作《答司马谏议书》，义正词严地驳斥了司马光对他的指责。

熙宁七年（1074）四月，天下大旱。监安上门郑侠上疏,献其所绘《流民图》攻击新法。反对派对王安石群起而攻之。《流民图》事件，不仅震动了京城以至全国，而且动摇了神宗改革意志，宋神宗在两宫太后压力下对坚持变法发生动摇，改革集团内部也出现了分化。王安石上书辞相，退隐江宁。

熙宁八年（1075），王安石奉召回京，再次出任宰相。复相后，王安石发现神宗对自己不再像以前那样依赖和信任，同时改革派内部出现分裂，再加上痛失助手、爱子王雱之后，使他本来抱病的身体又受到突然的打击，病情又加重了几分。他感到心力交瘁，几次上书神宗，请求免除宰相职务，再次回归江宁。

这一部分通过熙宁变法的历程、变法的内容、变法的效果、变法的斗争较量，展示了王安石"三不畏"的改革精神。

第三部分　彪炳史册的文学家王安石

王安石不仅是位政治家、改革家，同时他还是文学家、诗人。作为北齐著名的文学家，王安石积极参与古文革新运动，主张"文为世用"，反对浮艳文风，是"唐宋八大家"中的骁将；他的诗格调高雅，含蓄深沉，人称"荆公体"；词作不多，却有被时人及后世推重的传世名作。

王安石的散文成就最突出的在议论文。王安石用它直陈政见，揭露时弊，议政说理，论辩驳难，无不写得游刃有余，得心应手。由于他的议论文有极强的说服力，又立意高远，思想深刻，为历代文学评论家所推崇，被列为唐宋八大家之一。

王安石留存下来的诗歌约1500余首，诗歌特征非常明显，后人将其划分为前、后期。前期的诗歌，长于说理，主要是为了实现政治理想而作。后期诗歌在艺术上作出较大贡献的是他的一些咏物抒情、抒怀感旧、登山临水、酬答赠别的近体诗和抒情写景小诗。特别是晚年的小诗，以其独特的风格和写法被人们称为"王荆公体"。

王安石的词作仅存约20首，但质量都很高。其"作品瘦削雅素，一洗五代旧习"（刘熙载《艺概·词曲概》）。

这一部分通过王安石在文学主张、散文创作、诗词成就等方面的解说，展示了王安石作为唐宋八大家之一的文学成就及文学地位。

第四部分　个人品格无一污点的王安石

王安石一生志趣高远，为人光明磊落，心胸开阔，真诚坦荡，淡泊名利，廉洁自律，奖掖后进，尊重妇女，其正直的人格、高洁的操守，使人们心折神服，连政治上的反对派也承认他平生行止无一污点，是卓绝一世的伟人。这一部分通过《惜才救东坡》《婉言拒贿》《退妾赠金》《不事华屋》《慧眼识珠》《赠药收麻》等几则故事管中窥豹，展示了王安石高尚的人格魅力。

第五部分　王安石的历史评价和深远影响

由于历史的原因，王安石及其变法不论是在他生前还是身后，都曾引起争议。特别是南宋时期，赵宋王朝顾及朝廷祖先的颜面，将导致北宋灭亡的靖康之难归罪于王安石变法，认为王安石是导致靖康之难的罪魁祸首，甚至有人无中生有污蔑王安石。但历史是公正的，从古到今无论处在怎样的恶劣环境下，总有正义的声音力挺王安石，除了前文所述的临川名儒乡贤对王安石作出正面评颂外，还有下列人物给予了他较高的历史评价：

宋哲宗元祐元年四月，王安石病逝南京，被追赠太傅。时任中书舍人的大文豪苏轼负责起草诰命，作为反对新法的保守派，苏轼并没有全盘否定王安石，而是公正地评价了王安石，对王安石的事业、学术、文章表现了高度的理解与推崇，他在《王安石赠太傅制》中赞道："名高一时，学贯千载；智足以达其道，辨足以行其言；瑰玮之文，足以藻饰万物；卓绝之行，足以风动四方；用能于期岁之间，靡然变天下之俗……少学孔孟，晚师瞿聃；网罗六艺之遗文，断以己意；糠秕百家之陈迹，作新斯人。"

北宋著名文学家、书法家、盛极一时的江西诗派开山之祖黄庭坚在《跋王荆公禅简》中对王安石评价道："然余尝熟观其风度，真视富贵如浮云，不溺于财利酒色，一世之伟人也。"

中国近代思想家梁启超极其推崇王安石，继清蔡上翔《王荆公年谱考略》之后，撰写了《王安石传》，系统论述了王安石的时代政局、思想成长轨迹、执政前后活动、新法内容及成败、学术与文学等几个方面，力图还湮灭于历史烟尘中的王安石以真实面貌。对王安石的品德、才识、改革都做了高度的总结和由衷的佩服："以余所见宋太傅荆国王公安石，其德量汪然若千顷之陂，其气节岳然若万仞之壁，其学术集九流之粹，其文章起八代之衰，其所设施之事功，适应于时代之要求而救其弊，其良法美意，往往传诸今日，莫之能废。"

中国现代著名诗人、历史学家郭沫若在《历史人物·王安石》中总结道："在中国历史上受了将近一千年冤屈的王安石，近年来已逐渐得到平反了。王安石不仅是一个政治家、文学家、而且是一位经学家、文字学家。"

无产阶级革命家列宁曾在《列宁文集》中提道："王安石是中国十一世纪时的改革家。"

毛泽东在与萧子升的书信中写道："王安石，欲行其意而托于古，注《周礼》，作《字说》，其文章以傲睨汉唐，如此可谓有专门之学者矣。"

习近平在中央党校第一期县委书记研修班上的讲话上指出："王安石、郑板桥、陶渊明、狄仁杰、包拯、海瑞，古代许多名人志士，都在知县这个岗位上作出成绩，名垂青史。"

这一部分通过古今中外的历史名人、现当代政治家对王安石的评说，展示了王安石在中国历史上的地位和对中外产生的重大影响。

四、当代名家书画颂荆公

抚州市王安石纪念馆自 1986 年开馆以来，吸引了大量的中外游客来馆参观，亦深深吸引了诸多文人墨客。他们中有人甚至不顾路途遥远，舟车劳顿，怀着一颗崇敬之心不远千里来到抚州市王安石纪念馆瞻仰王安石。王安石波澜壮阔的一生，高洁的人文品格、高瞻远瞩的眼光，不畏艰险的改革家胸襟和胆魄更是令他们心折神服。他们挥毫泼墨，巧布丹青，为王安石纪念馆留下珍贵的墨宝，更是留下他们的崇敬、缅怀之情。

（一）开馆之际留墨香

为纪念中国 11 世纪的改革家王安石逝世 900 周年，1986 年 11 月 11 日王安石纪念馆建成并对外开放。这是抚州人民文化生活中的一件大事，更是学术界的一件大事。抚州市王安石纪念馆为了纪念这不同寻常的一天，向全国各地的著名书法家、画家去函征集关于王安石的书画作品，许多收到征集函的艺术家得知王安石纪念馆成立的消息，非常高兴，潜心创作，将自己创造的书画作品邮寄赠送给王安石纪念馆。这些大师为抚州市王安石纪念馆特意创作的作品，现在都已经成为王安石纪念馆珍藏的珍贵文物。同时，为了让更多游客能更好地欣赏到这些艺术作品，领略王安石诗词魅力，抚州市王安石纪念馆从这些作品中挑选出一部分具有代表性的艺术作品雕刻在馆内的碑廊内，以供国内外观众参观。

1. 钱君匋书《登飞来峰》诗

钱君匋（1907—1998），浙江桐乡人。著名书法家、画家、篆刻家、书籍装帧家。

1985 年，抚州市王安石纪念馆热情邀请钱君匋先生，参加为纪念王安石逝世 900 周年而建立的王安石纪念馆的开馆仪式。钱君匋先生对王安石非常钦佩，不顾自己已经 80 岁的高龄，挥笔书写了王安石诗歌《登飞来峰》后两句赠送给王安石纪念馆，作为开馆贺礼。这幅书法作品，水墨纸本，立轴，防汉简书法。诗轴纵 205 厘米，横 65.1 厘米；芯纵 110 厘米，芯横 52.8 厘米。内容书"不畏浮云遮望眼，自缘身在最高层。"落款："书赠王安石纪念馆乙丑冬十月钱君匋八十。"这件书法作品现已被定级为三级文物。

2. 肖娴的行书"一朝变法 千载讴歌"对联

肖娴（1902—1997），中国当代负有盛名的女书法家。

1986 年，已经在江苏美术馆工作的肖娴，得知抚州市王安石纪念馆即将开馆，特意题写了"一朝变法 千载讴歌"对联赠送给王安石纪念馆，表达她对王安石变法的赞颂。

这幅书法作品是行书水墨纸本对联。诗轴上联：纵220厘米，横54.7厘米，芯纵75.4厘米，芯横46厘米；下联纵220厘米，横54厘米，芯纵75.5厘米，芯横46.7厘米。内容题写："一朝变法，千载讴歌。"八个大字，上款为"抚州市王安石纪念馆惠存"，下款为"肖娴年八五"。

3. 刘海粟行书《孤桐》诗

刘海粟（1896—1994），江苏常州人，现代杰出画家、美术教育家。

刘海粟以画名世，为画名所掩，人多不知他的书法造诣亦深，早为行家称道。他的行草书法夭矫苍劲、傲视左右，又不失谨严法度，不逾规范，兼有钟鼎、碑石、法帖的神韵、气势。

1985年，王安石纪念馆给刘海粟先生去信，希望能够收藏一幅先生的墨宝用于馆藏。刘海粟老先生这时已经90岁的高龄，当他得知王安石纪念馆的来意后，非常爽朗地答应下来，并仔细翻阅了王安石的诗歌，最终选择书写王安石诗歌《孤桐》。王安石的这首诗歌表面上是描写孤桐刚劲、挺拔的姿态，实际是为了表达作者正直向上、虚心扎实、坚强不屈的人生态度及关心并甘愿

肖娴行书"一朝变法，千载讴歌"

刘海粟行草《孤桐》

为解除百姓疾苦而献身的思想感情。刘海粟老先生通过书写此诗亦暗含自己如王安石笔下的"孤桐"一样，为艺术奉献一生。

这幅书法作品被定为三级文物，行书水墨纸本立轴。诗轴纵197.4厘米，横65.1厘米；芯纵138.2厘米，芯横53.2厘米。题写内容为王安石的诗歌《孤桐》："天质自森森，孤高几百寻。凌霄不屈己，得地本虚心。岁老根弥壮，阳骄叶更阴。明时思解愠，愿斫五弦琴。"落款："荆公诗，刘海粟书，年方九十。"

4. 赵朴初行书《岁晚》诗

赵朴初（1907—2000），中国著名的社会活动家、杰出的爱国宗教领袖。安徽太湖人。

1986年，赵朴初先生收到抚州市王安石纪念馆的来信，信中提到王安石纪念馆即将建成，希望赵老能为王安石纪念馆题写馆名。赵老收到来信后欣然答应，作为佛学界的泰斗，挥笔写下"王安石纪念馆"六个大字，同时还书写了王安石晚年诗歌《岁晚》。这首诗歌是诗人退居后，联想起陶渊明的诗文，表现了王安石退居钟山、步乡人后尘回归田园的悠然心态，亦有诗人顿悟人生之感。

这幅书法作品为我馆三级文物，行书水墨纸本立轴。诗轴纵157.6厘米，横47厘米；芯纵87.8厘米，芯横34.7厘米。书写内容为"先生岁晚事田园，鲁叟遗书废讨论。问讯桑麻怜已长，按行松菊喜犹存。农人调笑追寻壑，稚子欢呼出候门。遥谢载醪怯惑者，吾今欲辩已忘言"，落款为："一九八六年七月书荆公岁晚怀古诗朴初。"

5. 赖少其楷书《梅花》诗

赖少其（1915—2000），斋号木石斋，广东省普宁市人，中国当代画坛领袖之一，有"艺坛圣哲"之称。

赖少其在少年时代，就开始学郑板桥的法帖，后来把兴趣和精力专注在二王的行书上，行草则流走自然，在风华婉转中显露出艺术上的天真和淳厚，体现着拙和朴的美，终成朴拙奇崛、圆劲浑厚、潇洒飘逸的书法风格。

本馆珍藏的赖少其的书法作品《梅花》，楷书水墨纸本立轴。轴纵

227.3 厘米，横 78.3 厘米；芯纵 137.3 厘米，芯横 69 厘米。这幅书法作品是赖少其先生于 1986 年为王安石纪念馆开馆所题写。题写内容为："墙角数枝梅，凌寒独自开。遥知不是雪，为有暗香来。"这幅字画现已被评为三级文物。

6. 许麟庐草书《示长安君》诗

许麟庐（1916—2011），山东烟台蓬莱人，中国花鸟画家、书法家、古今书画鉴赏家。

他自幼秉承家学，酷爱习书作画，从事笔墨丹青 60 余载，博览研读近万家历代名家作品，吸收了石涛、朱耷、吴昌硕等诸家的笔墨技法，并创造性地吸收了民间艺术和京剧艺术融入自己绘画之中，形成了个人独特艺术绘画风格。许麟庐亦善行草书，章法严谨，气韵生动，笔势奔放，独具一格。

1986 年，70 岁的许麟庐收到抚州市王安石纪念馆的邀请，希望其能参加抚州市举办的"纪念王安石逝世九百周年活动"。同时，希望许麟庐先生能为即将开馆的抚州市王安石纪念馆书写书法以便珍藏。许麟庐毫不犹豫地答应下来，草书写王安石写给其大妹王文淑的《示长安君》。

这幅书法作品《示长安君》，草书水墨纸本立轴。轴纵 227 厘米，轴横 77 厘米；芯纵 136.8 厘米，芯横 66.8 厘米。题写内容："少年离别意非轻，老去相适亦怆情。草草怀盘共笑语，昏昏灯火话平生。自怜湖海三年隔，又作尘沙尤里行。欲问后期何日是，寄书应见雁南征。"落款为："王安石先生逝世九百周年纪念许麟庐。"

（二）千年之际展神采

2000 年，既是千年跨年，又是抚州市撤地设市之年，王安石纪念馆借此机会对馆内基本陈列进行提升改造。为了丰富展览内容，增加展览的视觉效果，王安石纪念馆邀请了一些画家根据陈展需要创作了 29 幅国画陈列于展厅，与文字展览陈列相互补充。2004 年，又另请著名画家、书法家蔡超、丁世弼、杨金星、邱玮、吴吉仁五人对这 29 幅国画进行二次创作。这五位著名画家接到邀请后，并没有立即创作，而是对陈列大纲反复揣摩,了解整个陈列布展的精髓才开始动笔,最终按时完成了29幅国画的二次创作。这批国画不仅丰富了陈展形式,同时亦提升了整个展览的档次,取得良好的社会效果,获得中外游客的赞赏。

1. 丁世弼创作的陈展国画

丁世弼(1939—2018),字仲宜,江西南昌人。中国美术家协会会员,江西省美术家协会副主席,国家一级美术师。丁世弼自幼酷爱绘画,工人物、山水、花鸟及书法、篆刻,擅长中国画、连环画。人物画善写典籍人物,工写结合,造型准确,笔墨精练,贴近生活。从事连环画创作20年,其作品累计百余部。代表作有《渔岛怒潮》《秋瑾》《陈赓大将》《红楼梦》等。他的连环画《渔岛怒潮》获第二届全国连环画创作二等奖;《尤三姐》获第三届全国连环画创作评奖二等。是江西艺坛难得的名手大家,与蔡超、漆伯麟、游新民、杨金星、林峰合称当代江西"六杰"。

2004年,丁世弼先生应抚州市王安石纪念馆邀请,根据王安石纪念馆提出的要求命题作画,经过几个月的精心构思、创作了《走出临川》《兴利除弊》《桂枝香·金陵怀古》及以4幅连环画形式组成的《惜才救东坡》等作品。

国画《走出临川》创作的内容是青少年时期的王安石跟随父亲宦游祖国大江南北,不仅走了万里路,也读了万卷书。《宋史》称王安石"少好读书,一过目终身不忘。其属文动笔如飞,初若不经意,既成,见者皆服其精妙"。长年累月的知识积累,是王安石能够从临川走出去的根本原因,后来,王安石在更广阔的政治舞台上展示了他的理想和抱负。

这幅国画芯纵68厘米、芯横68厘米,一位年轻人、一盏油灯、一张书桌、一堆书籍勾勒出王安石挑灯夜读的画面。正如他在《忆昨诗示诸外弟》所写的那样,"吟哦图书谢庆吊,坐室寂寞生伊威",谢绝了一切婚丧应酬,博览群书,专心致志研究学问,终成一代文学家,思想家,政治家。

国画《兴利除弊》创作的内容则是王安石在鄞县任上为实现他"在一邑则治善一邑"的政治理念而推行"起堤堰、决陂塘,为水陆之利"一系列兴修水利措施。庆历七年(1047),王安石任鄞县知县,鄞县地处东南沿海,雨水丰沛,但因官员的不作为,水利设施年久失修,经常发生旱灾、水灾。王安石到任后,经过多方考察,决定利用冬闲时机,组织农民展开一场水利大战。为了督促工程进度,王安石亲临现场,监督施工,巡查了全县十四乡的水利兴修情况,并以日记的方式写下了这次考察经过《鄞县经游记》,简要地记录了他这十四天的行踪。

这幅《兴利除弊》国画芯纵79厘米、芯横53厘米,以鄞县兴修水利为背景,将王安石不顾舟车劳顿、亲临施工现场,考察水利设施施工情况,完美的融入画中,体现王安石勤政爱民,以民为本的为官之道。

国画《桂枝香·金陵怀古》则是根据王安石的《桂枝香·金陵怀古》这首词而创作的。词中描写了金陵的壮丽景色,通过对金陵景色的赞美和历史兴亡的感慨,表达了王安石对当时北宋王朝的担忧,体现了王安石深深的忧患意识。

丁世弼《桂枝香·金陵怀古》

这幅《桂枝香·金陵怀古》国画芯纵92厘米、芯横98厘米,将古金陵城秋景"澄江""翠峰""归帆""斜阳""酒旗""西风""彩舟""星河"雄浑景象,与忧国忧民的一代伟人王安石完美地融合在一起,突出了壮美的江山需要更多像王安石这样的人才为之坚守,为之谋划。

连环画《惜才救东坡》则是丁世弼先生将王安石因爱惜苏东坡的才华而救苏东坡出狱的故事,通过4幅国画的方式展现出来。宋神宗元丰年间,大才子苏轼反对新法,经常写诗讥讽。御史台官员李定、何正臣、舒亶等人接连上章弹劾苏轼，认为苏轼攻击朝政，反对新法，神宗得知后大为恼火，将苏轼转入御史台大牢，造成了历史上有名的"乌台诗案"。为了营救苏轼出狱，已经退隐金陵的王安石得知苏轼入狱的原委后，立马上书给宋神宗，信中巧妙地写了一句："安有盛世而杀才士乎？"这句话触动了宋神宗的爱才之心，最终苏轼得以轻判，被贬到黄州任团练副使。

这四幅国画都是芯纵68厘米、芯横68厘米，将"乌台诗案"这一历史事件分四个节点勾勒出来。一是苏轼因"乌台诗案"入狱；二是苏轼在狱中与弟弟子由商量如何请托他人帮其求情；三是王安石得知苏轼入狱后不计前嫌，主动写信给神宗皇帝，希望神宗从轻处罚苏轼；四是苏轼最终在王安石的求情下被从轻发落，贬为黄州团练副使。丁世弼通过这四幅国画，展示出王安石宽广的胸襟及波谲云诡的政治斗争。

2. 蔡超创作的陈展国画

蔡超，1944年6月生，上海嘉定人。历任江西省南昌市文联主席，南昌画院院长，南昌美术馆馆长，江西省文联副主席，江西省博物馆馆长。蔡超擅长中国画、人物画兼攻山水花鸟。其作品多次获得全国性展览奖及国际奖，被授予首届徐悲鸿美术成就奖，首届黄宾虹美术成就奖。代表作品《集思》《扶臂》《吊装》《天地间》《众志成城》《毛主席在农村调查》等。

2004年，蔡超老先生应抚州市王安石纪念馆邀请创作了《脱颖图》《二归临川》《不事丰屋》《拒贿拒赠》《退妾》5幅国画。

国画《脱颖图》创作的内容是年仅22岁的王安石在庆历二年（1042）赴京参加全国的春试，在839人中，以优异的成绩考中进士。

据宋人王铚所著的《默记》记载，王安石在会试上得了第一名，最终被钦点为第四名，与状元失之交臂。年轻的王安石无论如何也是当之无愧的佼佼者。

蔡超老先生的《脱颖图》画面极其简单，仅有一人、一宫殿，几只北归大雁，便将满腹经纶、胸怀豪情壮志的王安石描绘得形神兼备。

国画《二归临川》是蔡超老先生根据王安石第二次回临川省亲创作的，内容是王安石于庆历二年（1042）考中进士后，同年八月被派往扬州担任淮南判官。次年三月，王安石以省亲为由，请假回临川探望祖母。此时正值"暮春三月，江南草长，杂花生树，群莺乱飞"的春天。王安石乘船而上，沿长江向西，进入鄱阳湖、赣江，再入抚河，用了将近两个月的时间才到达家乡临川。这次回家乡省亲是王安石第二次回临川，十年前，王安石作为一个懵懂少年跟随父亲回乡守孝，在家乡度过了一段美好的童年时光，祖母的疼爱，诸表兄弟之间的手足亲情都令王安石怀念不已。

这幅《二归临川》既要体现了王安石高中进士、衣锦还乡的喜悦心情，又要表达他归心似箭的急切心情，同时还要刻画出王安石作为一位饱读诗书，胸怀远大理想的青年才俊的形象。蔡超在这幅芯纵84厘米、芯横69厘米的国画上将人物造型与整个画面都处理得非常完整，将人物和环境有机地结合。他的画厚重、大气、进取，以写实为主，具有震撼力。

《不事丰屋》《拒贿拒赠》《退妾》三幅国画则是从王安石生活简朴、清正廉洁、尊重妇女等方面刻画其高洁的人文品格。

蔡超《不事丰屋》

王安石辞相退隐江宁后，在江宁城郊修建了一座没有院墙的茅草屋，取名"半山园"。后来，他还将半山园捐给了寺院，自己一家搬回江宁城，租了一座普通的居民独院居住。据魏泰的《东轩笔录》记载王安石隐居之地半山园："所居之地，四无人家，其宅仅蔽风雨，又不设垣墙，望之若逆旅之舍。有劝筑垣墙，辄不答。元丰末，荆公被疾，奏舍此宅为寺，有旨赐名'报宁'。既而荆公疾愈，税城中屋以居，竟不复造宅。"作为一名退休宰相，生活如此简朴，实属罕见。国画《不事丰屋》正是以此为题材而创作的，整个画面着色淡雅，行笔干净利落，布墨色于超然物外。将视身外之物如浮云的王安石刻画得淋漓尽致。

　　国画《拒贿拒赠》则是根据王安石拒绝收取他人财物的故事而创作的一幅国画。据说有人想求王安石帮其办事，于是就携两件家藏宝物——古镜和宝砚去拜访王安石。他自称古镜和宝砚是家中祖传的宝贝，实属珍贵，现愿意赠送给大人。并自夸古镜是稀罕之物，能远照二百里；宝砚更属罕见，呵气便能研墨。王安石一听便客气地谢绝了馈赠，说："我面不过碟大，何用照两百里的宝物；写字研墨乃读书人本分，便呵出一担水来，又于文章何补？再说这本是你家的祖传宝物，想来也应该好好传承给子孙后代，不应再转送给他人。你所求之事只要合理合法，我一定会帮你，如果不合理我也不会徇私枉法。"

　　来人听后，得知王安石是廉洁自律、公正无私之人，并为自己以世俗观念推测王安石为人而深感惭愧，于是带着宝物羞愧地离开。

　　蔡老在这幅国画的创作中，以青松为人物背景，将青松坚忍不拔、宁折不弯的铮铮铁骨精神与王安石不畏世俗，坚持操守的高尚品格相提并论。人物的举止、神韵刻画得栩栩如生，将一位公正严明，廉洁自律的王安石与心中藏私的客人进行恰到好处的对比，既有整体画面的把握适度，又有细节的刻画和整合。

　　国画《退妾》是根据王安石在任知制诰时发生的一则故事而创作的。故事讲述的是：王安石任知制诰时，夫人为他添置一妾。王安石问明原委后，以金钱相赠，叫这个女子的丈夫领她回去，使这对落难夫妻得以重新团圆。邵伯温在《邵氏闻见录》中如此记载：王安石知制诰，吴夫人为买一妾。王安石见之曰："何物女子？"曰："夫人令执事左右。"王安石曰："汝谁氏？"曰："妾之夫为军中大将，督运粮而失舟，家资尽没犹不足，又卖妾以偿。"公愀然曰："夫人用钱几何得汝？"曰："九十万。"公呼其夫，令为夫妇如初，尽以钱赐之。

　　从这则王安石退妾的故事中，我们可以看出王安石对妇女的尊重，对妻子的尊重。在北宋时期，男子纳妾是正常现象，也是朝廷允许的。但王安石一生只娶妻一人，从未纳妾，可以看出他对妻子的关爱和尊重。同时也体现了王安石对落难百姓生活的深切同情。

此幅国画构思奇特，以寥寥修竹为背景，取修竹清华其外、淡泊其中、清雅脱俗、不作媚世之态的精神，蕴含王安石像修竹一样，淡泊名利，脱去流俗。寥寥数笔，浓淡适宜，将画中人物与修竹的淡雅相互衬托，形成诗意般的韵律美，行笔干净利落，顿挫有致。

在这次创作的国画中，还有著名画家杨金星、吴吉仁、邱玮等人根据展览需要创作的《北行图》《二辞宰相》《上万言书》等作品，共计29幅。这些作品不仅丰富了展览形式，同时也成为纪念馆的珍贵文物，见证了王安石纪念馆的历史变迁与发展。

（三）今人慕名仰遗风

王安石纪念馆自开馆以来，不断提升展馆内的展览质量，以幽静的园林环境、丰富的展馆内容，受到中外广大观众游客的青睐。开馆30多年来，每年接待游客达到十多万人次。许多革命前辈、名家、中外学者更是怀着对王安石的仰慕崇敬之情，不远千里来到抚州市王安石纪念馆参观展览、瞻仰王安石。他们对王安石这位中国杰出的政治家、文学家怀有深厚的感情，对王安石不畏艰险、坚定不移的改革精神由衷地佩服，深感王安石留给了我们一大笔丰富的文化遗产，作为后人更要懂得珍惜和继承发扬。参观结束后，他们在我馆的题字留言簿上留下了他们的参观感想，表达他们对王安石这位伟大的改革家、文学家的深厚情怀。在此，笔者仅列举部分参观的学者、游客留言作简单的介绍，以点带面地了解当代人对王安石这位改革家的评价。

1. 革命家、音乐家周巍峙的情怀

周巍峙，1916年出生，原名周良骥，祖籍江苏东台，从小酷爱音乐，1931年任李公朴秘书，受李公朴爱国主义思想的影响，周巍峙走上抗日道路，积极参加筹建《申报》图书馆及补习学校工作，参与组织青年工作，并在《申报》发表文章，宣传抗日救国思想。1934年，以大无畏的精神与旧社会巍然对峙意,改名周巍峙。1938年,周巍峙赴延安,同年7月加入中国共产党,先后任西北战地服务团指挥、副主任、晋察冀边区文联宣传部部长。新中国成立后,周巍峙先后担任文化部副部长、党组副书记、党组书记、中国文联主席。周巍峙不仅是革命家、更是著名的音乐家。《中国人民志愿军战歌》的曲子就是由周巍峙谱写而成,雄浑高昂的旋律将革命前辈为了国家安全奔赴抗美援朝前线的豪迈气势展露无遗。

对周巍峙一行的到来,王安石纪念馆给予了热情的接待,馆长纪丽波亲自讲解。在整个参观过程中,周巍峙都认真听馆长介绍,不时地提出一些问题进行交流。参观结束后,周巍峙非常感慨,说王安石是位真正了不起的改革家,为了改变北宋王朝积贫积弱的局面,不顾一些反对势力的阻挠,坚定自己的理想,朝着实现"富国强兵"的目标推行改革,虽然最后因支持他的宋神宗英年早逝,他的变法被废,但他的变法精神与胆魄是永远值得后人学习。随后周巍峙在王安石纪念馆馆长的邀请下,挥笔写下:恭录半山老人名句,"不畏浮云遮望眼,只缘身在最高层",落款:"周巍峙时年八九。"在这位革命家、艺术家的眼里,王安石的"不畏浮云"是何等豪迈,正是由于出现了众多这样的人,中国才能真正强大起来,屹立于世界之林。

2. 著名书画家皇城根人的敬仰

中国著名医学教授、书画家皇城根人在2005年5月6日从河南郑州来到抚州市王安石纪念馆参观。皇城根人,原名章惠南。毕业于中国人民解放军第二军医大学,博士生导师、著名医学教授、著名书画家。章惠南教授现任中国名医名药联合会副秘书长、东方中国画院名誉院长、都市书画院院长,中国文联授予其"德艺双馨艺术家"称号。他的书画作品多被人民大会堂、荣宝斋、军事博物馆等藏馆。

皇城根人章惠南书"古德照今"

对于章惠南先生这位远道而来的客人,王安石纪念馆热情接待。参观结束后，章惠南被王安石的高洁品德所感动。他感慨地说道，这次来抚州市王安石纪念馆是大有收获，对王安石这位中国历史上的名人也有了更深的了解。王安石是位杰出的政治家、思想家、文学家，他留给后人丰富的文化遗产是值得大家好好学习的，他高尚的情操亦为后人指引了方向。在交谈过程中，王安石纪念馆对章惠南先生的话深表认同，王安石作为一代伟人，留给我们的精神财富是宝贵的，如何更好地继承发扬优秀的传统文化是值得我们深思的。

章惠南先生回到河南郑州后，不久就寄给王安石纪念馆一副亲笔题字，上面题写了四个大字："古德照今。"落款："参观王安石纪念馆有感，德礼照千秋，皇城根人书。""古德照今"四个字，表达了章惠南先生为王安石的人品所折服，他相信会有更多的人来到纪念馆，了解王安石伟大的一生，并传承王安石的精神。

3. 北京大学莘莘学子的文化采风

王安石纪念馆自成立以来，得到社会各界的认同好评，1994年被评为"江西省爱国主义教育基地"，之后相继成为东华理工大学、江西省中医药高等专科学校"大学生素质教育基地"。每年都有很多学生来馆参观学习，感受王安石文化魅力。2002年9月30日，北京大学学子选择来抚州文化采风，领略临川文化的魅力，他们的行程安排中就有参观王安石纪念馆。这些莘莘学子在参观过程中都非常认真听讲，对王安石的变法改革、文学成就、哲学思想、人文品德亦有自己独到的见解。参观结束后，他们把对王安石的感悟写在了纪念馆的留言簿上："瓜洲望月忆南村，脱尽流俗忠义存。变法从来成古恨，新学终会转乾坤。"落款：参观王安石纪念馆作，北京大学赴江西抚州文化采风团，2002年9月30日。

4. 王学专家访荆公故里

关于王安石变法，历来争论不休。从南宋开始贬多于褒，甚至有人将北宋的灭亡归罪于王安石变法，这不公正的评价直到清代才逐渐有学者为其辩诬。如清代著名学者蔡上翔撰写王安石年谱，为王荆公正名，还荆公公道。戊戌变法的领袖梁启超把王安石比作中国的克伦威尔，称其为"三代以下唯一完人"，称王安石为社会主义学说的先行者。

新中国成立以后，研究王安石及其变法的学者也越来越多，其中影响较大的有邓广铭先生和他的门人漆侠先生，他们对王安石及其变法作了比较积极全面的评价，得到学术界的认同。当代各大高校及社会各界研究王安石的学者很多，如：中国人民大学包伟民教授、上海古籍出版社社长高克勤、首都师范大学李华瑞教授、华东师范大学刘成国教授等专家、学者，他们以客观科学的态度，全方位地研究王安石，从政治到经济、从文学到品格、从学术到思想等不同角度研究，以求还原真实的王安石。这些王学专家对历史上的王安石怀着异样的感情，来到王安石故里临川，探寻荆公遗迹。

2002年首都师范大学历史学院李华瑞教授来抚州考察王安石故里临川。6月1日，他特意到王安石纪念馆参观拜访。得知李华瑞教授的来意后，王安石纪念馆馆长纪丽波亲自接待。他们相互交流学习，对一些有关王安石的学术观点进行了热烈探讨。李华瑞教授对此行感到受益匪浅，他表示目前正在撰写《王安石变法研究史》，此次亦是因为撰写这部著作而来，这次来抚州不虚此行。参观结束后，李华瑞教授在纪念馆馆长的邀请下，略一思索，在王安石纪念馆的留言簿上写下了"民族魂"三个字。将王安石的变法精神浓缩在这三个字中，可谓是言简意赅，意义深远。2004年，李华瑞的《王安石变法研究史》正式出版，次年，他特意将这部专著寄赠给王安石纪念馆珍藏。

上海古籍出版社社长高克勤一直致力于唐宋文学研究，尤其是对王安石的诗文研究，曾出版《王安石与北宋文学研究》《王安石诗文选评》《王安石诗词文选注》等著作。为了对王安石有更深刻、更全面地了解，高克勤多次来到王安石的故乡临川，沿着王安石在故乡临川的足迹访幽探寻。每次来到临川，高克勤都会到抚州市王安石纪念馆参观，与馆长纪丽波交流探讨。他说："每次来到抚州，都会有不一样的体会，王安石的文化博大精深，值得我们去不断研究挖掘。"高克勤还表示，抚州作为王安石的故乡，是一座文化底蕴深厚的城市，以后他还会来抚州探寻荆公遗迹遗存。

2020年1月10日，王安石纪念馆再次迎来一批全国知名王学专家、学者，他们是受到抚州市委宣传部的邀请，参加 2020 年 1 月 10 日上午举办抚州王安石国际研究中心的挂牌仪式。参加的专家有：北京大学人文社科研究院院长、博士生导师邓小南教授，中国宋史研究会会长、中国人民大学包伟民教授，首都师范大学历史学院教授、博士生导师、中国宋史研究会副会长李华瑞，华东师范大学古籍研究所研究员、博士生导师刘成国等人。这些来自国内各大高校的著名学者云集抚州，共同商议 2021 年 12 月即将举办的纪念王安石诞辰 1000 周年的学术研讨会。其中，包伟民、李华瑞、刘成国曾多次来抚州实地考察有关王安石在抚州的遗迹遗存。他们在参观王安石纪念馆的同时，还对馆内的陈列内容提出一些建设性建议。同时，他们认为抚州是王安石故里，王安石纪念馆应该成为抚州一张闪亮的名片。参观结束后，应纪念馆的邀请，他们纷纷在留言簿上签名，邓小南教授还提笔写下了荆公诗句"不畏浮云遮望眼，只缘身在最高层"。

这些学者还到东乡上池王家（王安石弟弟王安上后裔聚居地），金溪月塘王家（王安石叔父王盛后裔聚居地），南丰曾巩纪念馆实地考察，进一步了解了王安石与临川的关系及其家族脉络。

王安石纪念馆自开馆以来，每年都有大量的游客在参观结束后，留下他们的参观感想。除了以上列举到的文人学者、艺术家、学生等在参观纪念馆时留下了他们参观感言，还有许许多多的游客在纪念馆的留言簿上留下了他们的感想，在此就不一一列举。

参考文献

1. 王安石：《王安石文集》，刘成国点校，中华书局 2021 年版。
2. 蔡上翔：《王荆公年谱考略》，上海人民出版社 1973 年版。
3. 曾巩：《曾巩集》，陈杏珍、晁继周点校，中华书局 1984 年版。
4. 脱脱：《宋史》，中华书局 1977 年版。
5. 刘成国：《王安石年谱长编》，中华书局 2018 年版。
6. 傅林辉：《王安石世系传论》，长江文艺出版社 2000 年版。
7. 傅璇琮：《全宋诗》，北京大学出版社 1991 年版。
8. 唐圭璋：《全宋词》，中华书局 1996 年版。
9. 张祥浩、魏福明：《王安石评传》，南京大学出版社 2006 年版。
10. 李壁：《王荆公诗注补笺》，成都巴蜀书社 2000 年版。
11. 李觏：《李觏集》，王国轩点校，中华书局 1981 年版。
12. 陆九渊：《陆九渊集》，中华书局 2010 年版，
13. 欧阳修：《欧阳修集编年笺注》，巴蜀书社 2007 年版。
14. 周祚绍：《历代王氏家族》，山东人民出版社 1997 年版。
15. 邓广铭：《北宋政治改革家——王安石》，陕西师大出版社 2009 年版。
16. 刘逸生主编，周锡䪖选注：《王安石诗选》，广东人民出版社 1986 年版。
17. 胡适：《胡适文存》，上海科技文献出版社 2015 年版。
18. 王梦鸥：《礼记今注今译》，新世界出版社 2011 年版。

19. 邱模楷：《曾巩与王安石》，《抚州师专学报》1989年第1期。

20.《王安石研究通讯》(1—13期)。

21. 东乡黎溪乡上池村《王氏族谱》，2007年重修，现藏于东乡县黎圩镇上池村。

22. 金溪琉璃乡月塘村《王氏五修族谱》，2006年重修，现藏于金溪琉璃月塘村。

23. 金溪琉璃乡月塘村《洋幽族谱》，1862年重修。现藏于金溪琉璃乡洋幽村。

24. 金溪西门王家《明谷王氏族谱》，1935年重修，现藏于金溪县城西门王家。

25. 金溪县陈坊乡《城湖吴氏族谱》(三修)，1929年修，现藏于抚州市中国戏曲博物馆。

26. 临川高坪大坂源王村《三公王氏族谱》(十三修)，1990年重修，现藏于临川高坪镇大坂源村。

27. 临川孝桥乡下璜村《王氏十一修族谱》，2015年重修，现藏于临川孝桥镇下璜村。

28. 乐安南村乡稠溪村《王氏六修族谱》，1844年重修，现藏于乐安南村乡稠溪村。

29. 崇仁港下乡甘坑村《王氏十修族谱》，1989年重修，现藏于崇仁港下甘坑村。

后记

2021年是王安石诞辰1000周年，在这即将到来的千年诞辰之际，作为王安石的故乡临川人我们应该做些什么？这对于在王安石纪念馆工作的我，是一个值得思索的问题。

早在2019年时，抚州市社科联调研员罗伽禄联系我，询问我对2021年王安石诞辰千年有什么想法。当时我想，应该写本有关王安石的书作为对王安石诞辰千年的献礼，但一直没有具体的写作方向。罗伽禄先生给我提了一个建议，作为抚州临川人不如就写王安石与临川的关系。而我在王安石纪念馆已经工作十多年，如果能把王安石与临川的关系脉络理顺，让更多的人从不同的角度了解王安石、了解他的家乡临川，那也是一件幸事。于是萌生了写作这部《王安石与故里临川》的想法。

为了收集这本书的原始资料，我与王安石纪念馆特聘文化顾问、东华理工大学退休教师高琦先生开始奔走于抚州的各个县区。我们花了近一年的时间，先后到金溪县、东乡县、临川区、乐安县、崇仁县等15个有关王安石后裔聚居地的村落进行调查走访，拜访了王氏后裔，并从这些族长、村民的介绍中了解他们村落的搬迁历史、遗址遗存、祖先血脉的来龙去脉等。同时，在村民的热心支持下，我们收集到了14套有关王氏族谱。在这些族谱当中，发现了许多在其他史料当中没有出现的珍贵资料，如书院、宗庙、祠堂、祭祀、家训等文献资料。

为了收集1986年抚州地区举办的王安石逝世900周年纪念活动资料，我与高琦先生分别拜访了抚州的王学专家，有原社联主席、长篇历史小说《王安石》的作者万斌生，原抚州师专教授吴云生，原赣东报社总编、王安石研究会副会长宋友贤，抚州市王安石研究会秘书长熊焰，抚州文史馆馆员杨华林，原抚州地委党校退休教师全仁经等人。这些王学专家都曾参加过1985年抚州地区王安石研究会的成立以及1986年举办的纪念王安石逝世九百周年活动。在交谈过程中，他们回忆了当时活动的盛况，并对《王安石与故里临川》这本书的写作提出了他们的宝贵建议。在此，本人对这些前辈的指点深表感谢！

在完成这些工作的基础上，我与高琦先生共同拟定了此书写作提纲，然后分工撰写、共同完成书稿。其中书稿的第二章、第三章及第四章的第一、二节由高琦老师执笔，第一章及第四章的第三节由本人执笔。在编写此书过程中，还得到抚州市社科联罗伽禄先生、方亚伟先生的支持及王安石纪念馆等同志的热心帮助，在此一并表示感谢！

《王安石与故里临川》这本书在编写过程中既汲取了许多专家学者的研究成果，又采用了许多临川本地的原始资料，力争能够将王安石与故里临川千年渊源展现给读者。但由于写作时间较短，在收集、整理资料时会有疏忽遗漏，再加上本人水平有限，书中难免会出现纰漏，敬请各位专家、读者给予批评指正。

饶媛兰

2021年夏